일제강점기 경기도의 재력가

KB150197

일제강점기
경기도의 재력가

경기문화재단

이 책은 경기문화재단 경기문화재연구원이

경기도의 고유성과 역사성을 밝히기 위한 목적으로 발간하였습니다.

경기학연구센터가 기획하였고 관련전문가가 집필하였습니다.

일제강점기 경기도의 재력가에 대하여

한국사에서 지난 20세기는 유례없는 격변의 소용돌이, 그 자체였다고 말할 수 있다. 격렬한 변화는 정치 경제 사회 문화 등 모든 분야에서 일어났다. 그 가운데 경제면에서의 변화를 보면, 농업 등 제1차 산업이 전통적으로 압도적 비중을 차지하였으나 1960년대 이후 경제 개발 추진과 고도성장을 거치며 제2차 및 제3차 산업이 전체 산업 가운데 큰 비중을 차지하게 되었다. 그에 따라 경제 헤게모니를 가진 세력도 교체되기에 이르렀다. 농업 사회에서는 지주가 경제 주도권을 가진 반면, 산업 사회가 되면서는 기업인, 자본가가 그 권력을 대신 차지하게 된 것이다.

이들 가운데 가장 먼저 경제력을 움켜쥔 세력은 지주이다. 1876년 강화도조약에 따른 개항 이후 일본과 무역을 하면서 조선의 사회 경제 구조에 변화가 생겼다. 19세기 말에서 20세기 초에 이르는 기간 조선과 일본 사이에서 있었던 무역 구조는 '미米-면綿 교환 체제'란 용어로 설명된다. 조선에서 일본으로는 쌀이 수출되고, 일본으로부터는 면제품(초기에는 영국산, 이후 일본제)이 수입되었다. 그 결과 쌀 수출에 관련된 조선인(지주, 상인)은 부를 축적했고, 축적된 재산은 다시 토지에 투자되었다.

'한일합병'과 함께 시작된 '토지조사사업'은 지주의 토지 소유권을 법적으로 인정하는 장치였다. 또 하나의 토지에 두 개의 권리(수조권, 경작권)가 있는 경우에는 농민의 경작권이 배제되었다. 토지조사사업은 '식민지 지주제'가 형성되는 계기였다.

식민 권력을 배경으로 성립된 식민지 지주제는 1920년대 '산미증식계획'을 거치면서 더욱 공고해졌다. 3·1운동 이후 일제는 조선의 지주들을 식민 통치를 위한 협조자로 삼아 그들에게 여러 정치적, 경제적 특권을 부여했다. 각종 자문 기구의 의원으로 삼아 그들의 공명심을 충족시켜 주면서 정치적 특권을 누리게 했다. 또 저리 자금 융통으로 경제적 특권을 제공하고, 쌀 증산에 몰두하게 하여 산미증식계획을 성공시키려 했다. 일제의 지주 비호에 따라 1930년대에는, 토지 30정보(9만평) 이상을 소유한 대지주가 전국적으로 5천명 정도에 이르게 되었다.

조선 농촌의 중간층(자작농, 자작 겸 소작농)의 몰락과 소작농으로의 퇴적이 일제 초기부터 해방 때까지 꾸준히 지속되는 추세에도 불구하고, 식민지 지주는 그 지위를 굳건히 유지했다. 해방은 식민지 지주제 해체라는 과제를 제기했다. 그 결과 우여곡절을 거쳐 1950년 '농지개혁'이 실시되었다. 지주에게서 3정보를 초과하는 만큼의 토지를 정부가 유상으로 매수하여 토지가 없는 소작농에게 유상으로 분배했다. 이로써 지주는 더 이상 계급으로서 존재하지 않게 되었다. 그리고 과거의 지주 가운데 일부는 산업자본가로 전화轉化되었다.

이들 지주 외에 일제강점기 각 지역의 유력한 경제인으로는 금융조합장을 들 수 있다. 1907년 10개로 시작한 금융조합은 1940년 무렵에는 전국에 940개 정도에 이르렀는데, 조선총독부의 행정 관서를 제외하고는 전국적으로 가장 촘촘한 지역망을 갖춘 조직이었다. 그 역할은 주로 금융기관으로서 대출과 예금을 취급하는 것이었고, 관제官製 협동조합의 역할을 하기도 했다. 그리고 그 조합장과 임원에는 그 지역 유지들이 충원되었다. 따라서 금융조합장도 유력한 경제인의 범주에 포함시켜 다루었다.

다음으로 기업인·자본가에 대해서 보자. 개항기에 여러 열강들이 대한제국의 이권을 야금야금 침탈하는 속에서 대한제국 정부는 '식산흥업' 정책을 표방하였고, 관료들을 중심으로 근대적 기업 설립 움직임이 있었다. 용인 출신의 고위 관료 박제순(후일 '을사오적')이 궁내부 철도용달회사 사장을 맡고, 양주에서 태어난 이재완이 한성은행장에 취임한 것과 수원에서 출생한 김종한이 한성은행의 은행장과 광장회사廣長會社의 사장이 된 것은 그 일환이었다. 또 민간에서 경기도 광주(현재의 성남시) 출신의 박승직이 서울 종로에서 박승직상점을 통해 활발한 기업 활동을 벌인 것도 이 시기이다.

일제는 1910년대 '회사령'을 내세워 조선에서 기업 설립을 억제하다가 1920년대 들어 회사령을 철폐했다. 회사령 철폐에 따라 1920~30년대 기업 설립은 1910년대에 비해 크게 늘었다. 조선인 지주와 지역 유지 등이 기업 설립에 참여 했으나, 조선인 기업은 주로 정미, 양조 등 식품 가공업에 치중했다. 경기도 내 각지 기업 가운데 정미, 양조기업이 많은 것은 이러한 사정을 반영한 것이다. 정미, 양조업 이외에는 운수 관련 기업이 많다. 이러한 추세는 해방 때까지 이어졌다. 정부수립 이후 1950년 농지개혁에 따라 정부로부터 지가증권을 넘겨받은 지주 가운데 일부는 산업자본가(기업인)로 전화되었다.

이 책은 19세기 말에서 20세기 중반에 이르는 이와 같은 사실을 역사적 배경으로 하여 집필되었다. 지주와 기업인을 두 축으로 삼아 먼저 지주를 추적하기 위해 한국농촌경제연구원이 지난 1985년에 펴낸『농지개혁시 피분배지주 및 일제하 대지주 명부』를 활용했다. 이 명부는 1938년 경기도농회京畿道農會에서 도내 전답 30정보町步 이상 소유 지주를 대상으로 조사하여 작성한 지주명부와 1950년 농지개혁 당시 정부의 유상 매수 대상 지주명부가 수록되어 있다. 그밖에 국사편찬위원회의 한국사데이터베이스(http://db.history.go.kr/)와 한국역사정보 통합시스템(http://www.koreanhistory.or.kr/), 한국학중앙연구원의 『한국민족문화대 백과사전』, 친일인명사전편찬위원회에서 편찬한 『친일인명사전』, 그리고 『조선 총독부관보』 및 당시 여러 신문 기사, 『朝鮮金融組合と人物』藤澤清次郎, 大陸民友社, (1937), 각 지역 시사市史 등을 자료로 삼았다.

해방 전의 경기도와 현재의 경기도는 많이 다르다. 먼저 경성부와 인천부는 각 각 서울특별시와 인천광역시가 되어 경기도로부터 분리되었다. 또 전쟁과 분단 으로 개성부, 개풍군, 장단군(일부는 파주시 관할구역), 연천군의 북부 지방은 휴전선 이북에 속하여 우리의 행정권이 미치지 못한다. 고양, 양주, 광주, 시흥, 부천, 김 포의 일부는 서울에 편입되었고, 강화군 전체와 부천의 많은 부분은 인천에 편 입되었다. 수도권 위성도시의 발달로 양주, 광주, 시흥, 수원 등은 여러 자치단 체로 분할되었다. 그리고 각 시군 사이의 경계 조정에 따른 변경도 있다. 그 결 과 근현대 경기도 경제인의 범주에서 오늘날 서울과 인천에 속하는 지역의 인물 들은 대체로 제외하였다. 또 지역 구분은 해방 전의 것을 기준으로 하여 인물들 을 배치하였는데, 조선인은 앞에 일본인은 지역 내에서 뒤에 서술했다. 다만 각 지역별로 행정구역 변천 연혁을 맨 앞에 배치하여 독자들이 참고하도록 했다.

마지막으로 이 책의 성격과 관련하여 한 마디 덧붙이고자 한다. 이 책은 전문 연 구서가 아니라 여러 사료들을 모아 엮은 자료집에 가깝다. 따라서 수록 인물들 을 대상으로 한 필자들의 평가는 배제하고, 그들 행적의 사실 나열 위주를 원칙 으로 했다. 다만 몇 사람은 설명이 필요한 부분이 있어 주석 형태로 필자의 판단 을 덧붙여 적어두었다.

2018년 8월
집필자를 대표하여 최재성 씀

| 차 례 |

:: 경기도 관내 행정구역 비교 일람표

해방 전	현재
가평군	가평군
고양군	고양시 / 일부 지역 서울 편입
광주군	광주시 성남시 하남시 / 일부 지역 서울 편입
김포군	김포시 / 일부 지역 서울 편입
부천군	부천시 / 대부분 지역 서울 · 인천 · 시흥 · 안산 편입
수원군	수원시 오산시 의왕시 화성시
시흥군	시흥시 안산시 군포시 과천시 안양시 광명시 / 일부 지역 서울 편입
안성군	안성시
양주군	양주시 구리시 남양주시 동두천시 의정부시 / 일부 지역 서울 편입
양평군	양평군
여주군	여주시
연천군	연천군 / 일부 지역 휴전선 이북
용인군	용인시
이천군	이천시
파주군	파주시
진위군(평택군)	평택시
포천군	포천시
장단군	(일부 지역 파주시 편입 / 나머지 휴전선 이북)
개성부	휴전선 이북
개풍군	휴전선 이북
20개	31개

* 해방 전의 경성부, 인천부, 강화군 제외

1부

가평加平

::가평군 행정구역 변천 연혁(가평군청 홈페이지에서 인용)

1895년	경기도 포천군에 일시편입, 1년후 가평군으로 독립.
1942년	설악면이 양평군에서 가평군으로 편입됨
1963년	외서면 입석, 내방, 외방리가 양주군 수동면으로 편입
1973년 7월 1일	행정구역이 개편, 가평면이 가평읍으로 승격, 양평군 삼회리가 가평군 외서면으로 편입
2004년 12. 1일	외서면이 청평면으로 행정구역 명칭 변경
2015년 12. 16일	하면이 조종면으로 행정구역 명칭 변경

강태현姜泰賢

일제강점기 가평에 거주했던 지주이다. 1938년 주소는 가평군 북면北面 이곡리梨谷里이다. 1938년 경기도농회京畿道農會에서 도내 전답 30정보町步 이상 소유 지주를 대상으로 조사하여 작성한 지주명부에 수록되었다. 1937년 6월말 현재 가평군에 논 18정보, 밭 29정보를 소유하였고, 고용된 소작인은 110명이었다.

참고문헌: 『농지개혁시 피분배지주 및 일제하 대지주 명부』, 한국농촌경제연구원, 1985.12

송내계宋來啓

일제강점기 가평에 거주했던 지주로 1938년 주소는 상면上面 율길리栗吉里이다. 경기도농회京畿道農會에서 도내 전답 30정보町步 이상 소유 지주를 대상으로 조사하여 작성한 지주명부에 수록되었다. 1937년 6월말 현재 가평군加平郡에 답 11정보, 전 24정보를 소유하고 있었으며, 고용한 소작인 수는 총14명이었다.

참고문헌: 『농지개혁시 피분배지주 및 일제하 대지주 명부』, 한국농촌경제연구원, 1985.12

이관영李寬榮

일제강점기 가평에서 거주했다. 1919 ~ 1921년, 1928년, 1934 ~ 1937년 군내면장郡內面長, 1938 ~ 1939년 가평면장加平面長직을 담당했다. 1931년부터 1937년까지 가평상회加平商會 주식회사(1930년 창립, 상업) 이사, 1927년부터 1933년까지 가평금융조합加平金融組合(1911년 창립) 대표직을 역임했다.

참고문헌: 『직원록』(국사편찬위원회 한국사데이터베이스 http://db.history.go.kr/); 『朝鮮銀行會社組合要錄』(국사편찬위원회 한국사데이터베이스 http://db.history.go.kr/); 藤澤淸次郎, 『朝鮮金融組合と人物』, 大陸民友社, 1937

이도영李道榮

일제강점기 가평에 거주했던 지주로 1938년 주소는 상면上面 봉정리燧町里이다. 경기도농회京畿道農會에서 도내 전답 30정보町步 이상 소유 지주를 대상으로 조사하여 작성한 지주명부에 수록되었다. 1937년 6월말 현재 가평군加平郡에 답 6정보, 전 26정보를 소유하고 있었으며, 고용한 소작인 수는 총85명이었다.

참고문헌: 『농지개혁시 피분배지주 및 일제하 대지주 명부』, 한국농촌경제연구원, 1985.12

이승조李承祚

일제강점기 가평에서 거주했다. 1908년 가평군수가 되었으며, 일본이 한국을 강제병합한 후인 1910년부터 1913년까지 가평군수직을 계속 담당했다. 이후 금융조합장직을 역임했다.

참고문헌: 『직원록』 (국사편찬위원회 한국사데이터베이스 http://db.history.go.kr/)

장영보張永甫

일제강점기 가평에 거주했던 지주이다. 1938년 주소는 군내면郡內面 읍내리邑內里로 번지 미상이다. 경기도농회京畿道農會에서 도내 전답 30정보町步 이상을 소유한 지주를 대상으로 조사하여 작성한 지주명부에 수록되었다. 1937년 6월말 현재 가평군加平郡에 논 7정보, 밭 33정보로 총 40정보를 소유하고 있었다. 고용한 소작인 수는 총 60명이었다.

참고문헌: 『농지개혁시 피분배지주 및 일제하 대지주 명부』, 한국농촌경제연구원, 1985.12

정광현鄭光鉉

일제강점기 가평에 거주했던 지주이다. 1938년 주소는 하면下面 신상리新上里 65번지이다. 경기도농회京畿道農會에서 도내 전답 30정보町步 이상을 소유한 지주를 대상으로 조사하여 작성한 지주명부에 수록되었다. 1937년 6월말 현재 가평군加平郡에 논 24정보, 밭 9정보로 총 33정보를 소유하고 있었다. 고용한 소작인 수는 총 32명이었다.

참고문헌: 『농지개혁시 피분배지주 및 일제하 대지주 명부』, 한국농촌경제연구원, 1985.12

정규남鄭奎南

일제강점기 가평에 거주했던 지주이다. 1938년 주소는 하면下面 신상리新上里 149번지이다. 경기도농회京畿道農會에서 도내 전답 30정보町步 이상을 소유한 지주를 대상으로 조사하여 작성한 지주명부에 수록되었다. 1937년 6월말 현재 가평군加平郡에 논 13정보, 밭 32정보로 총 45정보를 소유하고 있었다. 고용한 소작인 수는 총 25명이었다.

참고문헌: 『농지개혁시 피분배지주 및 일제하 대지주 명부』, 한국농촌경제연구원, 1985.12

정학승鄭學承

일제강점기 가평에 거주했던 지주이다. 1938년 주소는 외서면外西面 대성리大成 里로 번지 미상이다. 경기도농회京畿道農會에서 도내 전답 30정보町步 이상을 소 유한 지주를 대상으로 조사하여 작성한 지주명부에 수록되었다. 1937년 6월말 현재 가평군加平郡에 논 10정보, 밭 22정보로 총 32정보를 소유하고 있었다. 고용 한 소작인 수는 총 48명이었다.

참고문헌: 『농지개혁시 피분배지주 및 일제하 대지주 명부』, 한국농촌경제연구원, 1985.12

2부

고양高陽

1914년 고양군 관할이던 일부 지역이 일제강점기(1936년)와
정부 수립 후(1949년)에 각각 서울로 편입되어 그 구역이 축소되었다.

::고양시 행정구역 변천 연혁(고양시청 홈페이지에서 인용)

1895. 5. 26   한성부 고양군이 됨

1906. 9. 24   양주군 신혈면이 고양군에 편입됨

1911. 4. 1   고양군은 9면 50개리 관할(사리대면, 신혈면, 원당면, 하도면, 구지도면, 중면, 구이면, 사포면, 송산면)

1914. 4. 1   고양군은 12면 155개리 관할
(용강면, 연희면, 은평면, 숭인면, 독도면, 한지면, 벽제면, 신도면, 원당면, 지도면, 송포면, 중면)

1936. 4. 1   용강, 연희, 한지의 3개 면이 경성부로 편입(9면)

1949. 8. 15   은평, 숭인, 독도의 3개면이 서울특별시로 편입

1973. 7. 1   신도면의 구파발리, 진관내, 외리가 서울시로 편입

1992. 2. 1   고양군이 고양시로 승격(26개동)

김원경金源經

일제강점기 고양에 거주했던 지주이다. 1938년과 주소는 고양군 송포면松浦面 법관리法串里이고, 1950년 주소도 같다. 1938년 경기도농회京畿道農會에서 도내 전답 30정보町步 이상 소유 지주를 대상으로 조사하여 작성한 지주명부에 수록되었는데, 1937년 6월말 기준 고양군에 논 24정보, 밭 7정보를 소유했고, 고용된 소작인은 90명이었다. 1950년 농지개혁 당시 정부의 유상 매수 대상이 되었는데, 대상 토지 면적은 논 22.8정보, 밭 2.2정보, 합 25정보이며 보상은 524.5석이다.

참고문헌: 『농지개혁시 피분배지주 및 일제하 대지주 명부』, 한국농촌경제연구원, 1985.12

방계춘方啓春

일제강점기 고양에 거주했던 지주이다. 1938년 주소는 고양군 지도면知道面 대장리大壯里이다. 1938년 경기도농회京畿道農會에서 도내 전답 30정보町步 이상 소유 지주를 대상으로 조사하여 작성한 지주명부에 수록되었는데, 1937년 6월말 기준 고양군에 논 21정보, 밭 10정보를 소유했고, 고용된 소작인은 25명이었다.

참고문헌: 『농지개혁시 피분배지주 및 일제하 대지주 명부』, 한국농촌경제연구원, 1985.12

신규선申圭善

1882년 5월 29일 경기도 고양에서 태어났다. 일본 이름은 대곡규선大谷圭善이다. 1907년 4월 보성전문학교 경제과를 졸업했다. 1907년 탁지부 서기, 1908년 탁지부 통계과 주사, 보성전문학교 강사직을 역임했다. 한국병합 후인 1910년 강원도 재무부 서기에 임명되었고 1912년 8월 한국병합기념장을 받았다. 1913년 강원도 춘천군수, 1916년 12월부터 1917년 7월까지 강원도 지방토지조사위원회 임시위원, 1918년 2월 춘천신사봉사회春川神社奉祀會 부회장직을 역임했다. 1920년 '내지시찰단'의 일원으로 고베, 오사카, 교토, 도쿄 등지를 시찰했다. 1921년 강원도 원주군수, 1922년 홍천군수직을 담당했다. 1927년부터 1942년까지 경기도 고양군 벽제관금융조합碧蹄館金融組合(1927년 12월 19일 설립) 조합장, 1932년 고양군 벽제면장, 1940년 한양정미주식회사 취체역으로 활동했다. 1942년 3월부터 해방 때까지 고양양곡주식회사(1943년부터 고양양곡도정주식회사) 취체역을 지냈다. 해방 후 자유당 소속으로 경기도 고양군 벽제면 면 의회 의원으로 활동했다. 일제강점기 친일반민족행위로 인해 친일인명사전에 수록되었다.

참고문헌: 친일인명사전편찬위원회 편, 『친일인명사전』, 2009. 『직원록』(국사편찬위원회 한국사데이터베이스 http://db.history.go.kr/); 『朝鮮銀行會社組合要錄』(국사편찬위원회 한국사데이터베이스 http://db.history.go.kr/)

오발선吳撥善

일제강점기 고양에 거주했던 지주로, 주소는 1938년 지도면知道面 행신리幸信里 528이다. 경기도농회京畿道農會에서 도내 전답 30정보町步 이상 소유 지주를 대상으로 조사하여 작성한 지주명부에 수록되었다. 1937년 6월말 현재 고양군高陽郡에 답 23정보, 전 10정보를 소유하고 있었으며, 고용한 소작인 수는 총38명이었다.

참고문헌: 『농지개혁시 피분배지주 및 일제하 대지주 명부』, 한국농촌경제연구원, 1985.12

유홍종劉泓鍾

1885년 2월 19일 경기도 고양군에서 태어났다. 1906년 관립일어학교를 졸업했고 이후 경성대동법률전문학교를 수료했다. 1906년 관립외국어학교 부교관, 한성농공은행 사무견습원, 궁내부 주전원主殿院 주사, 1907년 내각 서기랑 직을 역임했다. 대한제국이 일본에 강제병합된 후인 1911년 조선총독부 회계국 경리과 속에 임용되었다. 1912년 강원도 간성군수, 1913년 강원도 철원군 군수직을 담당했다. 1915년 다이쇼 천황 즉위기념 대례기념장을 받았다. 1918년 강원도 평강군수, 1921년 내지시찰단의 일원, 1922년 평강청년회 고문직을 맡았으며, 1923년 3월에 훈6등 서보장을 받았다. 1924년 강원도 양구군수직을 1925년 경성흥산주식회사京城興産株式會社(1925년 6월 6일 설립) 지배인 직을 담당했다. 1926년 친일단체인 동민회의 이사와 평의원에 취임하였고, 1933년까지 활동했다. 1928년 쇼와 천황 즉위기념 대례기념장을 받았다. 1933년 경기도 도회의원 직을 맡았고, 조선보유회朝鮮保維會를 설립했다. 1935년에 경성서대문금융조합 감사직을 담당했다. 일제강점기 친일반민족행위로 인해 친일인명사전에 수록되었다.

참고문헌: 친일인명사전편찬위원회 편, 『친일인명사전』, 2009; 『직원록』(국사편찬위원회 한국사데이터베이스 http://db.history.go.kr/); 『朝鮮銀行會社組合要錄』(국사편찬위원회 한국사데이터베이스 http://db.history.go.kr/)

이가순李可順 (1867~1943)

호는 양곡陽谷, 음악가 정명훈, 정경화, 정명화 이른바 정트리오의 외조부이다. 1867년 항해도 해주에서 태어나서 함경남도 원산에서 활동하며 3·1운동에 참여했다. 1934년 경기도 고양으로 이주하여 능곡 토당동에 살면서 농장을 경영했다. 이후 '일산 제방(대보뚝)'을 축조하고, 농수로를 굴착했다. 그의 사후 아들 이원재가 완성했다.

참고문헌: 『고양시사』 제2권, 고양시사편찬위원회, 2005; 『고양신문』 2018.5.3.

이근배李根培

일제강점기 고양에 거주했던 지주로, 농업에 종사했다. 주소는 1938년 벽제면碧蹄面 지영리芝英里 84이다. 경기도농회京畿道農會에서 도내 전답 30정보町步 이상 소유 지주를 대상으로 조사하여 작성한 지주명부에 수록되었다. 1937년 6월말 현재 고양군高陽郡에 답 74정보, 전 19정보를 소유하고 있었으며, 고용한 소작인 수는 총 60명이었다. 파주군坡州郡에 있는 답 49정보, 전 9정보를 경영하였고, 108명을 소작인으로 고용하였다.

참고문헌: 『농지개혁시 피분배지주 및 일제하 대지주 명부』, 한국농촌경제연구원, 1985.12

이원길李元吉

일제강점기 고양에 거주했던 지주로, 주소는 1938년 중면中面 장항리獐項里이다. 경기도농회京畿道農會에서 도내 전답 30정보町步 이상 소유 지주를 대상으로 조사하여 작성한 지주명부에 수록되었다. 1937년 6월말 현재 고양군高陽郡에 답 50정보, 전 5정보를 소유하고 있었으며, 고용한 소작인 수는 총55명이었다.

참고문헌: 『농지개혁시 피분배지주 및 일제하 대지주 명부』, 한국농촌경제연구원, 1985.12

이윤의李允儀

일제강점기 고양에서 거주했다. 1927년부터 1929년까지 중면 일산리에 있었던 일산금융조합一山金融組合 (1919년 3월 14일 설립)의 조합장직을 담당했다.

참고문헌: 『朝鮮銀行會社組合要錄』(국사편찬위원회 한국사데이터베이스 http://db.history.go.kr/)

이천우李天佑

일제강점기 고양에 거주했던 지주이다. 1938년 주소는 용강면龍江面 여의리汝矣 里 60번지이다. 경기도농회京畿道農會에서 도내 전답 30정보町步 이상을 소유한 지주를 대상으로 조사하여 작성한 지주명부에 수록되었다. 1937년 6월말 현재 수원군水原郡에 논 17정보, 밭 15정보로 총 32정보를 소유하고 있었다. 고용한 소작인 수는 총 30명이었다.

참고문헌: 『농지개혁시 피분배지주 및 일제하 대지주 명부』, 한국농촌경제연구원, 1985.12

임종상林宗相

경기도 고양에서 1885년 11월 18일 출생하였다. 1913년 조선무역주식회사 설립 발기인이었으며, 1915년 시정施政 5주년 기념으로 열린 조선물산공진회朝鮮物産共進會의 경성협찬회 발기인 및 고양협찬회 위원을 맡았다. 1918년 2월 경기도 고양 지역의 빈민들에게 1원씩 나눠줬다. 1920년 경기도 고양에서 도평의회원道評議會員에 선출되었다. 1923년 경기도상업회의소京畿道商業會議所 평의원에 선출되었다. 1933년 무렵 경성에서 대금업貸金業을 하였다. 1936년 조선총독부 시정 25주년 기념으로 박물관 건설비 1,000원을 기부하였다. 1937년 군용비행기 건조비乾造費 항목으로 500원을 헌납하였다. 경기도농회京畿道農會에서 도내 전답 30정보町步 이상을 소유한 지주를 대상으로 조사하여 작성한 지주명부에 수록되었다. 1937년 6월말 현재 경기도와 충청남도 지역에 대토지를 소유하고 있었다. 1939년 경기도에서 목공전습소木工傳習所를 건설하려고 하자 부지를 기부하였다. 1939년 유림단체儒林團體를 중심으로 조직된 조선유도연합회朝鮮儒道聯合會에 참여하여 평의원이 되었다. 1941년 조선임전보국단朝鮮臨戰報國團의 경성지역 발기인으로 참여하였다. 이외에도 경기도 가평군加平郡 북면주재소北面駐在所 신축기금 300원, 가평경찰소 무도장려비武道獎勵費 100원 등을 헌납하였다. 1942년 조선에서 징병제가 실시되자 군방헌금 15,000원을 조선군사보급협회朝鮮軍事普及協會 병기에 헌납하였다. 1962년 1월 4일 사망하였다. 일제강점기 친일반민족행위로 인해 친일인명사전에 수록되었다.

참고문헌: 친일인명사전편찬위원회 편, 『친일인명사전』, 2009; 『농지개혁시 피분배지주 및 일제하 대지주 명부』, 한국농촌경제연구원, 1985.12

조영국趙永國
일제강점기 고양에 거주했던 지주이다. 1938년 주소는 중면中面 장항리璋項里로 번지 미상이다. 경기도농회京畿道農會에서 도내 전답 30정보町步 이상을 소유한 지주를 대상으로 조사하여 작성한 지주명부에 수록되었다. 1937년 6월말 현재 고양군高陽郡에 논 140정보, 밭 8정보로 총 148정보를 소유하고 있었다. 고용한 소작인 수는 총 200명이었다.

참고문헌: 『농지개혁시 피분배지주 및 일제하 대지주 명부』, 한국농촌경제연구원, 1985.12

최봉식崔鳳植

일제강점기 고양에 거주했던 지주이다. 1938년 주소는 중면中面 일산리一山里로 번지 미상이다. 경기도농회京畿道農會에서 도내 전답 30정보町步 이상을 소유한 지주를 대상으로 조사하여 작성한 지주명부에 수록되었다. 1937년 6월말 현재 고양군高陽郡에 논 53정보, 밭 17정보로 총 70정보를 소유하고 있었다. 고용한 소작인 수는 총 151명이었다. 경성부京城府 무교정武橋町 5번지에 본점을 두고 조선 총독부의 식량정책에 따라 동일 규격의 현미 및 정백미精白米 생산, 농산물의 위탁 판매 등 정미업精米業을 목적으로 1940년 11월 26일 설립된 주식회사 고양양곡高陽糧穀의 이사를 맡았다.

참고문헌: 『농지개혁시 피분배지주 및 일제하 대지주 명부』, 한국농촌경제연구원, 1985.12; 『朝鮮銀行會社組合要錄』(1942년판) (한국사데이터베이스 http://db.history.go.kr/)

홍진기洪璡基

1917년 3월 13일 경기도 고양에서 출생하였다. 호는 유민維民이고, 일본 이름은 덕산진일德山進一이다. 1930년 경기도 왕십리공립보통학교往十里公立普通學校를 졸업하고, 1934년 경성제일고등보통학교京城第一高等普通學校를 수료한 후, 1940년 경성제국대학京城帝國大學 법문학부法文學部 법과를 졸업했다. 1940년 10월 일본 고등문관시험 사법과에 합격하여 사법관시보司法官試補로서 경성지방법원京城地方法院 및 경성지방법원 검사국檢事局에서 법관 생활을 시작하였다. 1943년 12월 전주지방법원全州地方法院 예비판사로 발령을 받았고, 1944년 9월에는 판사가 되었다. 해방 이후, 1945년 9월 미군정청美軍政廳 법제부法制部 법제관法制官, 같은 해 10월 법제부 사법요원양성소司法要員養成所 교수가 되었다. 1946년 10월 사법부司法府 법률조사국 법무관을 시작으로, 1948년 11월 법무부法務部 조사국장, 1949년 6월 법무부 조사국장 겸 대검찰청 검사, 1950년 4월 법무부 법무국장 겸 대검찰청 검사를 역임하였다. 1951년 10월부터 1953년 10월까지 한일회담韓日會談 대표로 참석하여, 재산청구권분과위원회財産請求權分科委員會 위원장을 담당하였다. 1954년 2월 법무부 차관, 1955년 10월 해무청장海務廳長, 1958년 2월 법무부 장관, 1960년 3월 내무부 장관에 임명되는 등 사법행정 기관에서 활동하였다. 1960년 3.15부정선거 혐의자로 체포되어 1961년 12월 혁명재판소에서 무기징역을 선고받았지만, 1963년 8월 광복절 특사로 석방되었다. 이후 1964년 라디오서울방송 사장을 시작으로, 1966년 12월 중앙일보사中央日報社 회장, 1969년 2월 동양방송東洋放送 사장, 1975년 2월 중앙일보 및 동양방송 대표이사 사장, 1980년 9월 중앙일보 및 동양방송 회장 등 경영자로서 활동하였다. 1986년 7월 13일 사망하였고, 금관문화훈장이 추서되었다. 일제강점기 친일반민족행위로 인해 친일인명사전에 수록되었다.

참고문헌: 친일인명사전편찬위원회 편, 『친일인명사전』, 2009: 『직원록』(국사편찬위원회 한국사데이터베이스 http://db.history.go.kr/)

3부

광주廣州

일제강점기 광주군은 이후 관할 구역 가운데 일부가 서울시(현재의 강남구, 송파구, 강동구 등)로 편입되고,
또 다른 일부는 각각 성남시와 하남시로 분리 독립되었다.

::광주시 행정구역 변천 연혁(광주시청 홈페이지에서 인용)

1907년(조선 고종 44년)	군郡이 되어 군청을 중부면 산성리에 설치
1914년	의곡면, 왕륜면을 수원면에 붙이고, 양평군 남종면을 편입(16개면)
1917년 12월	군청을 중부면 산성리에서 광주廣州면 경안리로 이전
1963년 1월 11일	구천면, 중대면, 언주면과 대왕면의 5개리(일원. 수서. 자곡. 율현 세곡리)를 서울시로 편입
1973년 7월 1일	대왕면, 낙생면, 돌마면과 중부면 일부(6개리)를 성남시로 편입
1979년 5월 1일	광주廣州면이 광주廣州읍으로 승격
1989년 1월 1일	동부읍, 서부면과 중부면 일부를 하남시로 편입
2001년 3월 21일	광주廣州군이 광주廣州시로 승격

::성남시 행정구역 변천 연혁(성남시청 홈페이지에서 인용)

1971. 9. 13	경기도 성남 출장소를 설치하고 광주군의 대왕면, 낙생면, 돌마면 일원과 중부면 중 단대리, 상대원리, 탄리, 수진리, 복정리 및 창곡리를 관할
1973. 7. 1	경기도 성남 출장소를 성남시로 승격

::하남시 행정구역 변천 연혁(하남시청 홈페이지에서 인용)

1912년 동부, 서부면의 11개 리가 28개 동리로 확대 세분화됨

1917년 행정구역 개편됨
- 동부면 : 천현泉峴리, 교산校山리, 하산곡下山谷리, 창우倉隅리, 배알미拜謁尾리, 신장新長리, 당정堂亭리, 덕풍德豊리, 풍산豊山리, 망월望月리, 선船리, 미사渼沙리 등 12개 법정리
- 서부면 : 상사창上司倉리, 하사창下司倉리, 항리, 춘궁春宮리춘장리, 초일草一리, 초이草二리, 광암廣岩리, 감북甘北리, 감일甘一리, 감이甘二리, 학암鶴岩리 등 11개 법정리

1989년 광주시의 동부읍(12개 리)과 서부면(11개 리), 중부면 일부(상산곡리) 24개 법정리 지역을 합쳐 10개 동洞으로 승격시켜 하남시가 탄생

구연식具然式 (1881년생)

일제강점기 광주에 거주했던 지역유지이다. 일본 이름은 具村然式이다. 1910년
대 초 주소는 광주군 실촌면實村面 하열미동下悅美洞 3의 7번지이고, 1919년 주소
는 실촌면 오향리五香里 323번지이며, 1936년 주소는 실촌면 열미리悅美里 323번
지이다. 1919년 3월 설립된 경기도 광주군의 초대 경안금융조합장을 거쳐, 1936
년 10월 곤지암금융조합 설립과 함께 곤지암금융조합장이 되었고, 1940년 4월
정시 총대회에서 재선되었다. 1910년 5월 실촌면장에 임명되었고, 1930년대 중
반에도 실촌면장 직에 있었다.

참고문헌: 藤澤淸次郞, 『朝鮮金融組合と人物』, 大陸民友社, 1937; 국사편찬위원회 한국사데이터베이스 한국
근현대인물자료(http://db.history.go.kr/); 『조선총독부관보』 1919.4.11., 1937.1.19, 1940.6.12, 1940.9.27.

김유정金裕定

일제강점기 광주에 거주했던 지역유지이다. 1925년 주소는 광주군 남종면南終面
귀여리歸歟里 270번지이다. 1917년 4월 양평지방금융조합 정시총회에서 감사에
재선되었고, 1924년 분원금융조합 설립과 함께 조합장에 선임되었다. 1931년 시
점에도 같은 자리에 재직하였다.

참고문헌: 『조선총독부관보』 1917.5.15., 1925.2.12.; 국사편찬위원회 한국사데이터베이스 한국근현대회사조합
자료(http://db.history.go.kr/)

김흥한金興翰

일제강점기 광주에 거주했던 지주, 기업인이다. 1936년 주소는 광주군 중부면中部面 산성리山城里 474번지이다. 1938년 경기도농회京畿道農會에서 도내 전담 30정보町步 이상 소유 지주를 대상으로 조사하여 작성한 지주명부에 수록되었다. 1937년 6월말 현재 광주군에 논 17정보, 밭 14정보를 소유하였고, 고용된 소작인은 45명이었다. 1936년 10월 광주군 중부면 산성리에 주소를 두고 설립된 주식회사 남한식산사의 취체역이었다.

참고문헌: 『농지개혁시 피분배지주 및 일제하 대지주 명부』, 한국농촌경제연구원, 1985.12; 『조선총독부관보』 1937.1.8.

박병일朴炳一 (1878~?)

일제강점기 광주 출신의 기업인, 밀정이다. 1871년 7월 1일 경기도 광주에서 태어났다. 1892년 서울에서 기독청년학교를 졸업했다. 학교 졸업 후 종로에서 잡화상과 금융업에 종사했다. 1917년 시베리아로 이주하여 9월 블라디보스토크에 정착했다. 1918년 8월부터 블라디보스토크흥신浦潮興信 주식회사를 경영했다. 1923년 1월 사할린 진강眞岡으로 옮겨 조선인 구제사업이란 명목으로 일제 당국으로부터 대부를 받아 농지개척사업을 벌였다.

　　1917년의 러시아혁명을 반대하여 미국·영국·프랑스·일본 등이 일으킨 시베리아 간섭전쟁 시기 일본군을 위해 식량과 군수품을 운반하고, 정보를 제공했다. 1921년 1월 블라디보스토크 조선인민회 총회에서 부회장에 선출되고, 이후 회장이 되어 각종 친일활동을 했다. 1930년대에는 일본에 거주했다. 친일반민족행위로 인해 친일인명사전에 수록되었다.

참고문헌: 친일인명사전편찬위원회 편, 『친일인명사전』, 2009; 국사편찬위원회 한국사데이터베이스 국외항일운동자료(http://db.history.go.kr/)

박승직朴承稷 (1864~1950)

경기도 광주 출신으로 일제강점기 서울에서 활동한 기업인이다. 1864년 6월 경기도 광주(돌마면 이매리, 현재 성남시 분당구 이매동)에서 출생했다. 호는 매헌梅軒, 일본 이름은 三木承稷이다. 어려서 한학을 수학했다. 지주 민영완閔泳完이 해남현감으로 부임할 때 동행했다. 해남에서 모은 돈 300냥을 형 승완承完에게 보내 1882년부터 송파장에서 포목행상을 시작했고, 1884년 해남에서 돌아와서 형과 함께 장사를 하다가 1886년부터 단독으로 포목상을 했다.

처음에는 송파장에서 물건을 구입하여 내륙을 순회하며 행상을 하였고, 뒤에는 제물포에서 수입상품을 직접 구입하여 경기도와 강원도까지 진출했다. 1889년에는 경성 배오개(종로 4가 92번지)에서 장사를 시작했고, 1896년 6월 종로 4가 15번지로 근거지를 옮겼다. 박승직상점에서 영국산, 일본산 등 다양한 직물을 취급하며 거상으로 성장했다. 1905년 7월 광장주식회사 발기인과 취체역을 맡았다. 같은 달 한성상업회의소 설립 발기인으로 참여해서 1906년 1월 상의원, 1909년 상임위원을 맡았다. 1906년 합명회사 창신사彰信社 발기인으로 참여했고, 1907년 8월 최인성崔仁成과 합동으로 자본금 2만 900원으로 합명회사 공익사公益社를 설립하고 사장으로 취임했다.

1914년 공익사를 주식회사로 전환하면서 자본금이 50만원으로 증자되었는데, 일본 자본이 유입되어 조·일 합작회사가 되었다. 1915년 화장품 제조업에 진출하여 박가분朴家粉 본포本舖를 세웠고 1918년 특허국에 박가분 상표를 정식으로 등록했다. 1937년 폐업하였다.

1917년에는 미곡 판매 및 정미업에 진출하여 공신상회共信商會를 설립했다. 1918년 경성포목상조합 조합장에 추대되었다. 1919년 3월 만주공익사를 설립해서 감사역을 맡았고, 9월 직물상 공제회 회장, 11월 조선경제회 발기인과 취체역, 1920년 1월 동양염직주식회사 취체역을 지냈다. 1921년 6월과 7월 조선인산업대회 발기 준비위원과 지방위원, 같은 해 10월 경성곡물신탁㈜ 감사역을 맡았다. 1922년 11월 조선실업구락부 발기인으로 참여해 평의원 등 임원을 역임했다. 1925년 2월 박승직상점주식회사로 개편했다. 1930년 2월 경성상공협회 회장에 선출되었고, 1931년 10월 중앙일보사 취체역을 맡았다. 1933년 12월 쇼와기린맥주주식회사[昭和麒麟麥酒株式會社] 주주와 취체역으로 참여했고, 같은 해 경성창고금융주식회사와 조선직물주식회사의 감사역으로도 활동했다. 1934년 2월 경성상공회의소 회장에 선출되었다. 1937년 4월 경성상공조합연합회에서 공로자 표창을 받았다. 1941년 3월 박승직상점을 미키[三木]상사주식회사로 개칭하고 사장에 취임했다.

1945년 장남 박두병朴斗秉이 쇼와기린맥주주식회사의 관리지배인으로 위촉되었다. 1946년에는 처 정정숙과 장남의 처 명계춘이 두산상회라는 상호로 운수업을 시작했다. 그해 10월 일본식 상호인 미키상사를 박승직상점으로 환원했다가 1948년 두산상사로 바꾸었다.

1900년 12월 성진감리서 주사, 1905년 4월 중추원 의관을 지내며 짧게 관직생활을 했다. 1909년 11월 이토 히로부미[伊藤博文]를 추도하는 국민대추도회의 발기인과 위원으로 위촉되었다. 1919년 3월 고종 국장國葬 때 상인봉도단商人奉悼團 단장으로 활동했다. 1923년 10월 교육실천회 특별회원, 1924년 4월 친일단체 동민회同民會 평의원에 선임되었다. 1926년 순종 국장 때 상인봉도단에 참여했고, 1927년 이상재李商在 사회장 준비위원을 맡았다. 중일전쟁 발발 후 1938년 2월 조선지원병제도 제정 축하회 발기인으로 참여했으며, 지원병제를 환영하는 글을 썼다. 같은 해 8월 국민정신총동원연맹 발기인으로 참여하여 평의원과 국민정신총원 경성부연맹 상담역에 위촉되었다. 1939년 11월 친일단체인 조선유도연합회朝鮮儒道聯合會 평의원, 1940년 6월 경성경제통제협력회 상임이사, 10월 국민총력조선연맹 평의원으로 위촉되었다. 1940년 8월 미키[三木]로 창씨신고했다. 1941년 12월 경성부 총력과를 방문해 해군 국방헌금으로 1만원을 헌납했다. 1943년 2월 방공협회를 통해 방공감시대 위문금 100원, 5월 육군에 국방헌금 200원을 냈다. 1945년 10월 임시정부요인을 맞기 위한 한국지사영접위원회 위원이 되었다. 1950년 12월 사망했다. 친일반민족행위로 인해 친일인명사전에 수록되었다.

참고문헌: 『한국민족문화대백과』 인터넷판, 한국학중앙연구원(http://encykorea.aks.ac.kr/); 친일인명사전편찬위원회 편, 『친일인명사전』, 2009

방규환方奎煥 (1889~?)

일제강점기 광주에 거주했던 지주, 기업인, 수리조합장이다. 1889년 4월 경기도에서 출생했다. 일본 이름은 頭山淸이다. 1901년 소학교를 중퇴하고 친척이 운영하는 약국에서 일했다. 1908년 일본 오사카에서 약재 무역을 하다가 1914년에 약재무역회사인 동아상회를 세우고, 경성·상하이·잉커우營口에 지점을 두었다. 1923년 2월 망월수리조합 조합장에 당선되었다. 1925년 상하이를 시찰하고 상하이에 조선무역조사소·조선물산관·중선상업협의소를 신설했다. 1927

년 6월 경기도 동부면 덕풍리 수리조합의 조합장으로 추대되었다. 1931년 무학 주택경영합자회사, 1933년 6월 동방농사합자회사를 설립했다. 1937년 7월부터 1944년 말까지 만주국 동흥은행 은행장으로 재직했다. 1944년 7월 조선비행기 공업주식회사 주식 1만주(50만원)를 인수하고, 10월 이사로 참여했다.

1913년 소의상업학교를 설립하고, 1918년 교장에 취임했다. 1920년대 경성부 부협의회원, 경성부 학교평의원으로 활동했다. 1924년 친일단체 동민회의 이사와 평의원, 갑자구락부의 회원으로 참여했다. 1928년 5월 창덕궁 후원에서 열린 연회에 기생첩을 동반한 일로 경성부 협의회원직을 사직했다. 1937년 3월 세브란스의학전문학교 부속병원 시료병실 확장 신축비로 1만원을 기부했다. 7월 경성교화단체연합회 시국강연회 연사로 활동했다. 9월 경기도 군용기 헌납발기 인회의 발기인으로 참여하고, 1천원을 헌납했다. 1940년 10월 국민총력 경성연맹 평의원이 되었고, 11월 경성부 사회사업비로 10만원을 기부했다. 1941년 조선임전보국단 발기인, 10월 경성보호관찰소 촉탁보호사, 1942년 4월 경성부사회사업협회 이사가 되었고, 5월 경성부에 다시 사회사업비 10만원을 기부했다. 광주군 지역에 방규환 주도로 수리조합을 완성하여 1939년 한발에도 불구하고 피해를 입지 않고 대풍작을 거뒀다 하여 지주와 소작인들이 1940년 4월 29일 동부면 창우리(倉隅里) 양수장에서 송덕비 제막식을 거행했다.

1949년 4월 반민특위에 체포되었고, 9월 풀려났다. 1949년 12월 실업동지회 회장 자격으로 산업인좌담회에 참석했다. 친일반민족행위로 인해 친일인명사전에 수록되었다.

참고문헌: 친일인명사전편찬위원회 편, 『친일인명사전』, 2009; 『동아일보』 1928.5.29., 1940.4.25., 5.3.

석동균石東均

일제강점기 광주군廣州郡 중부면中部面 산성리山城里에서 거주했다. 1928년 3월7일 산성리 지역유지 30여명으로 구성된 남한산금림조합南漢山禁林組合이 만들어졌을 때 발기인이었으며, 조합장을 역할을 맡았다. 지역주민들의 생활개선과 남한산 주변의 산림을 보호하는데 앞장섰다. 1934년 도감독都監督 이순영 외 37명은 석동균의 행적을 기리기 위한 비석금릉조합비을 세웠다. 현재 이 비석은 남한산성 숲길 초입에 위치해 있다.

참고문헌: 『동아일보』, 1929.03.23.; 『경인일보』, 2015.11.17.

석일균石日均

일제강점기 광주에 거주했던 지주로, 1938년 광주면廣州面에 거주했다. 경기도농회京畿道農會에서 도내 전답 30정보町步 이상 소유 지주를 대상으로 조사하여 작성한 지주명부에 수록되었다. 1937년 6월말 현재 광주군廣州郡에 답 52정보, 전 14정보를 소유하고 있었으며, 고용한 소작인 수는 총50명이었다.

참고문헌: 『농지개혁시 피분배지주 및 일제하 대지주 명부』, 한국농촌경제연구원, 1985.12

석진형石鎭衡

1877년 9월 29일 광주에서 태어났으며, 1946년 2월 24일에 사망했다. 호는 반아蘩阿이다. 1899년 호세이法政 대학의 전신인 와후쓰和佛 법률학교 법률과에 입학하여 국제법과 민법을 전공하였고 1902년 7월에 졸업했다. 귀국 후 군부 군법국 주사, 사립 한성법학교 강사, 양정의숙 법률학 전문과 강사, 법관양성소 교관 및 조교수, 양정의숙 법률학전문과 학감 겸 강사직을 역임했다. 1910년 한일병합 이후에는 고등관인 경성전수학교 교유教諭에 임명되었고, 1913년까지 근무했다. 퇴직 후에는 실업계에 진출하였다. 1913년 3월 주식회사 호서은행 설립 발기인으로 참여했으며, 경성거류민단 교육기금으로 60원을 기부한 공로로 목배木杯를 받았다. 1917년 2월부터 주식회사 한성은행 심사과장으로 근무했다. 1918년 4월 조선지주식회사朝鮮紙株式會社 상담역, 5월 주식회사 한성은행 본점 지배인을 지냈다. 1919년 7월 경성제사주식회사京城製絲株式會社 전무취체역, 9월 주식회사 서울호텔 설립 발기인, 11월 주식회사 경성취인소京城取引所 설립 발기인이 되었다. 1920년 3월 조선상사주식회사朝鮮商事株式會社와 경성제사주식회사를 합병하여 조선제사주식회사朝鮮製絲株式會社를 설립하고 대주주로 참여하였으며, 4월 주식회사 대동상회大東商會 후원 찬성원으로 활동했다. 1920년 12월 제2차 조선교육령 개정에 대한 임시 자문기구인 임시교육조사위원회 위원으로 활동했다. 1921년 2월 전라남도 참여관에 임명되었고, 8월 (전라남도)유교창명회에 관여했다. 1924년 12월 충청남도지사(고등관2등)로 승진했으며, 1926년 8월 전라도지사로 임명되었다. 1927년 3월 훈4등서보장을 받았다. 1928년 9월 훈3등서보장을, 11월에는 쇼와천황즉위기념 대례기념장을 받았다. 1929년 5월 조선박람회 평의원, 동양척식주식회사 감사직을 맡았다. 1932년 4월 친일 실업인 단체인 조선실업구락부 이사, 7월 경성일보사 주최 만몽박람회 상담역이 되었다. 1933년 12월 조선제사주식회사 취체역, 1934년 10월 동아전보통신사 사장직을 역임했다. 1936년 6월에는 주식회사 천향각의 설립발기인으로 참여했으며, 12월부터 1943년 1월까지 감사역을 지냈다. 1937년 2월 경성부 방호단 산하 동구 방호단 제1분단 단장, 4월 함경남도 원산에 설립된 북선주조주식회사 취체역사장직을 맡았다. 1937년 8월 애국금차회 발기인회에 참석하였다. 9월에는 제2차 시국강연반에 연사로 참여했다. 1938년 5월 조선실업구락부 평의원, 1939년 11월 조선유도연합회 평의원을 지냈다. 일제강점기 친일반민족행위로 인해 친일인명사전에 수록되었다.

참고문헌: 친일인명사전편찬위원회 편, 『친일인명사전』, 2009; 『직원록』(국사편찬위원회 한국사데이터베이스 http://db.history.go.kr/); 『朝鮮銀行會社組合要錄』(국사편찬위원회 한국사데이터베이스 http://db.history.go.kr/)

이규완李圭完

1862년 11월 15일 경기도 광주에서 태어났으며, 1946년 12월 15일 사망했다. 본적은 강원도 춘천이며 일본 이름은 천전규완淺田圭完이다. 1880년 박영효의 문하에 들어가 활동했으며, 1883년 도쿄 육군 도야마학교에 입학했다. 1884년 박영효의 실각으로 학업을 중단하고 귀국했다. 그 후 1884년 남행부장 겸 사관南行部將兼士官, 후영군사마後營軍司馬, 무관시종을 지냈다. 1884년 갑신정변 당시 행동대원으로 참여했다. 갑신정변이 실패하자 일본으로 망명했으며 아사다 료이치淺田良一라는 이름을 사용했다. 1894년 갑오개혁이 실시되던 때 귀국하였고, 통위영정령관統衛營正領官, 경무청 경무관警務廳警務官직을 역임하였다. 1895년 박영효가 주도한 고종과 민비(명성황후)를 암살하려는 계획과 연루되었고, 이것이 발각되자 다시 일본으로 망명하였다. 이후 야마구치현山口県 아부군阿武郡 히기카와시마촌萩川島村에 정착했고, 잠업강습소에서 잠업기술을 배웠다. 1907년 이토 히로부미伊藤博文의 도움으로 귀국했다. 귀국 후 1907년 중추원부찬의, 1908년 강원도관찰사 겸 강원도재판소 판사, 1910년 강원도관찰사 겸 춘천공립실업학교 교장직을 담당했다. 일본이 한국을 강제 병합한 이후인 1910년 강원도장관(고등관3

등)에 임명되었으며 강원도 지역에서 조선총독부의 시정방침을 선전했다. 1912년 한국병합장을 받았으며 고등관 2등으로 승급되었다. 1914년부터 1918년까지 강원도 지방토지조사위원회 위원장, 1914년 시정5년기념 조선물산공진회 평의원, 1915 시정5년기념으로 열린 가정박람회 찬조원직을 담당했다. 1918년 함경남도장관으로 전임되었으며, 1921년 독립군 부대 진압을 위해 함흥 주둔 일본군 제37연대가 출병해줄 것을 요청했다. 1922년 함남육영회 발기인, 1923년 조선교육회 평의원, 1924년 친일단체인 동민회 회원으로 활동했다. 1924년부터 1933년까지 동양척식주식회사東洋拓殖株式會社 고문, 1925년부터 1937년까지 조선산림회 이사, 1926년 동민회 평의원, 1927년부터 1928년까지 조선물산장려회 이사장직을 맡았다. 1930년부터는 식산흥업을 주장하며 농장개간에 나섰는데, 청량리 전농동 부근의 토지 2000여평을 매입하고 개간했다. 1931년 조선경우회 초대회장, 단군신전봉찬회 고문, 1932년 만몽박람회 상담역, 1933년 1월부터 1940년 8월까지 임시조선미곡조사위원회 위원직을 역임했다. 1936년부터 강원도 춘천군 신동면 석사리 소재 황무지 3만 8000여 평을 매입하여 개간하였고 농장운영을 하였다. 1939년 경성부 육군병지원자후원회 이사, 1939년부터 1941년까지 조선신문사주식회사 취체역을 맡았다. 일제강점기 친일반민족행위로 인해 친일인명사전에 수록되었다.

참고문헌: 친일인명사전편찬위원회 편, 『친일인명사전』, 2009; 『직원록』(국사편찬위원회 한국사데이터베이스 http://db.history.go.kr/); 『朝鮮銀行會社組合要錄』(국사편찬위원회 한국사데이터베이스 http://db.history.go.kr/)

이석재李錫載

일제강점기 광주에 거주했던 지주로, 주소는 1938년 중부면中部面 산성리山城

里이다. 경기도농회京畿道農會에서 도내 전답 30정보町步 이상 소유 지주를 대상으로 조사하여 작성한 지주명부에 수록되었다. 1937년 6월말 현재 파주군坡州郡에 답 21정보, 전 10정보를 소유하고 있었으며, 고용한 소작인 수는 총54명이었다.

참고문헌: 『농지개혁시 피분배지주 및 일제하 대지주 명부』, 한국농촌경제연구원, 1985.12

이용기李容箕

1919년 9월 19일 경기도 광주에서 태어났다. 관리로 10년을 근무했고, 대한잠사회大韓蠶絲會 이사理事, 한국생사수출조합韓國生絲輸出組合 이사理事직을 역임했다.

참고문헌: 『대한민국건국십년지』, (국사편찬위원회 한국사데이터베이스 http://db.history.go.kr/)

이원영李元榮

1910년 1월 24일 경기도 광주에서 태어났으며, 1985년 8월 12일에 사망했다. 휘문고등보통학교, 경성제국대학 법문학부 문학과를 졸업했다. 1936년 『매일신보』에 입사하여 도쿄특파원, 1941년 정치부장, 1942년 정경부장, 1943년 정경부장 겸 논설위원직을 담당했다. 1943년 매일신보사에서 주최한 미영米英격멸필승축원 성지부여 조선신궁 계주연성대회 위원이 되었고, 매일신보와 경성일보사가 공동주최한 학도출진을 말하는 좌담회에 참석했다. 1943년 국민총력조선연맹 참사 겸 사무국 경제위원회 위원, 1944년 조선항공공업주식회사 총무과장 겸 조선항공사업사 지배인, 1945년 조선언론보국회 평의원직을 맡았다. 해방 후인 1946년 동양목재 사장, 1947년 조선목재 전무이사, 1953년 남한제지 전무취체역, 1954년 『충북신문』 부사장, 1957년 홍익학원 이사, 1958년 남한제지

사장, 한국원양어업(주) 사장, 1962년 대한제사협회 회장직을 역임했다. 1967년 공화당 소속으로 전국구 의원에 당선되었다. 1970년 대한잠사회大韓蠶絲會 회장, 1972년 축산증산윤출사업회장, 1979년 대한잠사회 고문직을 담당했다. 일제강점기 친일반민족행위로 인해 친일인명사전에 수록되었다.

참고문헌: 친일인명사전편찬위원회 편, 『친일인명사전』, 2009; 『한국근현대인물자료』(국사편찬위원회 한국사데이터베이스 http://db.history.go.kr/)

정방훈丁邦勳

광주에 거주했던 지주이다. 주소지는 1950년 현재 구천면九川面 고덕리高德里 277번지이다. 농지개혁 당시 정부의 유상매수 대상이 되었다. 토지 면적은 논 40.2정보町步, 밭 16.2정보로 총 56.4정보를 소유하고 있었다. 보상석수는 정조正租 1,652.0석石이었다.

참고문헌: 『농지개혁시 피분배지주 및 일제하 대지주 명부』, 한국농촌경제연구원, 1985.12

최석환崔錫煥

광주에 거주했던 지주이다. 주소지는 1950년 현재 실촌면實村面 부항리釜項里로 번지 미상이다. 농지개혁 당시 정부의 유상매수 대상이 되었다. 토지 면적은 논 26.6정보町步, 밭 6.2정보로 총 32.8정보를 소유하고 있었다. 보상석수는 정조正租 922.0석石이었다.

참고문헌: 『농지개혁시 피분배지주 및 일제하 대지주 명부』, 한국농촌경제연구원, 1985.12

4부

김포金浦

일제강점기 김포군의 관할구역 일부가
해방 후에 각각 서울(현재의 강서·양천구 등)과 인천(검단)으로 편입되었다.

:: 김포시 행정구역 변천 연혁(김포시청 홈페이지에서 인용)

1914. 3. 1.   김포 · 양천 · 통진현이 김포군으로 편입(9면)

1963. 1. 1.   양동 · 양서면이 서울시로 편입(7면)

1973. 7. 1.   부천군의 오정면, 계양면이 편입(9면)

1975. 10. 1.   오정면이 부천시로 편입(8면)

1989. 1. 1.   계양면이 인천시로 편입

1995. 3. 1.   검단면이 인천광역시로 편입(1읍 6면)

1998. 4. 1.   김포군이 김포시로 승격(3동 6면)

김동극金東極

일제강점기 김포에 거주했던 지주이다. 1938년 주소는 김포군 양촌면陽村面 수적리水的里이고, 1950년 주소는 김포군 양촌면 수참리水站里이다. 1938년 경기도농회京畿道農會에서 도내 전답 30정보町步 이상 소유 지주를 대상으로 조사하여 작성한 지주명부에 수록되었다. 1937년 6월말 기준 김포군에 논 28정보, 밭 12정보를 소유하였고, 고용된 소작인은 54명이었다. 1950년 농지개혁 당시 정부의 유상 매수 대상이 되었는데, 대상 토지 면적은 논 11.5정보, 밭 2.9정보, 합 14.4정보였으며, 보상補償은 439.8석이다.

참고문헌: 『농지개혁시 피분배지주 및 일제하 대지주 명부』, 한국농촌경제연구원, 1985.12

김봉흠金鳳欽 (1884~1975)

일제강점기 김포에 거주했던 금융조합장, 면장이다. 1937년 주소는 김포군 검단면黔丹面 천당리天堂里이다. 법관양성소 출신이다. 1935년 김포금융조합장에 당선되어 1938년 4월 임기 만료되었다. 조선총독부 서기로 각지를 역임하고 사직한 후 실업계에 들어섰다. 1927년부터 18년간 검단면장으로 재직했다. 1929년 김포군농회 의원이 되었다. 1939년 11월 김봉흠 외 9명이 검단면에 신명神明 신사神祠 설립을 출원하여 허가받았다. 1952년 검단국민학교 육성회장, 김포군선거관리위원회 위원장이 되었고, 1969년 김포군 노인회 수석회장이었으며, 김포군지편찬위원회 부위원장을 지냈다. 1975년 사망했다.

참고문헌: 藤澤淸次郎, 『朝鮮金融組合と人物』, 大陸民友社, 1937; 『동아일보』 1937.12.8.; 『조선총독부관보』 1938.7.16., 1939.11.20.; 국사편찬위원회 한국역사정보통합시스템(http://db.history.go.kr/); 김포시사편찬위원회, 『김포시사』, Ⅲ, 김포시, 2011, 141쪽.

김재희金在熙

일제강점기 김포에 거주했던 지주이다. 1938년 주소는 김포군 월곶면月串面 서암리西岩里이다. 1938년 경기도농회京畿道農會에서 도내 전답 30정보町步 이상 소유 지주를 대상으로 조사하여 작성한 지주명부에 수록되었다. 1937년 6월말 기준 김포군에 논 22정보, 밭 11정보를 소유하였고, 고용된 소작인은 50명이었다. 학무위원을 지냈다.

참고문헌: 『농지개혁시 피분배지주 및 일제하 대지주 명부』, 한국농촌경제연구원, 1985.12

남정채南廷彩

일제강점기 김포에 거주했던 지주이다. 1935년 주소는 김포군 양동면陽東面 신정리新亭里이다. 1938년 경기도농회京畿道農會에서 도내 전답 30정보町步 이상 소유 지주를 대상으로 조사하여 작성한 지주명부에 수록되었다. 1937년 6월말 기준 김포군에 논 22정보, 밭 11정보를 소유하였고, 고용된 소작인은 105명이었다. 1935년 12월 남정채 소유의 임야 2곳(부천군 소사면 개봉리 소재 1.07정보, 부천군 고척리 소재 1.29정보)이 보안림에 편입되었다. 면협의회원 경력이 있다.

참고문헌: 『농지개혁시 피분배지주 및 일제하 대지주 명부』, 한국농촌경제연구원, 1985.12; 『조선총독부관보』 1935.12.21.

민병갑閔丙甲

일제강점기 김포에 거주했던 지주이다. 1938년 주소는 김포군 양촌면陽村面 석모리席毛里이다. 1938년 경기도농회京畿道農會에서 도내 전답 30정보町步 이상 소유 지주를 대상으로 조사하여 작성한 지주명부에 수록되었다. 1937년 6월말 기준 김포군에 논 25정보, 밭 5정보를 소유하였고, 고용된 소작인은 45명이었다.

참고문헌: 『농지개혁시 피분배지주 및 일제하 대지주 명부』, 한국농촌경제연구원, 1985.12

박일양(1901~1981)

일제강점기 김포에 거주했던 기업인, 지역 유지이다. 김포공립소학교를 거쳐 서울 봉명학교를 졸업했다. 김포지역 운수업의 시초가 된 두밀상회斗密商會를 창업했다. 김포금융조합 조합장, 김포 선거관리위원회 부위원장, 한강수리조합 이사. 김포의용소방대장, 대한노인회 김포지부 회장, 우지서원 원장, 김포향교 전교 등을 역임하였다.

참고문헌: 김포시사편찬위원회, 『김포시사』, III, 김포시, 2011

박준병朴準秉 (1891~?)

일제강점기 기업인, 친일반족행위자이다. 1891년 4월 경기도 김포에서 태어났다. 본적은 김포군 하성면霞城面이다. 1908년 통진공립보통학교, 1910년 7월 경성 사립융희학교를 졸업했다. 1913년 5월 조선총독부 임시토지조사국 사무원이 되어 1914년 임시토지조사국 측지과 기수로 근무하다가 1917년 8월 황해도 서흥군 서기가 되었다. 이후 황해도 금천군金川郡, 신계군, 경기도 이천군, 고양군, 여주군 등지에서 근무했다.

　　1923년 동아흥산사 이사, 1927년 4월 조선흥산합자회사 기사技師, 1928년 여주군 기동보린사畿東保隣社 이사, 1940년 대성목재주식회사 이사, 계림실업구락부 창립위원이 되었다.

　　1929년 만주로 이주하여 펑텐奉天일본거류민회의 부이사, 1933년 전만조선인 민회연합회의 회보 편집인, 1934년 민회연합회의 부이사, 1936년 민회연합회의 이사와 만주국 협화회 신징新京 조선인 민회 분회 설립준비위원회 위원, 상임간사, 간사장, 부회장을 역임했다. 1939년 수도계림분회 회장, 1940년 조선인 교육후원회 상무위원 겸 신징지역 위원, 동남지구특별공작후원회 본부의 신징지역 상무위원이 되었다. 친일반민족행위로 인해 친일인명사전에 수록되었다.

참고문헌: 한국역대인물종합정보시스템(http://people.aks.ac.k); 친일인명사전편찬위원회 편, 『친일인명사전』, 2009

송도면宋道勉

일제강점기 김포에서 거주했다. 1912년부터 1917년까지 임시토지조사국 조리과 서기書記, 1930년부터 1939년까지 대곶면장大串面長, 경기도 양곡금융조합장직을 역임했다.

참고문헌: 『직원록』 (국사편찬위원회 한국사데이터베이스 http://db.history.go.kr/); 藤澤淸次郞, 『朝鮮金融組合と人物』, 大陸民友社, 1937

심상덕沈相悳

일제강점기 김포에 거주했던 지주이다. 1934년부터 1936년까지 양촌면장陽村面長을 역임했다. 1938년 주소는 양촌면 마송리馬松里 231이다. 경기도농회京畿道農會에서 도내 전답 30정보町步 이상 소유 지주를 대상으로 조사하여 작성한 지주명부에 수록되었다. 1937년 6월말 현재 김포군金浦郡에 답 21정보, 전 16정보를 소유하고 있었으며, 고용한 소작인 수는 총36명이었다.

참고문헌: 「농지개혁시 피분배지주 및 일제하 대지주 명부」, 한국농촌경제연구원, 1985.12; 「직원록」(국사편찬위원
회 한국사데이터베이스 http://db.history.go.kr/)

심상진沈相眞

김포에 거주했던 지주로 주소는 1950년 현재 양촌면陽村面 방화리傍花里 231이
다. 농지개혁 당시 정부의 유상매수 대상이 되었다. 토지 면적은 논 25.7정보町
步, 밭 15.1정보로 총 40.8정보였으며, 보상석수는 정조正租 1,125.4석石이었다.

참고문헌: 「농지개혁시 피분배지주 및 일제하 대지주 명부」, 한국농촌경제연구원, 1985.12

심성택沈星澤

일제강점기 김포에 거주했던 지주이다. 1914년 경기도지방토지조사위원회 임
시위원臨時委員, 1919년 대부면장大阜面長직을 역임했다. 1938년 주소는 대부면
엽암리葉岩里이다. 경기도농회京畿道農會에서 도내 전답 30정보町步 이상 소유 지
주를 대상으로 조사하여 작성한 지주명부에 수록되었다. 1937년 6월말 현재 김
포군金浦郡에 답 28정보, 전 4정보를 소유하고 있었으며, 고용한 소작인 수는 총
50명이었다.

참고문헌: 「농지개혁시 피분배지주 및 일제하 대지주 명부」, 한국농촌경제연구원, 1985.12; 「직원록」(국사편찬위원
회 한국사데이터베이스 http://db.history.go.kr/)

윤명환尹明煥

일제강점기 김포에 거주했던 지주로 1938년 주소는 양서면陽西面 개화리開化里이다. 경기도농회京畿道農會에서 도내 전답 30정보町步 이상 소유 지주를 대상으로 조사하여 작성한 지주명부에 수록되었다. 1937년 6월말 현재 김포군金浦郡에 답 30정보, 전 20정보를 소유하고 있었으며, 고용한 소작인 수는 총110명이었다.

참고문헌: 『농지개혁시 피분배지주 및 일제하 대지주 명부』, 한국농촌경제연구원, 1985.12

이운하李運夏

일제강점기 김포에서 거주했다. 1927년부터 1929년까지 양촌면 양곡리에 있었던 양곡금융조합陽谷金融組合(1922년 10월 6일 설립)의 조합장직을 담당했다.

참고문헌: 『朝鮮銀行會社組合要錄』(국사편찬위원회 한국사데이터베이스 http://db.history.go.kr/)

이재록李載祿

일제강점기 김포에 거주했던 지주이다. 1938년 주소는 읍내면邑內面 풍순리豊舜里로 번지 미상이다. 경기도농회京畿道農會에서 도내 전답 30정보町步 이상을 소유한 지주를 대상으로 조사하여 작성한 지주명부에 수록되었다. 1937년 6월말 현재 김포군金浦郡에 논 33정보, 밭 6정보로 총 39정보를 소유하고 있었다. 고용한 소작인 수는 총 87명이었다.

참고문헌: 『농지개혁시 피분배지주 및 일제하 대지주 명부』, 한국농촌경제연구원, 1985.12

이종돈李鍾敦

김포에 거주했던 지주이다. 주소지는 1950년 현재 양촌면陽村面 방화리傍花里로 번지 미상이다. 농지개혁 당시 정부의 유상매수 대상이 되었다. 토지 면적은 논 31.6정보町步, 밭 8.6정보로 총 40.2정보를 소유하고 있었다. 보상석수는 정조正租 766.2석石이었다.

참고문헌: 『농지개혁시 피분배지주 및 일제하 대지주 명부』, 한국농촌경제연구원, 1985.12

이태의李台儀

일제강점기 김포에 거주했던 지주이다. 1938년 주소는 양촌면陽村面으로 구체적인 동리와 번지 미상이다. 면협의회원面協議會員 직을 역임하였다. 경기도농회京畿道農會에서 도내 전답 30정보町步 이상을 소유한 지주를 대상으로 조사하여 작성한 지주명부에 수록되었다. 1937년 6월말 현재 김포군金浦郡에 논 24정보, 밭 19정보로 총 43정보를 소유하고 있었다. 고용한 소작인 수는 총 34명이었다.

참고문헌: 『농지개혁시 피분배지주 및 일제하 대지주 명부』, 한국농촌경제연구원, 1985.12

조충호趙忠鎬

일제강점기 김포에 거주했던 지주이다. 1938년 주소는 하성면霞城面 하성리霞城里 13번지이다. 경기도농회京畿道農會에서 도내 전답 30정보町步 이상을 소유한 지주를 대상으로 조사하여 작성한 지주명부에 수록되었다. 1937년 6월말 현재 김포군金浦郡에 논 17정보, 밭 15정보로 총 32정보를 소유하고 있었다. 고용한 소작인 수는 총 82명이었다.

참고문헌: 『농지개혁시 피분배지주 및 일제하 대지주 명부』, 한국농촌경제연구원, 1985.12

현정련玄晸連

일제강점기 김포에 거주했던 지주이다. 1938년 주소는 고촌면高村面 신곡리新谷里로 번지 미상이다. 경기도농회京畿道農會에서 도내 전답 30정보町步 이상을 소유한 지주를 대상으로 조사하여 작성한 지주명부에 수록되었다. 1937년 6월말 현재 김포군金浦郡에 논 79정보를 소유하고 있었다. 고용한 소작인 수는 총 165명이었다.

참고문헌: 『농지개혁시 피분배지주 및 일제하 대지주 명부』, 한국농촌경제연구원, 1985.12

장곡천수희長谷川修喜

일제강점기 김포에 거주했던 일본인 지주이다. 1938년 주소는 양동면陽東面 목동리木洞里 384번지이다. 경기도농회京畿道農會에서 도내 전답 30정보町步 이상을 소유한 지주를 대상으로 조사하여 작성한 지주명부에 수록되었다. 1937년 6월말 현재 장단군長湍郡에 논 10정보, 밭 31정보로 총 41정보를 소유하고 있었다. 고용한 소작인 수는 총 89명이었다.

참고문헌: 『농지개혁시 피분배지주 및 일제하 대지주 명부』, 한국농촌경제연구원, 1985.12

5부

부천富川

일제강점기 부천군의 관할 구역 가운데 많은 지역이 이후
서울과 인천의 확장에 따라 서울과 인천에 편입되었고,
대부면(대부도)은 현재의 안산시, 소래면은 현재의 시흥시에 속하게 되었다.

::**부천시 행정구역 변천 연혁**(부천시청 홈페이지에서 인용)

1914년	부천군으로 발족이후 부평이 인천에, 9개 리가 서울에 편입
1973년 7월 1일	소사읍이 부천시로 승격(부천군이 폐지되면서 9면이 옹진군·시흥군·김포군에 이관)
1975년	김포군의 오정면이 부천시에 편입
1995년	인천광역시 부평구 서운동 일부가 오정구 삼정동에 편입

김건환金建煥

일제강점기 부천에 거주했던 지주이다. 1938년 주소는 부천군 소래면蘇萊面 방산리芳山里이다. 1938년 경기도농회京畿道農會에서 도내 전답 30정보町步 이상 소유 지주를 대상으로 조사하여 작성한 지주명부에 수록되었다. 1937년 6월말 기준 부천군에 논 121정보, 밭 5정보를 소유하였고, 고용된 소작인은 45명이었다. 면협의원, 농촌진흥회장을 지냈다.

참고문헌: 『농지개혁시 피분배지주 및 일제하 대지주 명부』, 한국농촌경제연구원, 1985.12

김지하金智夏

일제강점기 부천에 거주했던 지주이다. 1938년 주소는 부천군 대부면大阜面 북리北里이다. 1938년 경기도농회京畿道農會에서 도내 전답 30정보町步 이상 소유 지주를 대상으로 조사하여 작성한 지주명부에 수록되었다. 1937년 6월말 기준 부천군에 논 32정보, 밭 12정보를 소유하였고, 고용된 소작인은 100명이었다. 1925년 4월 북리 포개(捕介 업자 대표자로서 대부면 남리 부흥富興 앞바다의 조개류를 채취할 수 있는 어업 면허를 받았다.

참고문헌: 『농지개혁시 피분배지주 및 일제하 대지주 명부』, 한국농촌경제연구원, 1985.12; 『조선총독부관보』 1925.5.7.

박용균朴容均 (1888년경 출생)

일제강점기 부천에 거주했던 지주이다. 1938년 주소는 부천군 부내면富內面 하리下里 382번지이고, 1949년 주소는 서울시 안국동 17의 1번지이다. 세브란스의학전문학교를 졸업했다. 1938년 경기도농회京畿道農會에서 도내 전답 30정보町步 이상 소유 지주를 대상으로 조사하여 작성한 지주명부에 수록되었다. 1937년 6월말 기준 부천군에 논 72정보, 밭 20정보를 소유하였고, 고용된 소작인은 238명이었다. 인천부 금곡리에서 인제의원을 개업하여 운영했다. 1920년대 도평의회원이 되었다.

참고문헌: 『농지개혁시 피분배지주 및 일제하 대지주 명부』, 한국농촌경제연구원, 1985.12; 국사편찬위원회 한국사데이터베이스 한국근현대인물자료(http://db.history.go.kr/)

박용재朴容載

일제강점기 부천에 거주했던 지주이다. 일본 이름은 富木容載이다. 1927년 주소는 부천군 부내면富內面 하리下里 400번지이다. 1938년 경기도농회京畿道農會에서 도내 전답 30정보町步 이상 소유 지주를 대상으로 조사하여 작성한 지주명부에 수록되었다. 1937년 6월말 기준 부천군에 논 84정보, 밭 37정보를 소유하였고, 고용된 소작인은 323명이었다. 1930년대에 부내면장이었다. 1939년 4월 합자회사 소신자동차부 무한책임사원에서 퇴사하고, 같은 해 4월 부평금융조합 감사역에 재선되었다. 1916년 9월 자가용 주酒 제조 면허를 받았다.

참고문헌: 『농지개혁시 피분배지주 및 일제하 대지주 명부』, 한국농촌경제연구원, 1985.12; 국사편찬위원회 한국역사정보통합시스템(http://www.koreanhistory.or.kr/); 『조선총독부관보』 1927.10.21., 1939.6.26., 1940.8.14.

박제환朴濟煥 (1905~1995)

일제강점기 부천에 거주했던 지주이다. 해방 후에는 수리조합장, 국회의원, 농림부장관을 지냈다. 1931년 주소는 부천군 계남면桂南面 벌응절리伐應節里이고, 1938년 주소는 부천군 소사면素砂面 벌응리伐應里이며, 이후 주소는 부천시 역곡동驛谷洞 165번지이다. 1917년 수하공립보통학교 2학년에 편입하였으나 1919년 3·1운동 때 만세운동 선동을 이유로 수하공립보통학교에서 퇴학당했다. 1919년 휘문고등보통학교에 편입하였다. 1923년 휘문고보 제4학년을 수료하고 같은 해에 일본 도시샤同志社대학 예과에 입학하였다. 동경유학시절 학생의 신분으로 신간회 경도지부장을 맡았다. 1928년 6월 같은 대학 법학부 경제학과 재학 중 고려공산청년회에 가입하였다가 치안유지법 위반 혐의로 기소되어 1929년 11월 경성지방법원으로부터 징역 1년, 집행유예 2년을 선고받았다. 1930년 봄에 동 대학 경제과를 마쳤다. 1930년 12월부터 빈농들을 위해 제승기製繩機 27대를 구입하고, 빈민 27명을 모집하여 새끼 꼬기 작업을 하게 했다. 1932년 12월 27일 경기도 부천군 사회과 주사가 되었다.

1938년 경기도농회京畿道農會에서 도내 전답 30정보町步 이상 소유 지주를 대상으로 조사하여 작성한 지주명부에 수록되었다. 1937년 6월말 기준 부천군에 논 32정보, 밭 7정보를 소유하였고, 고용된 소작인은 40명이었다.

경기도청 식량과장으로 있던 중 신탁통치 문제가 일어나자 반탁운동에 참여하여 사표를 제출했다. 그 뒤 부천에서 생활하면서 부천중학교를 설립하였다. 1947년에는 한강수리조합장으로 취임하였고, 1950년 제2대 국회의원(민의원)에 당선(부천, 무소속)되었다. 제3·4대 국회의원 선거에서는 낙선하였으나, 1960년 제5대 국회의원(민의원)에 당선(무소속)되었고 민정구락부에 가입하였다. 그 뒤

국무위원(농림부장관)에 취임했으나 5 · 16으로 그만두게 되었다. 1963년에 정치를 그만두고 천주교에 입교하여, 세종로 천주교회 사목위원회 위원, 세종로 천주교회 사목위원회 고문, 역곡 천주교회 사목위원회 고문으로 종교활동에 전력하였다. 저서로는 『지봉한담芝峰閑談』(1992)이 있다.

참고문헌: 『농지개혁시 피분배지주 및 일제하 대지주 명부』, 한국농촌경제연구원, 1985.12; 국사편찬위원회 한국사데이터베이스 한국근현대인물자료(http://db.history.go.kr/); 「한국민족문화대백과」 인터넷판, 한국학중앙연구원(http://encykorea.aks.ac.kr/); 『동아일보』 1929.11.23.; 『매일신보』 1930.6.25., 1931.1.24., 1932.12.31.

원영상元榮常

일제강점기 경기도 부천에 거주했다. 1932년부터 1939년까지 소사면장素砂面長직을 역임했으며, 경기도 소사금융조합장직을 담당했다.

참고문헌: 『직원록』, (국사편찬위원회 한국사데이터베이스 http://db.history.go.kr/); 藤澤淸次郎, 『朝鮮金融組合と人物』, 大陸民友社, 1937

원정희元定熹

일제강점기 부천에 거주했던 지주이다. 1938년 직업은 농업이며, 주소는 오정면吾丁面 여월리如月里이다. 경기도농회京畿道農會에서 도내 전답 30정보町步 이상 소유 지주를 대상으로 조사하여 작성한 지주명부에 수록되었다. 1937년 6월말 현재 부천군富川郡에 답 28정보, 전 10정보를 소유하고 있었으며, 고용한 소작인 수는 총23명이었다.

참고문헌: 『농지개혁시 피분배지주 및 일제하 대지주 명부』, 한국농촌경제연구원, 1985.12

유일한柳一韓 (1895~1971)

한국근현대 기업인이다. 1895년 평안남도 평양에서 출생하고, 미국에서 유학하였다. 1936년에 부천시 심곡본동 일대에 우리나라에서는 처음으로 근대적 제약 공장인 유한양행을 세웠다. 해방 후에는 고려공과학원을 시작으로 유한중학교, 유한공업고등학교, 유한대학을 설립했다. 유언으로 기업과 개인 재산 전부를 공익법인에 기증했다.

참고문헌: 부천시청 홈페이지(http://www.bucheon.go.kr/site/homepage/menu/viewMenu?menuid=148005004004)

윤덕형尹德衡

일제강점기 부천에 거주했던 지주로 1938년 주소는 대부면大阜面 선감리仙甘里이다. 경기도농회京畿道農會에서 도내 전답 30정보町步 이상 소유 지주를 대상으로 조사하여 작성한 지주명부에 수록되었다. 1937년 6월말 현재 부천군富川郡에 답 39정보, 전 7정보를 소유하고 있었으며, 고용한 소작인 수는 총70명이었다.

참고문헌: 『농지개혁시 피분배지주 및 일제하 대지주 명부』, 한국농촌경제연구원, 1985.12

정정분鄭丁分

일제강점기 부천에 거주했던 지주이다. 1938년 주소는 소사면素砂面 개봉리開峯里로 번지 미상이다. 경기도농회京畿道農會에서 도내 전답 30정보町步 이상을 소유한 지주를 대상으로 조사하여 작성한 지주명부에 수록되었다. 1937년 6월말 현재 부천군富川郡에 논 4정보, 밭 35정보로 총 39정보를 소유하고 있었다. 고용한 소작인 수는 총 70명이었다.

참고문헌: 『농지개혁시 피분배지주 및 일제하 대지주 명부』, 한국농촌경제연구원, 1985.12

최병희崔炳熙

일제강점기 부천에 거주했던 경제인이자, 지주이다. 1938년 주소는 소사면素砂面 율곡리栗谷里 586번지이다. 소사면 심곡리深谷里 609번지에 본점을 두고 가축, 비료 등의 자금 융통, 축산물 매매 및 위탁, 부동산 매매 및 중개업 등 금융신탁 업무를 목적으로 1936년 4월 15일 설립된 주식회사 소사계리素砂計理의 이사를 맡아 활동하였다. 소사계리에서 발행한 주식 총 1,000주 중 150주를 보유하고 있다. 경기도농회京畿道農會에서 도내 전답 30정보町步 이상을 소유한 지주를 대상으로 조사하여 작성한 지주명부에 수록되었다. 1937년 6월말 현재 수원군水原郡에 논 24정보, 밭 1정보, 부천군富川郡에 논 26정보, 밭 23정보로 수원군과 부천군의 토지를 합하여 논 50정보, 밭 14정보, 총 64정보를 소유하고 있었다. 고용한 소작인 수는 수원군에 60명, 부천군에 96명으로 총 196명이었다.

참고문헌: 『농지개혁시 피분배지주 및 일제하 대지주 명부』, 한국농촌경제연구원, 1985.12; 『朝鮮銀行會社組合要錄』(1937년판), 『朝鮮銀行會社組合要錄』(1939년판) (한국사데이터베이스 http://db.history.go.kr/)

수진광소水津光素

일제강점기 부천에 거주했던 일본인 지주로 1938년 주소는 오정면吾丁面 삼정리三井里이다. 경기도농회京畿道農會)에서 도내 전답 30정보町步 이상 소유 지주를 대상으로 조사하여 작성한 지주명부에 수록되었다. 1937년 6월말 현재 부천군富川郡에 답 26정보, 전 9정보를 소유하고 있었으며, 고용한 소작인 수는 총50명이었다.

참고문헌: 『농지개혁시 피분배지주 및 일제하 대지주 명부』, 한국농촌경제연구원, 1985.12

수진의소水津義素

일제강점기 부천에 거주했던 일본인 지주로 1938년 주소는 오정면吾丁面 오정리吾丁里이다. 경기도농회京畿道農會에서 도내 전답 30정보町步 이상 소유 지주를 대상으로 조사하여 작성한 지주명부에 수록되었다. 1937년 6월말 현재 부천군富川郡에 답 32정보, 전 9정보를 소유하고 있었으며, 고용한 소작인 수는 총50명이었다.

참고문헌: 『농지개혁시 피분배지주 및 일제하 대지주 명부』, 한국농촌경제연구원, 1985.12

수진행소水津幸素

일제강점기 부천에 거주했던 일본인 지주로 1938년 주소는 오정면吾丁面 삼정리三井里이다. 경기도농회京畿道農會에서 도내 전답 30정보町步 이상 소유 지주를 대상으로 조사하여 작성한 지주명부에 수록되었다. 1937년 6월말 현재 부천군富川郡에 답 48정보, 전 21정보를 소유하고 있었으며, 고용한 소작인 수는 총90명이었다.

참고문헌: 『농지개혁시 피분배지주 및 일제하 대지주 명부』, 한국농촌경제연구원, 1985.12

신부정웅神部正雄

일제강점기 부천 소사면素砂面에 거주했던 일본인 지주이다. 경기도농회京畿道農會에서 도내 전답 30정보町步 이상 소유 지주를 대상으로 조사하여 작성한 지주명부에 수록되었다. 1937년 6월말 현재 부천군富川郡에 답 7정보, 전 51정보를 소유하고 있었으며, 고용한 소작인 수는 총100명이었다.

참고문헌: 『농지개혁시 피분배지주 및 일제하 대지주 명부』, 한국농촌경제연구원, 1985.12

6부

수원水原

일제강점기 수원군은
지금의 수원시, 화성시, 오산시, 의왕시로 분리되었다.

::수원시 행정구역 변천 연혁(수원시청 홈페이지에서 인용)

1914년 3월 1일   수원면(남양군 · 의왕시 흡수)

1949년 8월 15일   수원시(27개동) 승격

::오산시 행정구역 변천 연혁(오산시청 홈페이지에서 인용)

1914년 04월 01일   수원군 성호면

1941년 10월 01일   수원군 오산면

1949년 08월 15일   화성군 오산면(24개리)

1987년 01월 01일   화성군 동탄면 금곡3리 편입(45개리)

1989년 01월 01일   오산시로 승격(6개동)

1995년 04월 20일   평택군 진위면 갈곶, 고현, 청호리 일부편입

::의왕시 행정구역 변천 연혁(의왕시청 홈페이지에서 인용)

1914   광주군 의곡면과 왕륜면을 통합, 수원군 의왕면으로 변경

1936   수원군 일왕면으로 개칭

1949   화성군 일왕면으로 변경

1963   시흥군 의왕면으로 변경

1989   의왕시로 승격

::화성시 행정구역 변천 연혁(화성시청 홈페이지에서 인용)

1914. 03. 01.   남양군과 수원군을 수원군으로 통합(도서제외)

1949. 08. 15.   화성군으로 개편, 수원읍은 시로 승격 분리

1989. 01. 01.   오산읍이 오산시로 승격 분리(1읍 15면)

1994. 12. 26.   태안읍 영통리 일원, 신리 · 망포리 일부, 반월면이 수원, 안산, 군포로 각각 분할 편입(1읍 14면)

2001. 03. 21.   화성군에서 화성시로 승격

강익연姜翊淵

일제강점기 수원에 거주했던 지주이다. 1938년 주소는 수원군 수원읍水原邑 궁정宮町 147번지이다. 1938년 경기도농회京畿道農會에서 도내 전답 30정보町步 이상 소유 지주를 대상으로 조사하여 작성한 지주명부에 수록되었다. 1937년 6월말 기준 용인군에 논 35정보, 밭 9정보를 소유했고, 소속 소작인은 73명이었다.

참고문헌: 『농지개혁시 피분배지주 및 일제하 대지주 명부』 한국농촌경제연구원, 1985.12

구자혁具滋赫

일제강점기 수원에 거주했던 지주이다. 1950년 주소는 수원시 팔달로八達路 1가街 97번지이다. 1950년 농지개혁 당시 정부의 유상 매수 대상이 되었는데, 대상 토지 면적은 논 66.7정보, 밭 46.2정보, 합 112.9정보였으며, 보상補償은 3,184.9석이다.

참고문헌: 『농지개혁시 피분배지주 및 일제하 대지주 명부』 한국농촌경제연구원, 1985.12

김각규金珏圭 (1893년경 생)

일제강점기 수원에 거주했던 지주이다. 1938년 주소는 수원군 우정면雨汀面 화산리花山里이다. 1938년 경기도농회京畿道農會에서 도내 전답 30정보町步 이상 소유 지주를 대상으로 조사하여 작성한 지주명부에 수록되었다. 1937년 6월말 현재 수원군에 논 27정보, 밭 19정보를 소유하였고, 고용된 소작인은 138명이었다. 1920년 우정면 빈민 410호의 호세戶稅 133원과 장안면 513호의 호세 182원 35전을 대납代納했다.

참고문헌: 『농지개혁시 피분배지주 및 일제하 대지주 명부』 한국농촌경제연구원, 1985.12; 『동아일보』 1920.6.12.

김갑영金甲榮

해방 후 수원에 거주했던 지주이다. 1950년 주소는 수원시 고등동高等洞 95-3번지이다. 1950년 농지개혁 당시 정부의 유상 매수 대상이 되었는데, 대상 토지 면적은 논 20.9정보, 밭 4.2정보, 합 25.1정보이며 보상은 577.6석이다.

참고문헌: 『농지개혁시 피분배지주 및 일제하 대지주 명부』, 한국농촌경제연구원, 1985.12

김경식金瓊植 (1950년 사망)

경기도 수원 출신의 기업인, 친일반민족행위자이다. 1920년 원산객주조합 이사, 백산무역주식회사 원산지점장을 지냈다. 1924년 주식회사 청남靑南의 원산지점장, 1927년 주식회사 흥업사 감사, 원산무역회사 대주주였다.

1921년 원산노동회 창립 때 회장을 맡았다. 1923년 조선민립대학기성회 발기인이었고, 1924년 조선노농총동맹 창립대회에서 집행위원에 선임되었다. 1926년 동아일보 원산지국 지국장을 맡았고, 1927년 5월 조선사회단체중앙협의회 창립대회에 원산노동연맹 대표로 참석했으며 조선노동총동맹의 중앙검사위원을 지냈다. 1929년 원산노동조합연합회 집행위원장으로 원산총파업을 지도하여 경성복심법원에서 징역 6월을 선고받고 10월에 만기 출옥했다. 이후 전향하여 '전향자 보호 구제'를 목적으로 한 백악회白岳會에 참여하였고, 1936년 8월 대동민우회로 확대 개편될 때, 별도의 민우회를 조직하고 이사장이 되었다. 1946년 1월 건국산업사 재무부장을 맡았고, 정부 수립 후 초대 노동국장이 되었다. 1950년 1월 29일 사망했다. 장례식은 대한노총 등의 집행으로 치러졌고, 장지는 수원 선영이다. 친일반민족행위로 인해 친일인명사전에 수록되었다.

참고문헌: 친일인명사전편찬위원회 편, 『친일인명사전』, 2009; 『동아일보』 1920.8.31., 1950.2.3.

김기용金基鏞

해방후 수원의 지주이다. 1950년 주소는 수원시 신풍동新豐洞 126번지이다. 1950년 농지개혁 당시 정부의 유상 매수 대상이 되었는데, 대상 토지 면적은 논 21.7정보, 밭 8.3정보, 합 30정보이며 보상은 483석이다.

참고문헌: 『농지개혁시 피분배지주 및 일제하 대지주 명부』, 한국농촌경제연구원, 1985.12

김남소金南韶

일제강점기 수원의 지역유지이다. 1927년에 화성금융조합 조합장이었다. 1911년에는 수원군 안녕면장이었고, 1914년부터는 안룡면장이었다. 1914년 2월에 공립보통학교 경비로 11원을 기부하고, 1919년에 수원공립보통학교 교사 건축비로 14원을 기부하여 각각 목배 1개를 받았다.

참고문헌: 국사편찬위원회 한국사데이터베이스 한국근현대인물자료(http://db.history.go.kr/); 『중외일보』 1930.5.23.; 『조선총독부관보』 1914.7.14., 1919.7.9.

김덕배金德培

일제강점기 수원의 지주이다. 1938년 주소는 수원군 장안면長安面 사곡리沙谷里이다. 1938년 경기도농회京畿道農會에서 도내 전답 30정보町步 이상 소유 지주를 대상으로 조사하여 작성한 지주명부에 수록되었다. 1937년 6월말 현재 수원군에 논 36정보, 밭 16정보를 소유하였고, 고용된 소작인은 115명이었다. 직업은 상업, 농업이다.

참고문헌: 『농지개혁시 피분배지주 및 일제하 대지주 명부』, 한국농촌경제연구원, 1985.12

김덕수金德秀

일제강점기 수원의 지주이다. 1938년 주소는 수원군 수원읍이다. 1938년 경기도농회京畿道農會에서 도내 전답 30정보町步 이상 소유 지주를 대상으로 조사하여 작성한 지주명부에 수록되었다. 1937년 6월말 현재 진위군에 논 23정보, 밭 31정보를 소유하였고, 고용된 소작인은 30명이었다. 상업을 겸했다.

참고문헌: 『농지개혁시 피분배지주 및 일제하 대지주 명부』, 한국농촌경제연구원, 1985.12

김성수金成洙

해방 후 수원의 지주이다. 1950년 주소는 수원시 신풍동新豐洞 139번지이다. 1950년 농지개혁 당시 정부의 유상 매수 대상이 되었는데, 대상 토지 면적은 논 33.1정보, 밭 9정보, 합 42.1정보이며 보상은 788.9석이다.

참고문헌: 『농지개혁시 피분배지주 및 일제하 대지주 명부』, 한국농촌경제연구원, 1985.12

김연욱金然郁

일제강점기 수원의 지주이다. 1938년 주소는 수원군 우정면雨汀面 호곡리虎谷里이다. 1938년 경기도농회京畿道農會에서 도내 전답 30정보町步 이상 소유 지주를 대상으로 조사하여 작성한 지주명부에 수록되었다. 1937년 6월말 현재 수원군에 논 199정보, 밭 67정보를 소유하였고, 고용된 소작인은 650명이었다.

참고문헌: 『농지개혁시 피분배지주 및 일제하 대지주 명부』, 한국농촌경제연구원, 1985.12

김영두金永斗

일제강점기 수원의 지주이다. 1938년 주소는 수원군 수원읍 남수정南水町이다. 1938년 경기도농회京畿道農會에서 도내 전답 30정보町步 이상 소유 지주를 대상으로 조사하여 작성한 지주명부에 수록되었다. 1937년 6월말 현재 수원군에 논 31정보, 밭 8정보를 소유하였고, 고용된 소작인은 72명이었다.

참고문헌: 『농지개혁시 피분배지주 및 일제하 대지주 명부』, 한국농촌경제연구원, 1985.12

김영준金英俊

일제강점기 수원의 지주이다. 1915년 주소는 수원군 수원면 산루동山樓洞이고, 1938년 주소는 수원군 수원읍 본정本町 2정목丁目이며, 1950년 주소는 수원시 팔달로3가 77번지이다. 1938년 경기도농회京畿道農會에서 도내 전답 30정보町步 이상 소유 지주를 대상으로 조사하여 작성한 지주명부에 수록되었다. 1937년 6월말 현재 수원군에 논 35정보, 밭 11정보를 소유하였고, 고용된 소작인은 141명이었다. 1950년 농지개혁 당시 정부의 유상 매수 대상이 되었는데, 대상 토지 면적은 논 15.1정보, 밭 6.8정보, 합 21.9정보이며 694.6석이었다. 1914년 12월 수원군 태장면 원천역촌에 있는 1.8102정보의 산에 대해 국유임야 양허허가를 받았다. 1939년 4월 수원읍에 있는 무산아동 교육기관인 화성학원에 50원을 기부했다.

참고문헌: 『농지개혁시 피분배지주 및 일제하 대지주 명부』, 한국농촌경제연구원, 1985.12; 『조선총독부관보』 1915.1.15.; 『동아일보』 1939.4.28.

김응순金應順

일제강점기 수원의 지주이다. 1938년 주소는 수원군 수원읍 본정本町2정목이고, 1950년 주소는 수원시 중동中洞 138번지이다. 1938년 경기도농회京畿道農會에서 도내 전답 30정보町步 이상 소유 지주를 대상으로 조사하여 작성한 지주명부에 수록되었다. 1937년 6월말 현재 수원군에 논 19정보, 밭 12정보를 소유하였고, 고용된 소작인은 80명이었다. 1950년 농지개혁 당시 정부의 유상 매수 대상이 되었는데, 대상 토지 면적은 논 28.3정보, 밭 22.6정보, 합 50.9정보이며 보상은 1236석이다. 상업을 겸했다. 1931년 수원하주水原荷主운송주식회사의 감사였다.

참고문헌: 『농지개혁시 피분배지주 및 일제하 대지주 명부』, 한국농촌경제연구원, 1985.12; 국사편찬위원회 한국
사데이터베이스 한국근현대회사조합자료(http://db.history.go.kr/)

김의환金義煥

일제강점기 수원에 거주했던 지주이다. 주소는 1938년 수원읍 신풍정新豊町이고, 1950년 수원시 신풍동 195번지이다. 1938년 경기도농회京畿道農會에서 도내 전답 30정보町步 이상 소유 지주를 대상으로 조사하여 작성한 지주명부에 수록되었다. 1937년 6월말 현재 안성군에 논 30정보, 밭 2정보를 소유했고, 소작인 118명을 고용했으며, 수원군에 있는 논 92정보, 밭 14정보를 소유하고, 고용된 소작인은 272명이었다. 1950년 농지개혁 당시 정부의 유상 매수 대상이 되었다. 대상 토지 면적은 논 23.6정보, 밭 2.2정보로 총 25.8정보이며 보상은 635.1석이었다.

참고문헌: 『농지개혁시 피분배지주 및 일제하 대지주 명부』, 한국농촌경제연구원, 1985.12

김정배金汀培

일제강점기 수원의 지주이다. 1938년 주소는 수원군 수원읍 본정本町 4정목이고, 1950년 주소는 수원시 팔달로1가 117번지이다. 1938년 경기도농회京畿道農會에서 도내 전답 30정보町步 이상 소유 지주를 대상으로 조사하여 작성한 지주명부에 수록되었다. 1937년 6월말 현재 수원군에 논 17정보, 밭 82정보를 소유했고, 소작인 314명을 고용했다. 1950년 농지개혁 당시 정부의 유상 매수 대상이 되었는데, 대상 토지 면적은 논 18.3정보, 밭 17.5정보, 합 35.8정보이며 보상은 876.3석이다.

참고문헌: 『농지개혁시 피분배지주 및 일제하 대지주 명부』, 한국농촌경제연구원, 1985.12

김종문金鍾文

해방 후 수원의 지주이다. 1950년 주소는 수원시 북수동北水洞 363번지이다. 1950년 농지개혁 당시 정부의 유상 매수 대상이 되었는데, 대상 토지 면적은 논 32.6정보, 밭 0.2정보, 합 32.8정보이며 보상은 1304.7석이다.

참고문헌: 『농지개혁시 피분배지주 및 일제하 대지주 명부』, 한국농촌경제연구원, 1985.12

김종철金鍾喆 (1879년생)

일제강점기 수원의 지역유지이다. 일본 이름은 延川又淸이다. 1937년 주소는 수원군 성호면城湖面 번학리番鶴里이다. 1937년과 1940년 8월 현재 오산금융조합 조합장이고, 1942년 5월 조합장에 중임되었다. 1903년 관립 한성사범학교 졸업 후 각 공립보통학교, 공립실업학교 훈도로서 1928년까지 근무했다. 1914년 3월

31일 공립보통학교 훈도에서 공립간이실업학교 훈도에 겸임 발령되었다. 이후 오산공립보통학교 후원회장, 수원군 학교평의원, 성호면협의원이 되었다.

참고문헌: 藤澤淸次郎, 『朝鮮金融組合と人物』, 大陸民友社, 1937; 『조선총독부관보』 1914.4.7., 1918.7.1., 1940.9.3.; 1942.7.8.; 국사편찬위원회 한국사데이터베이스 직원록자료(http://db.history.go.kr/)

김종한金宗漢 (1844~1932)

대한제국기과 일제강점기의 한성은행장, 남작, 친일반민족행위자이다. 1844년 6월 경기도 수원에서 출생했다. 본관은 안동이고, 자字는 조경朝卿·祖卿, 호는 유하游霞이다. 1875년 과거에 급제하여 홍문관 교리로 관직 생활을 시작했다. 참판, 협판, 궁내부 특진관, 중추원 의관, 관찰사, 규장각 지후관 등을 지냈다.

1896년 6월 최초의 근대은행인 조선은행 창립 발기인으로 참여하고, 1897년 1월 사립 한성은행 초대 은행장으로 취임했다. 1899년 5월 궁내부철도용달회사를 설립해 부사장에 임명되었다. 1903년 한성은행이 공립은행으로 개편될 때 발기인으로 참여해 부장副長에 취임했다. 1904년 한국농광회사韓國農鑛會社 취체역이 되었고, 1905년 광장회사廣長會社 사장으로 취임했다. 1906년 광학사廣學社 사장이 되었고, 대한연초주식회사 발기인으로 참여했다. 1909년 실업연구회가 새로 개편된 경제연구회의 부총재, 그리고 삼성농장회사三晟農庄會社 총재에 선출되었다. 또 같은 해 8월 축양회사畜養會社를 설립하고, 9월에 은퇴한 후 수원에 거주하면서 11월 수상조합소水商組合所 총재를 맡았다. 1910년 5월 대륭어업회사를 설립했다. 1912년 조선권업주식회사, 1913년 조선무역주식회사 설립에 참여했다. 1919년 7월 주식회사 동익사東益社를 설립해 중역을 맡았다.

1907년 10월, 한국 방문 일본 황태자를 환영하기 위해 조직된 신사회의 발기인, 1908년 2월, 유림계를 회유하기 위해 伊藤 통감 후원으로 조직된 대동학회의 회원, 1909년 7월 조직된 신궁봉경회의 고문, 12월 이완용 중심으로 조직된 국민연설회의 발기인, 1910년 3월 합병찬성 추진단체인 정우회의 총재, 7월 합병실행 추진단체인 한국평화협회의 재무부 총장으로 활동했다. 1910년 10월 남작 작위를 받았다. 1932년 유림단체 대성원大聖院의 원장을 지냈다. 1932년 11월 사망했다. 친일반민족행위로 인해 친일인명사전에 수록되었다.

참고문헌: 『한국민족문화대백과』 인터넷판, 한국학중앙연구원(http://encykorea.aks.ac.kr/); 친일인명사전편찬위원회 편, 『친일인명사전』, 2009; 『친일반민족행위진상규명 보고서』 IV-4. 친일반민족행위진상규명위원회, 2009

김주문金周文

일제강점기 수원의 지주, 기업인이다. 1936년 10월 주소는 수원군 수원읍 본정 2정목 16번지이고, 1938년 4월 주소는 충남 공주군 공주읍 대화정大和町 67번지이다. 1938년 경기도농회京畿道農會에서 도내 전답 30정보町步 이상 소유 지주를 대상으로 조사하여 작성한 지주명부에 수록되었다. 1937년 6월말 현재 수원군에 논 30정보, 밭 15정보를 소유하였고, 고용된 소작인은 105명이었다. 1936년 10월 기준 주식회사 제일관, 용수흥농주식회사의 감사역이다.

참고문헌: 『농지개혁시 피분배지주 및 일제하 대지주 명부』, 한국농촌경제연구원, 1985.12; 『조선총독부관보』 1937.3.4., 1937.3.8., 1938.6.27.

김지수金志洙

해방 후 수원의 지주이다. 1950년 주소는 수원시 신풍동新豊洞 139번지이다. 1950년 농지개혁 당시 정부의 유상 매수 대상이 되었는데, 대상 토지 면적은 논 19.5정보, 밭 1.9정보, 합 21.4정보이며 보상은 440.5석이다.

참고문헌: 『농지개혁시 피분배지주 및 일제하 대지주 명부』, 한국농촌경제연구원, 1985.12

김철현金喆鉉

일제강점기 수원의 지역유지이다. 1917년 주소는 수원군 성호면城湖面 오산리烏山里 321번지이다. 1917년 7월 오산지방금융조합 설립과 함께 조합장이 되었다. 이후에도 중임되었다.

참고문헌: 『조선총독부관보』 1917.8.16., 1921.6.7., 1924.5.22.; 국사편찬위원회 한국사데이터베이스 한국근현대회사조합자료(http://db.history.go.kr/)

김한복金漢福

해방 후 수원의 지주이다. 1950년 주소는 수원시 팔달로 3가이다. 1950년 농지개혁 당시 정부의 유상 매수 대상이 되었는데, 대상 토지 면적은 논 19.7정보, 밭 6.6정보, 합 26.3정보이며 보상은 미상이다.

참고문헌: 『농지개혁시 피분배지주 및 일제하 대지주 명부』, 한국농촌경제연구원, 1985.12

김행권金幸權

일제강점기 수원의 지주이다. 1938년 주소는 수원군 수원읍 본정1정목이다. 1938년 경기도농회京畿道農會에서 도내 전답 30정보町步 이상 소유 지주를 대상으로 조사하여 작성한 지주명부에 수록되었다. 1937년 6월말 현재 수원군에 논 22정보, 밭 11정보를 소유하였고, 고용된 소작인은 221명이었다.

참고문헌: 『농지개혁시 피분배지주 및 일제하 대지주 명부』, 한국농촌경제연구원, 1985.12

김현덕金顯德

일제강점기 수원의 지주이다. 1938년 주소는 수원군 수원읍 북수정北水町이다. 1938년 경기도농회京畿道農會에서 도내 전답 30정보町步 이상 소유 지주를 대상으로 조사하여 작성한 지주명부에 수록되었다. 1937년 6월말 현재 수원군에 논 30정보, 밭 16정보를 소유하였고, 고용된 소작인은 144명이었다.

참고문헌: 『농지개혁시 피분배지주 및 일제하 대지주 명부』, 한국농촌경제연구원, 1985.12

노병철盧秉哲

일제강점기 수원의 지주이다. 1938년 주소는 수원군 송산면松山面 하강리河江里이다. 1938년 경기도농회京畿道農會에서 도내 전답 30정보町步 이상 소유 지주를 대상으로 조사하여 작성한 지주명부에 수록되었다. 1937년 6월말 현재 수원군에 논 22정보, 밭 10정보를 소유하였고, 고용된 소작인은 72명이었다.

참고문헌: 『농지개혁시 피분배지주 및 일제하 대지주 명부』, 한국농촌경제연구원, 1985.12

노재정盧在正

해방후 수원의 지주이다. 1950년 주소는 수원시 고등동高等洞 68번지이다. 같은 주소의 백봉일白鳳一과 더불어 1950년 농지개혁 당시 정부의 유상 매수 대상이 되었는데, 대상 토지 면적은 논 0.2정보, 밭 57.9정보, 합 58.1정보이며 보상은 1,041.2석이다.

참고문헌: 『농지개혁시 피분배지주 및 일제하 대지주 명부』, 한국농촌경제연구원, 1985.12

문응신文應信

해방후 수원의 지주이다. 1950년 주소는 수원시 영화동迎華洞 295번지이다. 1950년 농지개혁 당시 정부의 유상 매수 대상이 되었는데, 대상 토지 면적은 논 16.7정보, 밭 12.6정보, 합 29.3정보이며 보상은 723.9석이다.

참고문헌: 『농지개혁시 피분배지주 및 일제하 대지주 명부』, 한국농촌경제연구원, 1985.12

문제창文濟昌

일제강점기 수원의 지주이다. 1938년 주소는 수원군 마도면麻道面 청원리靑園里)833번지이다. 1938년 경기도농회京畿道農會에서 도내 전답 30정보町步 이상 소유 지주를 대상으로 조사하여 작성한 지주명부에 수록되었다. 1937년 6월말 현재 수원군에 논 41정보, 밭 10정보를 소유하였고, 고용된 소작인은 100명이었다.

참고문헌: 『농지개혁시 피분배지주 및 일제하 대지주 명부』, 한국농촌경제연구원, 1985.12

박동근朴東根

일제강점기 수원의 지주이다. 1938년 주소는 수원군 수원읍 본정4정목이고, 1950년 주소는 수원시 팔달로1가 23번지이다. 1938년 경기도농회京畿道農會에서 도내 전답 30정보町步 이상 소유 지주를 대상으로 조사하여 작성한 지주명부에 수록되었다. 1937년 6월말 현재 수원군에 논 28정보, 밭 9정보를 소유하였고, 고용된 소작인은 99명이었다. 1950년 농지개혁 당시 정부의 유상 매수 대상이 되었는데, 대상 토지 면적은 논 83.4정보, 밭 51정보, 합 134.4정보이며 보상은 3093.3석이다.

참고문헌: 『농지개혁시 피분배지주 및 일제하 대지주 명부』, 한국농촌경제연구원, 1985.12

박명환朴明煥

해방후 수원의 지주이다. 1950년 주소는 수원시 팔달로1가 23번지이다. 1950년 농지개혁 당시 정부의 유상 매수 대상이 되었는데, 대상 토지 면적은 논 36.7정보, 밭 3.9정보, 합 40.6정보이며 보상은 1231.5석이다.

참고문헌: 『농지개혁시 피분배지주 및 일제하 대지주 명부』, 한국농촌경제연구원, 1985.12

박수병朴壽秉

일제강점기 수원의 지주이다. 1938년 주소는 수원군 동탄면東灘面 장정리長定里이다. 1938년 경기도농회京畿道農會에서 도내 전답 30정보町步 이상 소유 지주를 대상으로 조사하여 작성한 지주명부에 수록되었다. 1937년 6월말 현재 수원군에 논 32정보, 밭 5정보를 소유하였고, 고용된 소작인은 90명이었다.

참고문헌: 『농지개혁시 피분배지주 및 일제하 대지주 명부』, 한국농촌경제연구원, 1985.12

박수훈朴樹勳

해방후 수원의 지주이다. 1950년 주소는 수원시 매산동梅山洞 2번지이다. 1950년 농지개혁 당시 정부의 유상 매수 대상이 되었는데, 대상 토지 면적은 논 23.2정보, 밭 1.2정보, 합 24.4정보이며 보상은 580.5석이다.

참고문헌: 『농지개혁시 피분배지주 및 일제하 대지주 명부』, 한국농촌경제연구원, 1985.12

박승돈朴勝敦

해방후 수원의 지주이다. 1950년 주소는 수원시 장안동長安洞 313번지이다. 1950년 농지개혁 당시 정부의 유상 매수 대상이 되었는데, 대상 토지 면적은 논 15.6정보, 밭 4.7정보, 합 20.3정보이며 보상은 304.7석이다.

참고문헌: 『농지개혁시 피분배지주 및 일제하 대지주 명부』, 한국농촌경제연구원, 1985.12

박승일朴承一

일제강점기 수원의 지주이다. 1938년 주소는 수원군 동탄면東灘面 장정리長定里이고, 1950년 주소는 화성군 동탄면東灘面 장지리長芝里이다. 1938년 경기도농회京畿道農會에서 도내 전답 30정보町步 이상 소유 지주를 대상으로 조사하여 작성한 지주명부에 수록되었다. 1937년 6월말 현재 수원군에 논 20정보, 밭 11정보를 소유하였고, 고용된 소작인은 70명이었다. 1931년 4월 수원군 동탄면 장지리에 있는 그의 소유 임야 3.41정보가 보안림에 편입되었다. 1950년 농지개혁 당시 정부의 유상 매수 대상이 되었는데, 대상 토지 면적은 논 48정보, 밭 20.3정보, 합 68.3정보였으며, 보상(補償)은 1936.6석이다.

참고문헌: 『농지개혁시 피분배지주 및 일제하 대지주 명부』, 한국농촌경제연구원, 1985.12: 『조선총독부관보』, 1931.4.28.

박영효 朴泳孝 (1861~1939)

일제강점기 후작, 친일반민족행위자이다. 1861년 경기도 수원에서 출생했다. 본관은 반남, 초명은 무량無量, 자字는 자순子純, 호는 춘고春皐, 필명은 현현거사玄玄居士, 일본 이름은 山崎永春이다. 1872년 철종의 딸 영혜옹주와 결혼하여 금릉위錦陵尉에 봉해졌다. 1888년 2월 일본 明治학원 영어과를 졸업했다.

    1884년 갑신정변에 참여했다가 실패 후 일본에 망명했다. 1894년 청일전쟁 발발과 함께 일본 정부의 주선으로 귀국하고, 갑오개혁 당시 내무대신, 내부대신, 내각총리대신 사무 서리를 역임했다. 1895년 7월 고종 폐위 모반 사건에 연루되어 다시 일본에 망명했다. 1907년 6월 비밀리에 귀국했다가 특별 사면을 받고, 7월에 궁내부 대신에 임명되었다. 고종황제 강제 양위에 반대하여 채포되었고, 보안법 위반 혐의로 1년간 제주도에 유배되었다.

    1908년 7월 한성재목신탄주식회사 대주주로 참여했다. 1912년 권업회사 발기인으로 참여하였고, 1913년 7월 조선임업조합 보식원 설립을 발기하고 조합장에 선출되었다. 1914년 동래-대구간 경편철도회사 설립 발기인으로 참여했고, 1918년 조선식산은행 설립과 함께 이사에 임명되었다. 1919년 경성방직주식회사 설립 후 사장에 취임했고, 조선농사개량주식회사 발기인, 조선경제회 회장이 되었다. 1920년 경성상업회의소 특별평의원에 선출되었고, 그해 4월 동아일보 창간과 함께 사장이 되었다. 1921년 일선신탁주식회사와 조선화재해상보험주식회사의 발기인, 1922년 조선흥업은행 발기인이 되었고, 1925년 경성흥산주식회사 사장, 1929년 조선산업주식회사 사장에 취임했다. 1930년 5월 사단법인 조선공업협회 고문, 6월 화순무연탄주식회사 대표 취체역, 9월 조선임산공업주식회사 대표 취체역, 10월 조선식산은행 고문이 되었다.

1907년 7월 한일동지회 회장이 되었고, 1909년 6월 신궁봉경회 총재에 선임되었다. 1910년 10월 후작 작위를 받고, 1911년 9월 조선귀족회 회장이 되었다. 1921년 조선총독부 중추원의 친임관 대우 고문, 1926년부터 1939년 사망 때까지 친임관 대우 부의장을 연임했다. 1932년 12월 일본 제국의회 귀족원 칙선의원에 임명되어 사망할 때까지 재임했다. 1939년 2월 경성부 육군지원병지원자후원자 고문, 4월 국민정신총동원조선연맹 고문에 위촉되었다. 1939년 9월 21일 사망했다. 친일반민족행위로 인해 친일인명사전에 수록되었다.

참고문헌: 『한국민족문화대백과』 인터넷판, 한국학중앙연구원(http://encykorea.aks.ac.kr/); 친일인명사전편찬위원회 편, 『친일인명사전』, 2009; 『친일반민족행위진상규명 보고서』 IV-6, 친일반민족행위진상규명위원회, 2009

박재원朴在元

해방후 수원의 지주이다. 1950년 주소는 수원시 남창동南昌洞 11번지이다. 1950년 농지개혁 당시 정부의 유상 매수 대상이 되었는데, 대상 토지 면적은 논 15.5정보, 밭 13.6정보, 합 29.1정보이며 보상은 820석이다.

참고문헌: 『농지개혁시 피분배지주 및 일제하 대지주 명부』, 한국농촌경제연구원, 1985.12

박제한朴齊翰

일제강점기 수원의 지주이다. 1938년 주소는 수원군 수원읍 남창정南昌町이다. 1938년 경기도농회京畿道農會에서 도내 전답 30정보町步 이상 소유 지주를 대상으로 조사하여 작성한 지주명부에 수록되었다. 1937년 6월말 현재 용인군에 논 28정보, 밭 12정보를 소유하였고, 고용된 소작인은 72명이었다.

참고문헌: 『농지개혁시 피분배지주 및 일제하 대지주 명부』, 한국농촌경제연구원, 1985.12

박창원朴昌遠

일제강점기 수원의 지주이다. 1924년 주소는 수원군 음덕면陰德面 신외리新外里이다. 1938년 경기도농회京畿道農會에서 도내 전답 30정보町步 이상 소유 지주를 대상으로 조사하여 작성한 지주명부에 수록되었다. 1937년 6월말 현재 수원군에 논 52정보, 밭 30정보를 소유하였고, 고용된 소작인은 265명이었다. 수원군 송산면 독지리禿旨里 앞바다의 어업 면허를 받았다. 1926년 7월 경기도 남양공립보통학교 증축비로 1천원을 기부하여 1937년 6월 포장襃狀을 받았고, 1939년 4월 남양공립심상소학교 이전 개축비로 3만원을 기부하여 감수 포장紺綬襃章을 받았다.

참고문헌: 『농지개혁시 피분배지주 및 일제하 대지주 명부』, 한국농촌경제연구원, 1985.12; 『조선총독부관보』 1924.7.7., 1937.6.21., 1939.8.21.; 『동아일보』 1932.12.4., 12.7, 1933.8.2., 1938.4.19., 1939.10.7.

박태원朴台遠

일제강점기 수원의 지주이다. 1938년 주소는 수원군 봉담면峰潭面 와우리臥牛里이다. 1938년 경기도농회京畿道農會에서 도내 전답 30정보町步 이상 소유 지주를 대상으로 조사하여 작성한 지주명부에 수록되었다. 1937년 6월말 현재 수원군에 논 23정보, 밭 12정보를 소유하였고, 고용된 소작인은 42명이었다.

참고문헌: 『농지개혁시 피분배지주 및 일제하 대지주 명부』, 한국농촌경제연구원, 1985.12

방응모方應謨 (1884~미상)

일제강점기 지주. 기업인, 친일반민족행위자이다. 1884년 평안도 정주에서 태어났다. 1950년 주소는 수원시 남창동 55번지이다. 본관은 온양, 호는 춘해春海, 계초啓礎이다. 고향 정주 서당에서 한문을 배웠다. 1901년부터 2년간 함경도에 있는 서당에서 훈장으로 있다가 고향으로 돌아왔다. 1907년부터 4년간 작은 학교를 다니면서 신학문을 배웠다.

1911년 정주읍내 변호사사무소에서 대서업에 종사했고, 1915년 여관업을 시작했다. 1924년 삭주의 교동광업소를 인수한 후 1926년 금맥이 발견되어 광산업자로 성장했다. 1932년 거액을 받고 일본 광업회사에 매각했다. 1933년 조선일보 경영권을 인수하고 사장에 취임하여 1940년 8월 폐간될 때까지 운영했다. 1935년 잡지 조광을 창간했다. 또 같은 해 수원군 팔탄면 노하리(현재의 화성시 팔탄면 노하리) 일대 100만평을 간척했고, 함경남도 영흥군의 토지를 제지업 목적으로 임대해 조림사업을 했다. 1936년 동방문화학원과 고계학원 이사장에 취임했다. 1940년 3월 조광 발행인이 되었고, 1941년 1월 조선일보사 사명을 동방흥업주식회사로 변경하고 사장에 취임했다.

1950년 농지개혁 당시 동방문화학원 이사장으로서 정부의 유상 매수 대상이 되었는데, 대상 토지 면적은 논 196.1정보, 밭 0.3정보, 합 196.5정보이며 보상은 2766.3석이다.

1922년 동아일보 정주지국장이 되었고, 1923년 조선민립대학기성회 정주지방부 상무위원으로 활동했다. 1930년 3월 정주에서 평안북도 도평의회원 선거에 출마하여 낙선했다. 1933년 10월 조선신궁봉찬회 발기인 겸 고문이 되었고, 1937년 7월 경성군사후원연맹 위원에 위촉되었다. 1938년 1월 조선춘추회 발기인 겸 간사, 2월 조선지원변제도 제정축하회 발기인, 7월 국민정신총동원조선연맹 발기인, 9월 조선방공협회 경기도연합회 평의원, 1939년 2월 경성부육군병지원자후원회 고문, 7월 배영동지회排英同志會 상담역이 되었다. 1940년 10월 국민총력조선연맹 참사가 되었고, 1941년 8월 임전대책협의회를 결성할 때 참여하고 9월에 이 단체에서 조직한 채권가두유격대에 종로대 일원으로 활동했다. 같은 달 조선임전보국단을 결성할 때 경성지역 발기인을 맡았고 10월에 이사로 선출되었다. 1941년 태평양전쟁을 찬양하는 내용을 담은 「타도 동양의 원구자怨仇者」라는 글을 발표했다. 1944년 조선항공공업주식회사 감사역을 맡았다. 1933년 3월 조선군사령부 애국부에 고사기관총 구입비로 1,600원을 헌납했다.

1945년 8월 말과 9월 초 조선재외전재동포구제회朝鮮在外戰災同胞救濟會 고문과 건국준비위원회 위원으로 활동했으며, 12월까지 조선사회문제대책중앙협의회 중앙위원, 대한국민총회 발기인, 대한독립애국금헌성회 발기인, 신탁통치반대 국민총동원위원회 중앙위원 등으로 참여했다. 1946년 2월 대한독립촉성국민회 부회장, 5월 조선공업구락부 고문, 8월 한국독립당 중앙집행위원, 9월 대한독립촉성국민회 총무부장으로 일했다. 1950년 양주군에서 무소속으로 2대 국회의원에 출마했으나 낙선했다. 6·25전쟁 때 납북되었다. 친일반민족행위로 인해 친일인명사전에 수록되었다.

참고문헌: 『농지개혁시 피분배지주 및 일제하 대지주 명부』, 한국농촌경제연구원, 1985.12; 『한국민족문화대백과』 인터넷판, 한국학중앙연구원(http://encykorea.aks.ac.kr/); 『친일반민족행위진상규명 보고서』 IV-7, 친일반민족행위진상규명위원회, 2009; 친일인명사전편찬위원회 편, 『친일인명사전』, 2009

서학산徐鶴山

수원에 거주했던 지주로 주소는 1950년 현재 수원시 북수동北水洞 18이다. 농지개혁 당시 정부의 유상매수 대상이 되었다. 토지 면적은 논 13.1정보, 밭 9.2정보로 총 22.3정보였으며, 보상석수는 정조正租 334.3석石이었다.

참고문헌: 『농지개혁시 피분배지주 및 일제하 대지주 명부』, 한국농촌경제연구원, 1985.12

송병황宋秉燒

일제강점기 수원에서 거주했던 경제인이다. 일본이름은 신전병삼新田秉三이며, 주소는 수원읍 매산1정목70이다. 1931년부터 1933년까지 화성금융조합華城金融組合(1907년 12월 15일 설립)장직을 역임했다. 1929년 조선농업朝鮮農業(1905년 설립, 농림업) 주식회사 감사, 1931년부터 1935년까지 화성흥산華城興産(1929년 창립, 금융신탁) 주식회사 이사, 1931년부터 1935년까지 화성자동차華城自動車(1929년 창립, 운수창고) 주식회사 전무이사, 1931년 경포자동차京抱自動車(1930창립, 운수창고) 회사 사장, 1933년부터 1935년까지 안성자동차운수安城自動車運輸(1932년 창립, 운수창

고) 주식회사 이사, 1933년부터 1935년까지 평택자동차운수平澤自動車運輪(1929년

창립, 운수창고) 주식회사 이사, 1939년 중앙자동차中央自動車(1937년 창립, 운수창고)

주식회사 감사, 1939년 송도유원松嶋遊園(1936년 창립) 주식회사 이사, 1939년부터

1942년까지 조선토목朝鮮土木(1938년 창립) 주식회사 이사, 1941년 경성주택주식

회사京城住宅株式會社(1937년 창립, 운수창고) 대주주, 1939년부터 1942년까지 조선

토목朝鮮土木(1938년 창립) 주식회사 이사, 1941년 흥아토목興亞土木(1940년 창립) 주

식회사 이사직을 담당했다.

참고문헌: 『朝鮮銀行會社組合要錄』(국사편찬위원회 한국사데이터베이 http://db.history.go.kr/); 김인호, 「일제하 평택 지역의
조선인 경제인 실태」, 『지역과역사』 42, 2018황

안문영安文榮

수원에 거주했던 지주로 주소는 1950년 현재 수원시 팔달로八達路 3가街 115이

다. 농지개혁 당시 정부의 유상매수 대상이 되었다. 토지 면적은 논 28.6정보町

步, 밭 10.9정보로 총 39.5정보였으며, 보상석수는 정조正租 1,075.2석石이었다.

참고문헌: 『농지개혁시 피분배지주 및 일제하 대지주 명부』, 한국농촌경제연구원, 1985.12

안영태安永台

일제강점기 수원에 거주했던 지주로 1938년 주소는 수원읍水原邑 본정本町 2정목丁目이다. 경기도농회京畿道農會에서 도내 전답 30정보町步 이상 소유 지주를 대상으로 조사하여 작성한 지주명부에 수록되었다. 1937년 6월말 현재 수원군水原郡에 답 18정보, 전 35정보를 소유하고 있었으며, 고용한 소작인 수는 총382명이었다.

참고문헌: 『농지개혁시 피분배지주 및 일제하 대지주 명부』, 한국농촌경제연구원, 1985.12

양규룡梁奎龍

일제강점기 수원에 거주했던 지주로 1938년 주소는 수원읍水原邑 남창정南昌町이다. 경기도농회京畿道農會에서 도내 전답 30정보町步 이상 소유 지주를 대상으로 조사하여 작성한 지주명부에 수록되었다. 1937년 6월말 현재 수원군水原郡에 답 173정보, 전 27정보를 소유하고 있었으며, 고용한 소작인 수는 총922명이었다.

참고문헌: 『농지개혁시 피분배지주 및 일제하 대지주 명부』, 한국농촌경제연구원, 1985.12

양규봉梁奎鳳

수원에 거주했던 지주로 주소는 1938년 수원읍水原邑 남창정南昌町, 1950년 수원시 남창동南昌洞 95이다. 경기도농회京畿道農會에서 도내 전답 30정보町步 이상 소유 지주를 대상으로 조사하여 작성한 지주명부에 수록되었다. 1937년 6월말 현재 경기도내 4개 군에 걸쳐서 토지를 가지고 있었다. 이천군利川郡에 답 31정보, 전 25정보를 소유하고 있었으며, 고용한 소작인 수는 총97명이었다. 용인군龍仁

郡에서는 답 67정보, 전 25정보를 경작했으며, 소작인 277명을 고용하고 있었다. 진위군振威郡에 있는 답 62정보, 전 7정보를 소유하였고, 소작인 수는 148명이었다. 수원군水原郡에서는 답 156정보, 전 62정보를 소유하고 있었으며, 고용한 소작인 수는 총 467명이었다. 1950년 농지개혁 당시 정부의 유상매수 대상이 되었다. 토지 면적은 논 262.6정보, 밭 41.4정보로 총 304정보였으며 보상석수는 정조正租 7,151석石이었다.

참고문헌: 『농지개혁시 피분배지주 및 일제하 대지주 명부』, 한국농촌경제연구원, 1985.12

양기환梁基煥

일제강점기 수원에 거주했던 지주이다. 면협의회원面協議會員 직을 역임했으며, 1938년 주소는 양감면楊甘面 태양리太陽里이다. 경기도농회京畿道農會에서 도내 전답 30정보町步 이상 소유 지주를 대상으로 조사하여 작성한 지주명부에 수록되었다. 1937년 6월말 현재 수원군水原郡에 답 30정보, 전 14정보를 소유하고 있었으며, 고용한 소작인 수는 총94명이었다.

참고문헌: 『농지개혁시 피분배지주 및 일제하 대지주 명부』, 한국농촌경제연구원, 1985.12

양봉석梁鳳錫

수원에 거주했던 지주로 주소는 1950년 현재 수원시 남창동南昌洞 95이다. 농지개혁 당시 정부의 유상매수 대상이 되었다. 토지 면적은 논 72.5정보町步, 밭 21.5정보로 총 94정보였으며, 보상석수는 정조正租 2,488.4석石이었다.

참고문헌: 『농지개혁시 피분배지주 및 일제하 대지주 명부』, 한국농촌경제연구원, 1985.12

양성관梁聖寬

일제강점기 수원에 거주했던 지주이다. 1867년 8월 4일에 태어났다. 1938년 현재 주소는 수원읍水原邑 남창정南昌町이다. 1908년 수원 명륜학교明倫學校를 졸업했으며, 같은 해 4월 수원상업회의소水原商業會議所를 설립하고 부회두副會頭에 선임되었다. 1921년 수원전기 주식회사 이사, 1923년 수원금융조합水原金融組合 조합장 및 일본적십자사 사원, 1925년 수원식림종묘 주식회사 취체역 및 수원인쇄 주식회사 감사, 1928년 용수흥업 주식회사 취체역, 1929년 화성흥산 주식회사 대표이사, 1931년 주식회사 제일사 감사직을 역임했다. 1931년 만주사변 이후 전쟁이 확대되자 많은 금액을 납부하였다. 1938년 수원신사水原神社를 확장하기 위해 만들어진 수원신사봉찬회의 부회장을 담당했다. 경기도농회京畿道農會에서 도내 전답 30정보町步 이상 소유 지주를 대상으로 조사하여 작성한 지주명부에 수록되었다. 1937년 6월말 현재 용인군龍仁郡에 답 25정보, 전 5정보를 소유하고 있었으며, 고용한 소작인 수는 총65명이었다. 진위군振威郡에서는 답 30정보, 전 4정보를 경작했으며, 소작인 68명을 고용하고 있었다. 수원군水原郡에 답 156정보, 전 62정보를 소유하고 있었으며, 고용한 소작인 수는 총 467명이었다. 해방 후인 1949년에는 수원금융조합 조합장, 수원농계 부회장직을 수행했다. 일제강점기 부역혐의로 친일인명사전에 수록되었다.

참고문헌: 『농지개혁시 피분배지주 및 일제하 대지주 명부』, 한국농촌경제연구원, 1985.12: 친일인명사전편찬위원회 편, 『친일인명사전』, 2009

염석주廉錫柱

일제강점기 수원에 거주했던 지주로 1938년 주소는 일왕면日旺面 율전리栗田里이
다. 경기도농회京畿道農會에서 도내 전답 30정보町步 이상 소유 지주를 대상으로
조사하여 작성한 지주명부에 수록되었다. 1937년 6월말 현재 수원군水原郡에
답 22정보, 전 11정보를 소유하고 있었으며, 고용한 소작인 수는 총70명이었다.

참고문헌: 『농지개혁시 피분배지주 및 일제하 대지주 명부』, 한국농촌경제연구원, 1985.12

오봉환吳鳳煥

수원에 거주했던 지주로 주소는 1950년 현재 수원시 팔달로八達路 2가街 4이다.
농지개혁 당시 정부의 유상매수 대상이 되었다. 대상 토지는 2지역에 나누어져
있었을 것으로 생각된다. 토지면적은 논 37.9정보町步, 밭 24.4정보로 총 62.3정
보였으며, 보상석수는 정조正租 1,455.8석石이었다. 다른 지역의 토지면적은 논
53.9정보町步, 밭 3.1정보로 총 57정보였으며, 보상석수는 정조正租 1,064.2석石이
었다.

참고문헌: 『농지개혁시 피분배지주 및 일제하 대지주 명부』, 한국농촌경제연구원, 1985.12

오인환吳麟煥

수원에 거주했던 지주로 주소는 1950년 현재 수원시 팔달로八達路 1-4이다. 농지
개혁 당시 정부의 유상매수 대상이 되었다. 토지 면적은 논 31.1정보町步, 밭 14.5
정보로 총 45.6정보였으며, 보상석수는 정조正租 848.5석石이었다.

참고문헌: 『농지개혁시 피분배지주 및 일제하 대지주 명부』, 한국농촌경제연구원, 1985.12

오정근吳正根

수원에 거주했던 지주로 주소는 1950년 현재 수원시 팔달로八達路 2가街 4이다. 농지개혁 당시 정부의 유상매수 대상이 되었다. 토지 면적은 논 26.6정보町步, 밭 9.3정보로 총 35.9정보였으며, 보상석수는 정조正租 1,010.3석石이었다.

참고문헌: 『농지개혁시 피분배지주 및 일제하 대지주 명부』, 한국농촌경제연구원, 1985.12

용완식龍完植

수원에 거주했던 지주로 주소는 1950년 현재 수원시 남수동南水洞 132이다. 농지개혁 당시 정부의 유상매수 대상이 되었다. 토지 면적은 논 36.1정보町步, 밭 20.7정보로 총 56.8정보였으며, 보상석수는 정조正租 1,671.6석石이었다.

참고문헌: 『농지개혁시 피분배지주 및 일제하 대지주 명부』, 한국농촌경제연구원, 1985.12

용운희龍雲禧

일제강점기 수원에 거주했던 지주로 1938년 주소는 수원읍(原邑) 남수정南水町이다. 경기도농회京畿道農會에서 도내 전답 30정보町步 이상 소유 지주를 대상으로 조사하여 작성한 지주명부에 수록되었다. 1937년 6월말 현재 수원군水原郡에 답 39정보, 전 16정보를 소유하고 있었으며, 고용한 소작인 수는 총76명이었다.

참고문헌: 『농지개혁시 피분배지주 및 일제하 대지주 명부』, 한국농촌경제연구원, 1985.12

용재식龍在植

수원에 거주했던 지주로 주소는 1950년 현재 수원시 남수동南水洞 132이다. 농지개혁 당시 정부의 유상매수 대상이 되었다. 토지 면적은 논 25.7정보, 밭 9.6정보로 총 35.8정보였으며, 보상석수는 정조正租 615.4석石이었다.

참고문헌: 『농지개혁시 피분배지주 및 일제하 대지주 명부』, 한국농촌경제연구원, 1985.12

윤병현尹秉絢

일제강점기 수원에 거주했던 지주로 1938년 주소는 수원읍水原邑 남수정南水町이다. 경기도농회京畿道農會에서 도내 전답 30정보町步 이상 소유 지주를 대상으로 조사하여 작성한 지주명부에 수록되었다. 1937년 6월말 현재 수원군水原郡에 답 64정보, 전 10정보를 소유하고 있었으며, 고용한 소작인 수는 총151명이었다.

참고문헌: 『농지개혁시 피분배지주 및 일제하 대지주 명부』, 한국농촌경제연구원, 1985.12

윤원선尹源善

수원에 거주했던 지주로 주소는 1950년 현재 수원시 신풍동新豊洞 139이다. 농지개혁 당시 정부의 유상매수 대상이 되었다. 토지 면적은 논 22.4정보町步, 밭 4.3정보로 총 26.7정보였으며, 보상석수는 정조正租 891.5석石이었다.

참고문헌: 『농지개혁시 피분배지주 및 일제하 대지주 명부』, 한국농촌경제연구원, 1985.12

윤원영尹元榮

일제강점기 경기도 수원군 향남면鄕南面 평리坪里에서 거주했다. 1919년부터 1925년까지 팔탄면장八灘面長, 1925년부터 1939년까지 향남면장직을 담당했다. 1927년부터 1933년까지 발안금융조합發安金融組合(1919년 창립) 대표직을 역임했다. 1933년 12월 28일 주임관奏任官 대우待遇, 1934년 2월 15일 칠위七位에 서위되었다.

참고문헌: 『직원록』(국사편찬위원회 한국사데이터베이스 http://db.history.go.kr/); 『조선총독부시정25주년기념표창자명감』(국사편찬위원회 한국사데이터베이스 http://db.history.go.kr/); 『朝鮮銀行會社組合要錄』(국사편찬위원회 한국사데이터베이스 http://db.history.go.kr/); 藤澤淸次郞, 『朝鮮金融組合と人物』, 大陸民友社, 1937

윤재열尹在烈

수원에 거주했던 지주로 주소는 1950년 현재 수원시 구천동龜川洞 32이다. 농지개혁 당시 정부의 유상매수 대상이 되었다. 토지 면적은 논 16.8정보町步, 밭 7.4정보로 총 24.2정보였으며, 보상석수는 미상未詳이다.

참고문헌: 『농지개혁시 피분배지주 및 일제하 대지주 명부』, 한국농촌경제연구원, 1985.12

윤주성尹株聖

일제강점기 수원에 거주했던 지주이다. 상업에 종사했으며 1938년 주소는 수원읍水原邑 남수정南水町 34이다. 경기도농회京畿道農會에서 도내 전답 30정보町步 이상 소유 지주를 대상으로 조사하여 작성한 지주명부에 수록되었다. 1937년 6월 말 현재 진위군振威郡에 답 25정보, 전 13정보를 소유하고 있었으며, 고용한 소작인 수는 총32명이었다. 수원군水原郡에서는 답 34정보, 전 10정보를 경작했으며, 소작인 159명을 고용하고 있었다. 파주군坡州郡에 답 23정보, 전 13정보를 소유하고 있었으며, 고용한 소작인 수는 총 64명이었다.

참고문헌: 『농지개혁시 피분배지주 및 일제하 대지주 명부』, 한국농촌경제연구원, 1985.12

윤창렬尹昌烈

일제강점기 수원에 거주했던 지주로 1938년 주소는 수원읍水原邑 구천정龜川町이다. 경기도농회京畿道農會에서 도내 전답 30정보町步 이상 소유 지주를 대상으로 조사하여 작성한 지주명부에 수록되었다. 1937년 6월말 현재 수원군水原郡에 답 39정보, 전 26정보를 소유하고 있었으며, 고용한 소작인 수는 총180명이었다.

참고문헌: 『농지개혁시 피분배지주 및 일제하 대지주 명부』, 한국농촌경제연구원, 1985.12

윤태정尹泰貞

수원에 거주했던 지주로 주소는 1938년 수원읍水原邑 남수정南水町, 1950년 수원시 구천동龜川洞 32이다. 1925년에 설립되어 식림 묘포의 경영 및 종묘를 판매하던 수원식림종묘水原殖林種苗 주식회사의 감사직을 담당했다. 경기도농회京畿道農會에서 도내 전답 30정보町步 이상 소유 지주를 대상으로 조사하여 작성한 지주명부에 수록되었다. 1937년 6월말 현재 경기도내 4개 군에 걸쳐서 토지를 가지고 있었다. 용인군龍仁郡에 답 56정보, 전 8정보를 소유하고 있었으며, 고용한 소작인 수는 총130명이었다. 안성군安城郡에서는 답 24정보, 전 7정보를 경작했으며, 소작인 115명을 고용하고 있었다. 수원군水原郡에 있는 답 316정보, 전 118정보를 소유하였고, 소작인 수는 909명이었다. 진위군振威郡에서는 답 5정보를 소유하고 있었으며, 고용한 소작인 수는 총 7명이었다. 1950년 농지개혁 당시 정부의 유상매수 대상이 되었다. 수원군 지역의 토지 면적은 논 121.5정보, 밭 73.2정보로 총 194.7정보였으며 보상석수는 정조正租 3,241.8석石이었다. 다른 지역의 토지 면적은 논 18.2정보, 밭 8.8정보로 총 27정보였으며 보상석수는 정조正租 782.1석石이었다.

참고문헌: 『농지개혁시 피분배지주 및 일제하 대지주 명부』, 한국농촌경제연구원, 1985.12; 『朝鮮銀行會社組合要錄』(국사편찬위원회 한국사데이터베이스 http://db.history.go.kr/)

윤호순尹豪淳

해방 후 화성에 거주했던 지주로 주소는 1950년 현재 안룡면安龍面 송산리松山里이다. 농지개혁 당시 정부의 유상매수 대상이 되었다. 토지 면적은 논 112.7정보町步, 밭 48.7정보로 총 161.4정보였으며, 보상석수는 정조正租 766.4석石이었다.

참고문헌: 『농지개혁시 피분배지주 및 일제하 대지주 명부』, 한국농촌경제연구원, 1985.12

이간인李玕寅

수원에 거주했던 지주로 주소는 1950년 현재 수원시 신풍동新豊洞 195이다. 농지개혁 당시 정부의 유상매수 대상이 되었다. 토지 면적은 논 78정보町步, 밭 22.2정보로 총 100.2정보였으며, 보상석수는 정조正租 2,947.4석石이었다.

참고문헌: 『농지개혁시 피분배지주 및 일제하 대지주 명부』, 한국농촌경제연구원, 1985.12

이경의李敬儀

일제강점기 수원에 거주했던 지주로 1938년 주소는 수원읍水原邑 신풍정新豊町이다. 경기도농회京畿道農會에서 도내 전답 30정보町步 이상 소유 지주를 대상으로 조사하여 작성한 지주명부에 수록되었다. 1937년 6월말 현재 수원군水原郡에 답 37정보, 전 68정보를 소유하고 있었으며, 고용한 소작인 수는 총354명이었다.

참고문헌: 『농지개혁시 피분배지주 및 일제하 대지주 명부』, 한국농촌경제연구원, 1985.12

이광현李光鉉

일제강점기 수원에 거주했던 지주로 1938년 주소는 수원읍水原邑 본정本町 2정목丁目이다. 경기도농회京畿道農會에서 도내 전답 30정보町步 이상 소유 지주를 대상으로 조사하여 작성한 지주명부에 수록되었다. 1937년 6월말 현재 용인군龍仁郡에 답 17정보, 전 11정보를 소유하고 있었으며, 고용한 소작인 수는 총47명이었다. 수원군水原郡에서는 답 80정보, 전 15정보를 경작했으며, 소작인 85명을 고용하고 있었다.

참고문헌: 『농지개혁시 피분배지주 및 일제하 대지주 명부』, 한국농촌경제연구원, 1985.12

이군경李君卿

수원에 거주했던 지주로 주소는 1950년 현재 수원시 팔달로八達路 1가街 96이다. 농지개혁 당시 정부의 유상매수 대상이 되었다. 토지 면적은 논 60.9정보町步, 밭 15.5정보로 총 76.4정보였으며, 보상석수는 미상未詳이다.

참고문헌: 『농지개혁시 피분배지주 및 일제하 대지주 명부』, 한국농촌경제연구원, 1985.12

이군향李君鄉

일제강점기 수원에 거주했던 지주이다. 1938년 주소는 수원읍水原邑 남창정南昌町이다. 경기도농회京畿道農會에서 도내 전답 30정보町步 이상 소유 지주를 대상으로 조사하여 작성한 지주명부에 수록되었다. 1937년 6월말 현재 용인군龍仁郡에 답 23정보, 전 7정보를 소유하고 있었으며, 고용한 소작인 수는 총50명이었다. 진위군振威郡에서는 답 65정보, 전 35정보를 경작했으며, 소작인 130명을 고용하고 있었다. 수원군水原郡에 답 39정보, 전 14정보를 소유하고 있었으며, 고용한 소작인 수는 총 98명이었다.

참고문헌: 『농지개혁시 피분배지주 및 일제하 대지주 명부』, 한국농촌경제연구원, 1985.12

이규연李圭淵

일제강점기 수원에 거주했던 지주로 1938년 주소는 수원읍水原邑 남창정南昌町)이다. 경기도농회京畿道農會에서 도내 전답 30정보町步 이상 소유 지주를 대상으로 조사하여 작성한 지주명부에 수록되었다. 1937년 6월말 현재 용인군龍仁郡에 답 69정보, 전 24정보를 소유하고 있었으며, 고용한 소작인 수는 총177명이었다.

참고문헌: 『농지개혁시 피분배지주 및 일제하 대지주 명부』, 한국농촌경제연구원, 1985.12

이규인李珪寅

일제강점기 수원에 거주했던 지주로 1938년 주소는 수원읍水原邑신풍정新豊町이다. 경기도농회京畿道農會에서 도내 전답 30정보町步 이상 소유 지주를 대상으로 조사하여 작성한 지주명부에 수록되었다. 1937년 6월말 현재 수원군水原郡에 답

151정보, 전 35정보를 소유하고 있었으며, 고용한 소작인 수는 총410명이었다.

참고문헌: 『농지개혁시 피분배지주 및 일제하 대지주 명부』, 한국농촌경제연구원, 1985.12

이기춘李起春

수원에 거주했던 지주로 주소는 1950년 현재 수원시 팔달로八達路 3가街 103이다. 농지개혁 당시 정부의 유상매수 대상이 되었다. 토지 면적은 논 24.7정보町步, 밭 2정보로 총 26.7정보였으며, 보상석수는 정조正租 1,221석石이었다.

참고문헌: 『농지개혁시 피분배지주 및 일제하 대지주 명부』, 한국농촌경제연구원, 1985.12

이이석李利錫

일제강점기 수원에 거주했던 지주로 1938년 주소는 봉담면峰潭面 와우리臥牛里이다. 경기도농회京畿道農會에서 도내 전답 30정보町步 이상 소유 지주를 대상으로 조사하여 작성한 지주명부에 수록되었다. 1937년 6월말 현재 수원군水原郡에 답 31정보, 전 18정보를 소유하고 있었으며, 고용한 소작인 수는 총52명이었다.

참고문헌: 『농지개혁시 피분배지주 및 일제하 대지주 명부』, 한국농촌경제연구원, 1985.12

이명우李明雨

수원에 거주했던 지주로 주소는 1950년 현재 수원시 고등동高等洞 201이다. 농지개혁 당시 정부의 유상매수 대상이 되었다. 토지 면적은 논 18.9정보町步, 밭 20.5정보로 총 39.4정보였으며, 보상석수는 정조正租 878석石이었다.

참고문헌: 『농지개혁시 피분배지주 및 일제하 대지주 명부』, 한국농촌경제연구원, 1985.12

이명화李明和

수원에 거주했던 지주로 주소는 1950년 현재 수원시 고등동(高等洞) 201-1이다. 농지개혁 당시 정부의 유상매수 대상이 되었다. 토지 면적은 논 18.3정보町步, 밭 2.2정보로 총 20.5정보였으며, 보상석수는 정조正租 753.5석石이었다.

참고문헌: 『농지개혁시 피분배지주 및 일제하 대지주 명부』, 한국농촌경제연구원, 1985.12

이병진李炳鎭

일제강점기 수원에 거주했던 지주로 1938년 향남면鄕南面에 거주했다. 경기도농회京畿道農會에서 도내 전답 30정보町步 이상 소유 지주를 대상으로 조사하여 작성한 지주명부에 수록되었다. 1937년 6월말 현재 수원군水原郡에 답 21정보, 전 9정보를 소유하고 있었으며, 고용한 소작인 수는 총55명이었다.

참고문헌: 『농지개혁시 피분배지주 및 일제하 대지주 명부』, 한국농촌경제연구원, 1985.12

이봉래李鳳來

일제강점기 수원에 거주했던 지주로 1938년 주소는 일왕면日旺面 파장리芭長里이다. 경기도농회京畿道農會에서 도내 전답 30정보町步 이상 소유 지주를 대상으로 조사하여 작성한 지주명부에 수록되었다. 1937년 6월말 현재 수원군水原郡에 답 121정보, 전 42정보를 소유하고 있었으며, 고용한 소작인 수는 총180명이었다.

참고문헌: 『농지개혁시 피분배지주 및 일제하 대지주 명부』, 한국농촌경제연구원, 1985.12

이봉수李鳳洙

일제강점기 수원에 거주했던 지주로 1938년 주소는 수원읍水原邑 북수정北水町이다. 경기도농회京畿道農會에서 도내 전답 30정보町步 이상 소유 지주를 대상으로 조사하여 작성한 지주명부에 수록되었다. 1937년 6월말 현재 수원군水原郡에 답 48정보, 전 17정보를 소유하고 있었으며, 고용한 소작인 수는 총220명이었다.

참고문헌: 『농지개혁시 피분배지주 및 일제하 대지주 명부』, 한국농촌경제연구원, 1985.12

이용호李容浩

일제강점기 수원에 거주했던 지주로 1938년 주소는 일왕면日旺面 파장리芭長里이다. 경기도농회京畿道農會에서 도내 전답 30정보町步 이상 소유 지주를 대상으로 조사하여 작성한 지주명부에 수록되었다. 1937년 6월말 현재 수원군水原郡에 답 4정보, 전 149정보를 소유하고 있었으며, 고용한 소작인 수는 총153명이었다.

참고문헌: 『농지개혁시 피분배지주 및 일제하 대지주 명부』, 한국농촌경제연구원, 1985.12

이우인李玗寅

일제강점기 수원에 거주했던 지주로 1938년 주소는 수원읍水原邑 신풍정新豊町이다. 경기도농회京畿道農會에서 도내 전답 30정보町步 이상 소유 지주를 대상으로 조사하여 작성한 지주명부에 수록되었다. 1937년 6월말 현재 수원군水原郡에 답 127정보, 전 44정보를 소유하고 있었으며, 고용한 소작인 수는 총171명이었다.

참고문헌: 『농지개혁시 피분배지주 및 일제하 대지주 명부』, 한국농촌경제연구원, 1985.12

이원배李元培

일제강점기 수원에 거주했던 지주로 1938년 주소는 서신면西新面 광평리廣坪里이다. 경기도농회京畿道農會에서 도내 전답 30정보町步 이상 소유 지주를 대상으로 조사하여 작성한 지주명부에 수록되었다. 1937년 6월말 현재 수원군水原郡에 답 48정보, 전 21정보를 소유하고 있었으며, 고용한 소작인 수는 총276명이었다.

참고문헌: 『농지개혁시 피분배지주 및 일제하 대지주 명부』, 한국농촌경제연구원, 1985.12

이재학李在鶴

수원에 거주했던 지주이다. 주소지는 1950년 현재 수원시 영동榮洞 56번지이다. 농지개혁 당시 정부의 유상매수 대상이 되었다. 토지 면적은 논 23.2정보町步, 밭 22.6정보로 총 45.8정보를 소유하고 있었다. 보상석수는 정조正租 1,333.3석(石)이었다.

참고문헌: 『농지개혁시 피분배지주 및 일제하 대지주 명부』, 한국농촌경제연구원, 1985.12

임종수林鍾洙

수원에 거주했던 지주이다. 주소지는 1950년 현재 수원시 매향동梅香洞 138번지이다. 농지개혁 당시 정부의 유상매수 대상이 되었다. 토지 면적은 논 23.5정보町步, 밭 10.2정보로 총 33.7정보를 소유하고 있었다. 보상석수는 정조正租 459.6석石이었다.

참고문헌: 『농지개혁시 피분배지주 및 일제하 대지주 명부』, 한국농촌경제연구원, 1985.12

전열덕全烈悳

해방 후 화성에 거주했던 지주이다. 주소지는 1950년 현재 장안면長安面 사곡리沙谷里로 번지 미상이다. 농지개혁 당시 정부의 유상매수 대상이 되었다. 토지 면적은 논 120.3정보町步, 밭 17.2정보로 총 137.5정보를 소유하고 있었다. 보상석수는 정조正租 3,892.2석石이었다.

참고문헌: 『농지개혁시 피분배지주 및 일제하 대지주 명부』, 한국농촌경제연구원, 1985.12

정동섭鄭董燮

일제강점기 수원에 거주했던 지주이다. 1938년 주소는 수원읍水原邑 신풍정新豊町으로 번지 미상이다. 경기도농회京畿道農會에서 도내 전답 30정보町步 이상을 소유한 지주를 대상으로 조사하여 작성한 지주명부에 수록되었다. 1937년 6월말 현재 수원군水原郡에 논 26정보, 밭 9정보로 총 35정보를 소유하고 있었다. 고용한 소작인 수는 총 75명이었다.

참고문헌: 『농지개혁시 피분배지주 및 일제하 대지주 명부』, 한국농촌경제연구원, 1985.12

정수창鄭壽昌

해방 후 화성에 거주했던 지주이다. 주소지는 1950년 현재 서신면西新面 매화리梅花里로 번지 미상이다. 재단법인 서신육영재단西新育英財團 이사장理事長직을 역임하였다. 농지개혁 당시 정부의 유상매수 대상이 되었다. 토지 면적은 논 20.1정보町步, 밭 6.4정보로 총 26.5정보를 소유하고 있었다. 보상석수는 정조正租 796.2석石이었다.

참고문헌: 『농지개혁시 피분배지주 및 일제하 대지주 명부』, 한국농촌경제연구원, 1985.12

정영덕鄭榮惪

해방 후 화성에 거주했던 지주이다. 주소지는 1950년 현재 남양면南陽面으로 구체적 동리와 번지 미상이다. 남양중학기성회장南陽中學期成會長직을 역임하였다. 농지개혁 당시 정부의 유상매수 대상이 되었다. 토지 면적은 논 31.4정보町步, 밭 13.8정보로 총 45.2정보를 소유하고 있었다. 보상석수는 정조正租 1,318.9석石이었다.

참고문헌: 『농지개혁시 피분배지주 및 일제하 대지주 명부』, 한국농촌경제연구원, 1985.12

정영철鄭榮喆

일제강점기 수원에 거주했던 지주이다. 1938년 주소는 서신면西新面 송교리松橋里로 번지 미상이다. 경기도농회京畿道農會에서 도내 전답 30정보町步 이상을 소유한 지주를 대상으로 조사하여 작성한 지주명부에 수록되었다. 1937년 6월말 현재 수원군水原郡에 논 22정보, 밭 12정보로 총 34정보를 소유하고 있었다. 고용한 소작인 수는 총 136명이었다.

참고문헌: 『농지개혁시 피분배지주 및 일제하 대지주 명부』, 한국농촌경제연구원, 1985.12

조용환趙容煥

수원에 거주했던 지주이다. 주소지는 1950년 현재 수원시 매향동梅香洞 138번지이다. 농지개혁 당시 정부의 유상매수 대상이 되었다. 토지 면적은 논 41.8정보町步, 밭 1.7정보로 총 43.5정보를 소유하고 있었다. 보상석수는 정조正租 793.3석石이었다.

참고문헌: 『농지개혁시 피분배지주 및 일제하 대지주 명부』, 한국농촌경제연구원, 1985.12

조중환曺重煥

수원에 거주했던 지주이다. 주소지는 1950년 현재 수원시 남창동南昌洞20번지이다. 농지개혁 당시 정부의 유상매수 대상이 되었다. 토지 면적은 논 42.1정보町步, 밭 7.7정보로 총 49.8정보를 소유하고 있었다. 보상석수는 정조正租 1,664.7석石이었다.

참고문헌: 『농지개혁시 피분배지주 및 일제하 대지주 명부』, 한국농촌경제연구원, 1985.12

조창로趙昌瀘

일제강점기 수원에 거주했던 지주이다. 1938년 주소는 마도면麻道面 두곡리斗谷里로 번지 미상이다. 경기도농회京畿道農會에서 도내 전답 30정보町步 이상을 소유한 지주를 대상으로 조사하여 작성한 지주명부에 수록되었다. 1937년 6월말 현재 수원군水原郡에 논 62정보, 밭 21정보로 총 83정보를 소유하고 있었다. 고용한 소작인 수는 총 230명이었다.

참고문헌: 『농지개혁시 피분배지주 및 일제하 대지주 명부』, 한국농촌경제연구원, 1985.12

차계순車桂順

일제강점기 수원에 거주했던 지주이다. 1938년 주소는 수원읍水原邑 남수정南水町으로 번지 미상이다. 경기도농회京畿道農會에서 도내 전답 30정보町步 이상을 소유한 지주를 대상으로 조사하여 작성한 지주명부에 수록되었다. 1937년 6월말 현재 수원군水原郡에 논 34정보, 밭 13정보로 총 47정보를 소유하고 있었다. 고용한 소작인 수는 총 75명이었다.

참고문헌: 『농지개혁시 피분배지주 및 일제하 대지주 명부』, 한국농촌경제연구원, 1985.12

차문영車紋榮

수원에 거주했던 지주이다. 주소지는 1950년 현재 수원시 남창동南昌洞 52번지이다. 농지개혁 당시 정부의 유상매수 대상이 되었다. 토지 면적은 논 85.6정보町步, 밭 24.6정보로 총 110.2정보를 소유하고 있었다. 보상석수는 정조正租 2,930.2석(石)이었다.

참고문헌: 『농지개혁시 피분배지주 및 일제하 대지주 명부』, 한국농촌경제연구원, 1985.12

차수린車洙麟

일제강점기 수원에 거주했던 지주이다. 1938년 주소는 성호면城湖面 서랑리西廊里로 번지 미상이다. 경기도농회京畿道農會에서 도내 전답 30정보町步 이상을 소유한 지주를 대상으로 조사하여 작성한 지주명부에 수록되었다. 1937년 6월말 현재 수원군水原郡에 논 32정보, 밭 11정보로 총 42정보를 소유하고 있었다. 고용한 소작인 수는 총 52명이었다.

참고문헌: 『농지개혁시 피분배지주 및 일제하 대지주 명부』, 한국농촌경제연구원, 1985.12

차우영車寓榮

수원에 거주했던 지주이다. 주소지는 1950년 현재 수원시 남창동南昌洞 52번지이다. 농지개혁 당시 정부의 유상매수 대상이 되었다. 토지 면적은 논 57.7정보町步, 밭 17.7정보로 총 75.4정보를 소유하고 있었다. 보상석수는 정조正租 2,119.4석石이었다.

참고문헌: 『농지개혁시 피분배지주 및 일제하 대지주 명부』, 한국농촌경제연구원, 1985.12

차유순車裕舜

일제강점기 수원에 거주했던 지주이다. 1938년 주소는 수원읍水原邑 남창정南昌町으로 번지 미상이다. 1935년 6월 26일 수원중학기성회水原中學期成會에 2만원을 기부하였다. 경기도농회京畿道農會에서 도내 전답 30정보町步 이상을 소유한 지주를 대상으로 조사하여 작성한 지주명부에 수록되었다. 1937년 6월말 현재 진위군振威郡에 논 48정보, 밭 25정보, 수원군水原郡에 논 413정보, 밭 108정보로 진위군과 수원군의 토지를 합하여 논 461정보, 밭 133정보, 총 574정보를 소유하고 있었다. 고용한 소작인 수는 진위군 110명, 수원군 852명으로 총 962명이었다.

참고문헌: 『농지개혁시 피분배지주 및 일제하 대지주 명부』, 한국농촌경제연구원, 1985.12; 『동아일보』 1935.06.30.

차원영車原榮

수원에 거주했던 지주이다. 주소지는 1950년 현재 수원시 남창동南昌洞 52번지이다. 농지개혁 당시 정부의 유상매수 대상이 되었다. 토지 면적은 논 85.6정보町

步, 밭 10.9정보로 총 96.5정보를 소유하고 있었다. 보상석수는 정조正租 2,704.7 석石이었다.

참고문헌: 『농지개혁시 피분배지주 및 일제하 대지주 명부』, 한국농촌경제연구원, 1985.12

차재영車載榮

수원에 거주했던 지주이다. 주소지는 1950년 현재 수원시 남수동南水洞 143-21 번지이다. 농지개혁 당시 정부의 유상매수 대상이 되었다. 토지 면적은 논 16.2정보町步, 밭 9.1정보로 총 25.3정보를 소유하고 있었다. 보상석수는 정조正租 393.0 석石이었다.

참고문헌: 『농지개혁시 피분배지주 및 일제하 대지주 명부』, 한국농촌경제연구원, 1985.12

차재윤車載潤

일제강점기 수원에 거주했던 경제인이자, 지주이다. 1938년 주소는 수원읍水原邑 남창정南昌町으로 번지 미상이다. 1928년 4월 10일 수원읍 남창리 205-1번지에 누룩의 제조와 판매를 위해 설립된 합자合資회사 조선국자제조朝鮮麯子製造의 지배인을 맡았으며, 1928년 10월 1일 수원읍 남창리 237번지에 본점을 두고 설립된 양조업체 주식회사 경남양조京南釀造의 이사를 역임하였다. 그리고 1935년 수원중학기성회水原中學期成會에 7천원을 기부하였다. 또한 경기도농회京畿道農會에서 도내 전답 30정보町步 이상을 소유한 지주를 대상으로 조사하여 작성한 지주 명부에 수록되었다. 1937년 6월말 현재 고양군高陽郡에 논 28정보, 밭 3정보, 이천군利川郡에 논 97정보, 밭 30정보, 진위군振威郡에 논 12정보, 밭 4정보, 수원군水

原郡에 논 11정보, 논 2정보로 모든 토지를 합하여 논 148정보, 밭 39정보, 총 187 정보를 소유하고 있었다. 고용한 소작인 수는 고양군 56명, 이천군 244명, 진위군 28명, 수원군 43명으로 총 371명이었다. 해방 이후 1946년 전재민戰災民을 위한 임시주택 건설비로 250만원을 군정청軍政廳 보건후생부에 기부하였다. 1948년에는 정일형鄭一亨, 변성옥邊成玉을 중심으로 1947년 4월 서울 기독교청년회관 내에 설립된 야간신학전문학원인 중앙신학원中央神學院이 운영난에 빠지자, 수원군 일대의 토지 4만평을 기부하였다.

참고문헌: 『농지개혁시 피분배지주 및 일제하 대지주 명부』, 한국농촌경제연구원, 1985.12; 『동아일보』 1935.07.07., 1946.11.17., 1948.01.07.; 『국민보』 1946.12.04.; 『朝鮮銀行會社組合要錄』(1929년판), (한국사데이터베이스 http://db.history.go.kr/)

차재후車載厚

일제강점기 수원에 거주했던 지주이다. 1938년 주소는 수원읍水原邑 산루리山樓里로 번지 미상이다. 경기도농회京畿道農會에서 도내 전답 30정보町步 이상을 소유한 지주를 대상으로 조사하여 작성한 지주명부에 수록되었다. 1937년 6월말 현재 수원군水原郡에 논 24정보, 밭 7정보로 총 31정보를 소유하고 있었다. 고용한 소작인 수는 총 80명이었다.

참고문헌: 『농지개혁시 피분배지주 및 일제하 대지주 명부』, 한국농촌경제연구원, 1985.12

차준담車濬潭

일제강점기 수원에 거주했던 경제인이자, 지주이다. 1938년 주소는 수원읍水原

邑 남창정南昌町으로 번지 미상이다. 일본 이름은 차전준담車田濬潭이다. 1906년 경기도 수원에서 태어났다. 1921년 수원공립보통학교水原公立普通學校, 1926년 서울 중앙보통고등학교中央普通高等學校를 졸업하고, 1928년 경성제국대학京城帝國大學에 입학하였다. 1933년 경성제국대학 법문학부法文學部 문학과(영문)를 졸업했다. 1931년 중학교에 진학하지 못한 아이들을 위해 설립된 중학강습소中學講習所에서 영어 강사를 맡았다. 1935년 5월 수원체육회에서 이사로 선임되었고, 1939년 5월에는 회장이 되었다. 경성부京城府 남대문통4정목南大門通四丁目 50에 본점을 두고 건축 및 부동산업을 목적으로 1937년 5월 17일 설립된 주식회사 조선건물朝鮮建物과 경성부 남대문통5정목 1에 본점을 두고 운수창고업을 목적으로 1937년 10월 30일 설립된 주식회사 중앙자동차中央自動車의 이사를 역임하였다. 1939년 당시 조선건물 주식회사가 발행한 주식 20,000주 중 1,500주와 중앙자동차가 발행한 주식 20,000주 중 1,000주를 보유하고 있었다. 1938년 수원금융조합 조합장을 맡았다. 1938년 8월에는 아버지 차유순車裕舜의 유언에 따라 국방헌금 1,000원, 재향군인회 수원분회에 400원, 소방조 및 방호단에 각각 300원 등을 기부 헌납했다. 1939년 12월 한해구제금旱害救濟金 500원을 수원읍장에게 기탁하였다. 1941년 5월 수원에서 경기도 도의회 선거에 출마하여 당선되었다. 1941년에는 미감리교 조선부인선교회유지재단美監理教 朝鮮婦人宣教會維持財團의 후원으로 운영되던 수원여자매향학교水原女子梅香學校가 재정난에 봉착하자, 학교후원회를 조직하고 학교 건물 증축을 위한 재원을 마련하는 등 적극적 지원활동을 벌였다. 1941년 12월 수원여자매향학교의 새로운 설립자가 되어 학교경영을 책임졌고, 1946년 8월에는 사재私財 500만원을 기탁하여 재단을 새롭게 정비하고 고등여학교로의 승격을 신청하여 문교부의 인가를 받았다. 1941년 9월에

는 조선임전보국단朝鮮臨戰報國團 발기인으로 참여하였다. 1943년 국민총력조선 연맹國民總力朝鮮聯盟의 이사가 되었다. 1943년 10월에 열린 전선공직자대회全鮮 公職者大會에 참석하였고, 1944년 11월에는 미곡공출 격려강연에 연사로 참여하 여 경기도 지역을 순회하였다. 이외에도 1944년 경기상공경제회京畿商工經濟會에 참여하여 부회장을 역임하였다. 일제강점기 경기도농회京畿道農會에서 도내 전답 30정보町步 이상을 소유한 지주를 대상으로 조사하여 작성한 지주명부에 수록되 었다. 1937년 6월말 현재 진위군振威郡에 논 108정보, 밭 20정보로 총 128정보를 소유하고 있었다. 고용한 소작인 수는 총 134명이었다. 해방 이후 1946년 6월 수 원상공회의소水原商工會議所 설립을 주도하였으며, 회장에 선출되었다. 1956년 대 한공예흥업사大韓工藝興業社를 설립하고 사장이 되었다. 1980년 사망하였다. 일제 강점기 친일혐의로 친일인명사전에 수록되었다.

참고문헌: 『농지개혁시 피분배지주 및 일제하 대지주 명부』, 한국농촌경제연구원, 1985.12; 『동아일보』 1939.12.22., 1946.08.15.; 매향여자정보고등학교홈페이지(http://www.maehyang.hs.kr/doc.view?mcode=1010&cate=111010); 『朝鮮銀行會社組合要錄』 (1939년판) (한국사데이터베이스 http://db.history.go.kr/); 친일인명사전편찬위원회 편, 『친일인명사전』, 2009; 이승렬, 「한말·일제하 '근대의 충격'과 수원 지역 상인층의 대응」, 『향토서울』 제84호, 2013

차태익車泰益

일제강점기 수원에 거주했던 지주이다. 1938년 주소는 수원읍水原邑 남수정南水 町 130번지이다. 1935년 6월 26일 수원중학기성회水原中學期成會에 1만원을 기부 하였다. 경기도농회京畿道農會에서 도내 전답 30정보町步 이상을 소유한 지주를 대상으로 조사하여 작성한 지주명부에 수록되었다. 1937년 6월말 현재 진위군振

威郡에 논 33정보, 밭 20정보로 총 53정보를 소유하고 있었다. 고용한 소작인 수는 총 72명이었다.

참고문헌: 『농지개혁시 피분배지주 및 일제하 대지주 명부』, 한국농촌경제연구원, 1985.12; 『동아일보』 1935.06.30.

차태익車泰益

일제강점기 수원에 거주했던 지주이다. 1938년 주소는 수원읍水原邑 신풍정新豐町으로 번지 미상이다. 경기도농회京畿道農會에서 도내 전답 30정보町步 이상을 소유한 지주를 대상으로 조사하여 작성한 지주명부에 수록되었다. 1937년 6월말 현재 수원군水原郡에 논 211정보, 밭 118정보로 총 329정보를 소유하고 있었다. 고용한 소작인 수는 총 466명이었다.

참고문헌: 『농지개혁시 피분배지주 및 일제하 대지주 명부』, 한국농촌경제연구원, 1985.12

최덕완崔德完

일제강점기 수원에 거주했던 지주이다. 1938년 주소는 수원읍水原邑 남수정南水町으로 번지 미상이다. 경기도농회京畿道農會에서 도내 전답 30정보町步 이상을 소유한 지주를 대상으로 조사하여 작성한 지주명부에 수록되었다. 1937년 6월말 현재 수원군水原郡에 논 35정보, 밭 21정보로 총 56정보를 소유하고 있었다. 고용한 소작인 수는 총 116명이었다.

참고문헌: 『농지개혁시 피분배지주 및 일제하 대지주 명부』, 한국농촌경제연구원, 1985.12

최왕희崔旺熹

수원에 거주했던 지주이다. 주소지는 1950년 현재 수원시 매향동梅香洞 110번지이다. 농지개혁 당시 정부의 유상매수 대상이 되었다. 토지 면적은 논 21.5정보町步, 밭 3.1정보로 총 24.6정보를 소유하고 있었다. 보상석수는 정조正租 919.5석石이었다. 1950년 3월 토지와 건물을 출연하여 사립학교법에 따라 삼일학원三一學院 재단을 구성하였다. 같은 해 6월 재단법인 삼일학원三一學院은 인가를 획득하였고, 이사장에 취임하여 1965년도까지 삼일학원을 경영하였다.

참고문헌: 『농지개혁시 피분배지주 및 일제하 대지주 명부』, 한국농촌경제연구원, 1985.12; 『경향신문』 1950.06.26.; 삼일상업학교(http://www.samil.hs.kr/main.php)

최재엽崔在燁

수원 태생으로 1895년 8월 24일 출생하였다. 일본 이름은 고산재엽高山在燁이다. 보성전문학교普成專門學校를 졸업하고, 1914년 11월 조선총독부 임시토지조사국臨時土地調査局 측지과測地課에 기수보技手補로 근무를 시작하여 1915년 12월 기수技手가 되었다. 임시토지조사국 제도과 및 정리과에서 활동하다가 1918년 10월 퇴사하였다. 1933년 5월 수원에서 경기도 도의회원道議會員 선거에 출마하여 당선되었다. 경성부京城府 남대문통3정목南大門通三丁目 106에 본점을 두고 상업활동을 목적으로 1934년 11월 24일 설립된 주식회사 경기산업京畿産業의 상무이사를 역임하였다. 1935년 4월 수원금융조합 감사, 5월 수원읍水原邑 읍회의원邑會議員이 되었고, 1937년 5월에는 경기도 도회의원 재선에 성공하였다. 1937년 12월 경기도 대표로 북지황군위문단北支皇軍慰問團에 참가하였다. 1939년 5월 다시 수원읍 읍회의원에 선출되었다. 1940년 국민총력연맹國民總力聯盟 경기도연맹에 가입하여 평의원으로 활동하였다. 1941년 수원상공회의소水原商工會議所 창립에 주도적으로 참여하였다. 1941년 4월 중추원中樞院 주임관奏任官 대우 참의參議가 되었고, 6월에는 중추원 참의로 구성된 부여신궁扶餘神宮공사 근로봉사대勤勞奉仕隊로 활동하였다. 1941년 7월 25일 사망하였다. 일제강점기 친일반민족행위로 인해 친일인명사전에 수록되었다.

참고문헌: 『朝鮮銀行會社組合要錄』 (1935년판) (한국사데이터베이스 http://db.history.go.kr/); 친일인명사전편찬위원회 편, 『친일인명사전』, 2009; 이승렬, 「한말 · 일제하 '근대의 충격'과 수원 지역 상인층의 대응」, 『향토서울』 제84호, 2013

최종건崔鍾建 (1926~1973)

한국 현대의 기업인이다. 1926년 수원에서 태어났다. 호 담연湛然이고, 본관은 수성隋城이다. 수원 신풍소학교新豊小學校를 졸업하고 서울의 경성직업학교京城職業學校 기계과를 나와 선경직물주식회사 수원공장 공무부 견습기사로 입사하여 제직조장에 발탁되었다. 해방 후 선경치안대를 조직하여 대장隊長이 되었고, 선경직물주식회사 한국인 소주주들과 협의, 공장가동에 힘썼다. 6 · 25전쟁 중 폐허가 되다시피한 공장을 정부로부터 매수하고, 낡은 직기 4대를 조립하여 선경직물주식회사를 재건하였다. 1966년 12월 선경화섬주식회사鮮京化纖株式會社를 설립하고, 1969년 9월에는 선경합섬주식회사鮮京合纖株式會社를 설립했다. 1973년 5월 선경유화주식회사鮮京油化株式會社, 7월에 선경석유주식회社鮮京石油株式會社를 설립하였다.

참고문헌: 『한국민족문화대백과』 인터넷판, 한국학중앙연구원(http://encykorea.aks.ac.kr/)

최종현崔鍾賢 (1929~1998)

한국 현대의 기업가이다. 1929년 수원에서 태어났다. 최종건의 동생이다. 1952년 서울대학교 화학과 3년을 수료한 뒤 미국 위스콘신대학교에 유학하여 학사학위를 받았다. 이어 미국 시카고대학교 대학원에 진학하여 1956년에 경제학석사학위를 취득한 뒤 귀국하였다. 1962년에 선경직물(주) 이사직을 맡으면서 전문 기업경영인으로서 본격적인 사회활동을 시작하였다. 그 뒤 선경직물 대표이사, 선경합섬(주) 대표이사, 선경건설(주) 대표이사, 선경그룹 대표이사회장을 거쳐, 1997년부터는 선경그룹 회장으로 활동하였다. 이듬해 선경그룹이 SK그룹으로 명칭이 변경되면서 SK그룹 대표이사 회장이 되었다. 또 수원상공회의소 회장, 한·브라질경제협력위원회 한국측 대표위원, 경영자총연합회 회장 등 경제 관련 단체의 주역으로서도 활동하였다.

참고문헌: 『한국민족문화대백과』 인터넷판, 한국학중앙연구원(http://encykorea.aks.ac.kr/)

한광호韓光鎬

수원에 거주했던 경제인이자 지주이다. 일제강점기 주소지는 수원읍水原邑 신풍리新豊里 150번지이다. 1921년 5월 수원군농사장려회水原郡農事獎勵會 부회장, 1922년 조선농회朝鮮農會 평의원, 1927년 4월 수원금융조합水原金融組合 평의원으로 선출되어 활동하였다. 수원읍 남수리南水里 199번지에 본점을 두고 농상공農商工 융통하는 금융신탁업을 목적으로 1929년 5월 30일 설립된 주식회사 화성흥산華城興産의 이사를 역임하였다. 해방 이후 주소지는 1950년 현재 수원시 신풍동新豊洞 23번지이다. 농지개혁 당시 정부의 유상매수 대상이 되었다. 토지 면적은 논 51.9정보^{町步}, 밭 11.0정보로 총 62.9정보를 소유하고 있었다. 보상석수는 구체적으로 확인되지 않는다.

참고문헌: 『농지개혁시 피분배지주 및 일제하 대지주 명부』, 한국농촌경제연구원, 1985.12; 『朝鮮銀行會社組合要錄』 (1931년판) (한국사데이터베이스 http://db.history.go.kr/); 『조선인사흥신록』 (한국사데이터베이스 http://db.history.go.kr/)

한규복韓圭復

일제강점기 수원에 거주했던 지주이다. 1938년 주소는 수원읍^{水原邑}으로 구체적인 동리와 번지는 미상이다. 경기도농회^{京畿道農會}에서 도내 전답 30정보^{町步} 이상을 소유한 지주를 대상으로 조사하여 작성한 지주명부에 수록되었다. 1937년 6월말 현재 진위군^{振威郡}에 논 40정보, 밭 8정보로 총 48정보를 소유하고 있었다. 고용한 소작인 수는 총 38명이었다.

참고문헌: 『농지개혁시 피분배지주 및 일제하 대지주 명부』, 한국농촌경제연구원, 1985.12

한대원韓大源

수원에 거주했던 지주이다. 주소지는 1950년 현재 수원시 팔달로3가^{八達路三街} 103번지이다. 농지개혁 당시 정부의 유상매수 대상이 되었다. 토지 면적은 논 38.2정보^{町步}, 밭 0.9정보로 총 39.1정보를 소유하고 있었다. 보상석수는 정조^{正租} 1,528.0석^石이었다.

참고문헌: 『농지개혁시 피분배지주 및 일제하 대지주 명부』, 한국농촌경제연구원, 1985.12

한창선韓昌善

일제강점기 수원에 거주했던 지주이다. 1938년 주소는 은덕면隱德面 무송리茂松里로 번지 미상이다. 경기도농회京畿道農會에서 도내 전답 30정보町步 이상을 소유한 지주를 대상으로 조사하여 작성한 지주명부에 수록되었다. 1937년 6월말 현재 수원군水原郡에 논 40정보, 밭 10정보로 총 50정보를 소유하고 있었다. 고용한 소작인 수는 총 115명이었다.

참고문헌: 『농지개혁시 피분배지주 및 일제하 대지주 명부』, 한국농촌경제연구원, 1985.12

허환許渙

일제강점기 수원에 거주했던 지주이다. 1938년 주소는 수원읍水原邑 산루리山樓里로 번지 미상이다. 경기도농회京畿道農會에서 도내 전답 30정보町步 이상을 소유한 지주를 대상으로 조사하여 작성한 지주명부에 수록되었다. 1937년 6월말 현재 용인군龍仁郡에 논 24정보, 밭 8정보, 안성군安城郡에 논 14정보, 논 7정보로 용인군과 안성군의 토지를 합하여 논 38정보, 밭 15정보, 총 53정보를 소유하고 있었다. 고용한 소작인 수는 용인군 58명, 안성군 35명으로 총 93명이었다.

참고문헌: 『농지개혁시 피분배지주 및 일제하 대지주 명부』, 한국농촌경제연구원, 1985.12

홍길선洪吉善

수원에 거주했던 지주이다. 일본 이름은 홍원길선洪原吉善이다. 1916년 수원 삼일학교三一學校, 1921년 배재중학교培栽中學校를 졸업하였고, 이후 일본으로 건너갔다. 1931년 일본 도쿄의 무사시노음악학교武藏野音樂學校를 졸업하였다. 1931년

중학교에 진학하지 못한 아이들을 위해 설립된 중학강습소中學講習所에서 영어
강사를 맡았다. 1935년 5월 수원체육회에서 이사에 선출되어, 회관신축 등 사업
에 열중하였다. 1939년 5월 제12회 수원체육회 정기총회에서 부회장에 선출되
었다. 수원읍水原邑 본정1정목本町一丁目 3번지에 본점을 두고 부동산 매매 및 가
정건축 등의 사업을 목적으로 1940년 2월 28일 설립된 주식회사 수원상공水原商
工에서 전무이사를 맡았다. 1942년 3월에 열린 수원상공회의소水原商工會議所 총
회에서 특별의원으로 선출되었다. 해방 이후 1946년 수원상공회의소 창립준비
위원회 회장으로 상공회의소 재건에 주도적 역할을 담당하였다. 해방 이후 주소
지는 1950년 현재 수원시 팔달로1가八達路一街 97번지이다. 농지개혁 당시 정부
의 유상매수 대상이 되었다. 토지 면적은 논 11.6정보町步, 밭 12.8정보로 총 24.2
정보를 소유하고 있었다. 보상석수는 정조正租 524.0석石이었다. 1946년 대동청
년단大同靑年團 수원지부장을 맡았고, 1948년 5월 제헌의원制憲議員 선거에서 수
원 갑구에 대동청년단 소속으로 출마하여 당선되었다. 1950년 5월 민주국민당民
主國民黨 소속으로 제2대 민의원에 당선되었고, 1958년 5월 제4대 민의원 선거,
1960년 7월 제5대 민의원 선거에서는 민주당民主黨 소속으로 당선되었다. 1960
년 민주당 구파동지회에 참여하여 신민당新民黨으로 당적으로 옮겼다. 5.16군사
정변으로 의원직을 상실하였고, 1960년대 말에 정계에서 은퇴하였다. 1980년 8
월 8일 사망하였다.

참고문헌: 『농지개혁시 피분배지주 및 일제하 대지주 명부』, 한국농촌경제연구원, 1985.12; 『朝鮮銀行會社組合
要錄』(1942년판) (한국사데이터베이스 http://db.history.go.kr/); 이승렬, 「한말 · 일제하 '근대의 충격'과 수원 지역
상인층의 대응」, 『향토서울』 제84호, 2013; 『동아일보』 1980.08.09.; 『한국민족문화대백과』 인터넷판,
한국학중앙연구원(http://encykorea.aks.ac.kr/)

홍사영洪思榮

일제강점기 수원에 거주했던 지주이다. 1938년 주소는 송산면松山面 중송리中松里로 번지 미상이다. 경기도농회京畿道農會에서 도내 전답 30정보町步 이상을 소유한 지주를 대상으로 조사하여 작성한 지주명부에 수록되었다. 1937년 6월말 현재 수원군水原郡에 논 24정보, 밭 8정보로 총 32정보를 소유하고 있었다. 고용한 소작인 수는 총 115명이었다.

참고문헌: 『농지개혁시 피분배지주 및 일제하 대지주 명부』, 한국농촌경제연구원, 1985.12

홍사헌洪思憲

일제강점기 수원에 거주했던 경제인이자, 지주이다. 1938년 주소는 수원읍水原邑 본정4정목本町四丁目으로 번지 미상이다. 수원읍 남창리南昌里 139번지에서 주단포목과 신발, 그리고 여러 잡화를 파는 상점을 운영하였다. 1926년 5월 순종의 장례식을 위한 수원 지역 상인들의 봉도단奉悼團을 결성하는데 참여하여 사무촉탁事務囑託을 맡았다. 1933년 10월 여러 상인들이 모여 조직한 포목상조합에 참여하였다. 수원읍 남수리南水里 199번지에 본점을 두고 금융업을 목적으로 1929년 5월 30일 설립된 주식회사 화성흥산華城興產과 수원읍 매산리梅山里 164번지에 본점을 두고 1930년 12월 10일 설립된 운수창고 업체 주식회사 수원하주운송水原荷主運送의 이사를 역임하였다. 그리고 1929년 3월 22일 수원읍 본정1정목本町一丁目 14번지에 설립된 주식회사 수원양조水原釀造의 대주주였다. 1939년, 1942년 양조회사인 수원양조가 발행한 주식 2,000주 중 361주를 소유하고 있었다. 또한 경기도농회京畿道農會에서 도내 전답 30정보町步 이상을 소유한 지주를 대상으로 조사하여 작성한 지주명부에 수록되었다. 1937년 6월말 현재 수원군水原郡에 논 30정보, 밭 22정보로 총 52정보를 소유하고 있었다. 고용한 소작인 수는 총 176명이었다.

참고문헌: 『朝鮮銀行會社組合要錄』(1931년판), 『朝鮮銀行會社組合要錄』(1939년판), 『朝鮮銀行會社組合要錄』(1942년판) (한국사데이터베이스 http://db.history.go.kr/); 『농지개혁시 피분배지주 및 일제하 대지주 명부』, 한국농촌경제연구원, 1985.12

홍은성洪恩成

수원에 거주했던 지주이다. 주소지는 1950년 현재 수원시 팔달로1가八達路 一街 60번지이다. 농지개혁 당시 정부의 유상매수 대상이 되었다. 토지 면적은 논 50.6정보町步, 밭 20.9정보로 총 71.5정보를 소유하고 있었다. 보상석수는 정조正租 2,013.4석石이었다.

참고문헌: 『농지개혁시 피분배지주 및 일제하 대지주 명부』, 한국농촌경제연구원, 1985.12

홍은훈洪恩勛

수원에 거주했던 지주이다. 주소지는 1950년 현재 수원시 팔달로1가八達路 一街 60번지이다. 농지개혁 당시 정부의 유상매수 대상이 되었다. 토지 면적은 논 97.0정보町步, 밭 76.3정보로 총 173.3정보를 소유하고 있었다. 보상석수는 정조正租 4,027.6석石이었다.

참고문헌: 『농지개혁시 피분배지주 및 일제하 대지주 명부』, 한국농촌경제연구원, 1985.12

홍철후洪喆厚

일제강점기 수원에 거주했던 경제인이자, 지주이다. 1926년 주소는 수원읍水原邑 남수리南水里로 번지 미상이다. 1938년 주소는 수원읍 본정4정목本町四丁目으로 번지 미상이다. 태장면台章面 인계리仁溪里 762-12번지에 본점을 두고 1934년 9월 1일 설립된 주식회사 삼공흥업三共興業의 이사를 역임하였다. 삼공흥업은 각종 끈繩의 제조 및 일반 상업 활동을 위한 회사였다. 또한 경기도농회京畿道農會에서 도내 전답 30정보町步 이상을 소유한 지주를 대상으로 조사하여 작성한 지주 명부에 수록되었다. 1937년 6월말 현재 수원군水原郡에 논 33정보, 밭 6정보로 총 39정보를 소유하고 있었다. 고용한 소작인 수는 총 58명이었다.

참고문헌: 『농지개혁시 피분배지주 및 일제하 대지주 명부』, 한국농촌경제연구원, 1985.12; 『朝鮮銀行會社組合要錄』(1935년판)(한국사데이터베이스 http://db.history.go.kr/); 『시대일보』 1926.06.07.

황종순黃鍾淳

수원에 거주했던 지주이다. 주소지는 1950년 현재 수원시 매향동梅香洞 627번지이다. 농지개혁 당시 정부의 유상매수 대상이 되었다. 토지 면적은 논 69.6정보町步, 밭 14.0정보로 총 83.6정보를 소유하고 있었다. 보상석수는 정조正租 2,420.8석石이었다.

참고문헌: 『농지개혁시 피분배지주 및 일제하 대지주 명부』, 한국농촌경제연구원, 1985.12

굴내순일堀內順一

일제강점기 수원의 지주이다. 1938년 주소는 수원군 수원읍이다. 1938년 경기 도농회京畿道農會에서 도내 전답 30정보町步 이상 소유 지주를 대상으로 조사하여 작성한 지주명부에 수록되었다. 1937년 6월말 현재 양평군에 논 97정보, 밭 41정보를 소유하였고, 고용된 소작인은 199명이었다. 1925년 동양척식주식회사 상해주재 주임이었다.

참고문헌: 『농지개혁시 피분배지주 및 일제하 대지주 명부』, 한국농촌경제연구원, 1985.12; 국사편찬위원회 한국사데이터베이스 한국근현대회사조합자료(http://db.history.go.kr/)

덕원한익德原漢翊

일제강점기 광업권자, 주조회사 임원이다. 1942년 주소는 수원군 오산면烏山面 오산리烏山里 388번지이고, 1944년 주소는 충남 아산군牙山郡 온양읍溫陽邑 온천리溫泉里 87의 6번지이다. 1942년 5월 1일, 경상북도 상주군 모서면에 있는 광구鑛區의 광업권을 대전부의 田谷喜三郎과 함께 소유하게 되었다. 1942년 오산주조주식회사의 설립과 동시에 취체역이 되었고, 1943년 서정주조주식회사 설립과 함께 감사역이 되었다. 또 1944년 9월 온양주조주식회사의 취체역이 되었다.

* 이름으로 보아 조선인으로 짐작되지만, 성씨는 알 수 없고, 일본 이름으로 되어 있어 일단 일본인과 같이 뒤에 배치하였다.

참고문헌: 『조선총독부관보』 1942.6.2., 8.17., 1943.2.20., 1944.11.10.; 국사편찬위원회 한국사데이터베이스 한국근현대회사조합자료(http://db.history.go.kr/)

입송일장笠松一藏

일제강점기 수원에 거주했던 일본인 지주이다. 1938년 주소는 매송면梅松面 야목리野牧里로 번지 미상이다. 경기도농회京畿道農會에서 도내 전답 30정보町步 이상을 소유한 지주를 대상으로 조사하여 작성한 지주명부에 수록되었다. 1937년 6월말 현재 수원군水原郡에 논 78정보, 부천군富川郡에 논 139정보, 밭 5정보로 수원군과 부천군의 토지를 합하여 논 217정보, 밭 5정보, 총 222정보를 소유하고 있었다. 고용한 소작인 수는 수원군 60명, 부천군 210명으로 총 270명이었다.

참고문헌: 『농지개혁시 피분배지주 및 일제하 대지주 명부』, 한국농촌경제연구원, 1985.12

판수방부坂手芳夫

일제강점기 수원에 거주했던 일본인 지주이다. 1938년 주소는 수원읍水原邑 매향리梅香里로 번지 미상이다. 경기도농회京畿道農會에서 도내 전답 30정보町步 이상을 소유한 지주를 대상으로 조사하여 작성한 지주명부에 수록되었다. 1937년 6월말 현재 수원군水原郡에 논 201정보, 밭 110정보로 총 311정보를 소유하고 있었다. 고용한 소작인 수는 총 95명이었다.

참고문헌: 『농지개혁시 피분배지주 및 일제하 대지주 명부』, 한국농촌경제연구원, 1985.12

7부

시흥 始興

일제강점기 시흥군은 오늘날의 시흥시, 과천시, 광명시, 군포시, 안산시, 안양시로 분리되었다.

: : 시흥시 행정구역 변천 연혁(시흥시청 홈페이지에서 인용)

1973. 07. 01	부천군 소래면이 시흥군에 편입
1983. 02. 15	시흥군 소래읍 옥길리 및 계수리 일부가 부천 및 광명으로 편입
1989. 01. 01	시흥군 소래읍, 수암면, 군자면이 시흥시로 승격

: : 과천시 행정구역 변천 연혁(과천시청 홈페이지에서 인용)

1895.5.26.	경기도 과천군으로 변경
1914.3.1.	과천군이 시흥군에 흡수 통합(과천면이 됨)
1979.4.28.	경기도 과천지구 지원 사업소 설치
1982.6.10.	경기도 과천출장소 설치(북부지소, 남부지소를 둠)
1986.1.1.	과천시로 승격

: : 광명시 행정구역 변천 연혁(광명시청 홈페이지에서 인용)

1895년(조선고종32년)	시흥군에 속함
1914. 3. 1	금천, 안산, 과천의 3개군이 시흥군으로 통합되면서 시흥군 서면이 됨
1970. 6. 10	광명리, 철산리를 관할하는 서면 광명출장소로 설치
1974. 6. 1	서면 광명출장소를 시흥군 광명출장소로 승격
1981. 7. 1	시흥군 소하읍과 광명출장소가 광명시로 승격

: : 군포시 행정구역 변천 연혁(군포시청 홈페이지에서 인용)

1914년	시흥군 · 과천군 · 안산군의 3개 군이 합병해 시흥군이 됨에 따라 과천군 남면(군포시)은 시흥군 남면이 돼서 당리, 당정리, 금정리, 산본리, 부곡리를 관할
1979년 5월 1일	시흥군 남면이 시흥군 군포읍으로 승격
1989년 1월	시흥군을 분리해 군포읍을 군포시로, 의왕읍을 의왕시로, 소래읍 · 수암면 · 군자면을 통합해 시흥시로 승격

::안산시 행정구역 변천 연혁(안산시청 홈페이지에서 인용)

1906년   광주廣州의 성곶면 · 북방면 · 월곡면이 안산군에 편입

1914년   안산, 시흥, 과천의 3개 군이 시흥군始興郡이란 명칭으로 통합(안산지역은 시흥군 수암면과 군자면으로
편제되었고, 성곶면 · 북방면 · 월곡면은 수원군에 이관되어 반월면이 됨)

1976년   시흥군의 수암면, 군자면과 화성군의 반월면 일대가 반월신공업도시半月新工業都市로 조성되어
1986년 1월 1일 시 승격과 함께 안산시가 됨

1994년   12월에는 화성군 반월면 일부와 옹진군 대부면 전체가 편입되었고, 1995년 4월에는 시흥시
화정동 일부와 장상동 · 장하동 · 수암동이 편입

::안양시 행정구역 변천 연혁(안양시청 홈페이지에서 인용)

1914년 4월 1일   과천, 시흥, 안산군이 시흥군으로 통합되며 시흥군 서이면에 속함

1941년 10월 1일   서이면이 안양면으로 개칭

1949년 8월 14일   안양면이 읍으로 승격

1963년 1월 1일   동면 신안양리와 서면 박달리가 안양읍에 편입

1973년 7월 1일   안양읍이 안양시로 승격

1987년 1월 1일   광명시소하동 일부를 석수2동으로 편입

1994년 12월 22일   행정구역 일부 변경市間
　　　　　　　　　 － 안양시 만안구 안양동 일부 → 군포시 편입
　　　　　　　　　 － 안양시 동안구 호계동 일부 → 군포시 편입
　　　　　　　　　 － 안양시 동안구 평촌동 일부 → 의왕시 편입
　　　　　　　　　 － 군포시 산본동 일부 → 안양시 만안구 안양동 편입

1995년 4월 20일   시간 경계변경
　　　　　　　　　 － 군포시 산본동 일부 → 안양시 만안구 안양동 편입

김성환金成煥

해방 후 시흥의 지주이다. 1950년 주소는 시흥군 과천면果川面 관문리官門里 112번지이다. 1950년 농지개혁 당시 정부의 유상 매수 대상이 되었는데, 대상 토지 면적은 논 30.2정보, 밭 7.7정보, 합 37.9정보, 보상補償은 1,423.5석이며, 또 논 36.2정보, 밭 12.4정보, 합 48.6정보, 보상은 1,542.5석이다.

참고문헌: 「농지개혁시 피분배지주 및 일제하 대지주 명부」, 한국농촌경제연구원, 1985.12
* 1938년 신문 기사에 따르면, 경성 아현정에 거주하는 김성환이 과천면에 선산을 갖게 되어 묘막墓幕과 주택을 신축하고, 과천 각 단체에 450원을 기부했는데, 과천소학교 · 과천소방조 · 과천 관문리 · 과천주재소에 각 100원, 과천청년회에 50원이다. 한자 이름과 지역이 일치하여 동일인으로 보인다.(「동아일보」, 1938.9.27.)

김창규金昌圭 (1920~)

군인, 경영인이다. 1920년 3월 경기도 시흥에서 태어났다. 1960년 주소는 시흥군 군자면君子面 성유리城有里이다. 1938년 경기중학교를 졸업하고, 12월 일본 육군예과사관학교에 입학하여 1939년 11월 졸업했다. 또 1940년 4월 육군사관학교에 입학해서 1941년 7월 제55기로 졸업했고, 1942년 일본 육군항공사관학교를 졸업했다. 해방 당시 일본군 항공대위로 비행정비대대 대대장이었다. 해방 후 서울대학교 기계학과에 들어갔다가 1948년 육군사관학교 특임 5기로 입대했다. 1950년 11월 공군에 편입해 제5대 공군참모총장 등을 역임한 뒤 1960년 공군 중장으로 예편했다. 1973년 유신정우회 소속 의원에 임명되어 1979년까지 6년간 활동했다.

　　　예편 후 대한중석광업주식회사 사장, 충주비료주식회사 고문, 영남화학주식회사 사장, 한국석유화학공업협회 회장, 여천공단협의회 회장, 대림산업 부회장, 대림학원 이사장 등을 역임했다. 친일반민족행위로 인해 친일인명사전에 수록되었다.

참고문헌: 친일인명사전편찬위원회 편, 『친일인명사전』, 2009; 국사편찬위원회 한국사데이터베이스 한국근현대 인물자료(http://db.history.go.kr/)

육훈상陸勳相

시흥에 거주했던 지주로 주소는 1950년 현재 수암면秀岩面 양상리楊上里 213이다. 농지개혁 당시 정부의 유상매수 대상이 되었다. 토지 면적은 논 31.9정보町步, 밭 4.7정보로 총 36.6정보였으며, 보상석수는 정조正租 1,445.5석石이었다.

참고문헌: 『농지개혁시 피분배지주 및 일제하 대지주 명부』, 한국농촌경제연구원, 1985.12

윤종대尹鍾大

일제강점기 시흥에 거주했던 지주로 1938년 주소는 군자면君子面 성곡리城谷里 124이다. 경기도농회京畿道農會에서 도내 전답 30정보町步 이상 소유 지주를 대상으로 조사하여 작성한 지주명부에 수록되었다. 1937년 6월말 현재 시흥군始興郡에 답 75정보, 전 22정보를 소유하고 있었으며, 고용한 소작인 수는 총292명이었다.

참고문헌: 『농지개혁시 피분배지주 및 일제하 대지주 명부』, 한국농촌경제연구원, 1985.12

윤충한尹忠漢

시흥에 거주했던 지주로 주소는 1950년 현재 군자면君子面 성곡리城谷里 124이다. 농지개혁 당시 정부의 유상매수 대상이 되었다. 토지 면적은 논 31.3정보町步, 밭 12.2정보로 총 43.5정보였으며, 보상석수는 정조正租 1,551.5석石이었다.

참고문헌: 『농지개혁시 피분배지주 및 일제하 대지주 명부』, 한국농촌경제연구원, 1985.12

이규복李圭復

일제강점기 시흥에 거주했던 지주로 1938년 주소는 동면東面 시흥리始興里 22이다. 경기도농회京畿道農會에서 도내 전답 30정보町步 이상 소유 지주를 대상으로 조사하여 작성한 지주명부에 수록되었다. 1937년 6월말 현재 양평군楊平郡에 답 610정보, 전 28정보를 소유하고 있었으며, 고용한 소작인 수는 총30명이었다.

참고문헌: 『농지개혁시 피분배지주 및 일제하 대지주 명부』, 한국농촌경제연구원, 1985.12

이명규李明圭

일제강점기 시흥에 거주했던 지주로 1938년 주소는 군자면君子面 원시리元時里 213이다. 경기도농회京畿道農會에서 도내 전답 30정보町步 이상 소유 지주를 대상으로 조사하여 작성한 지주명부에 수록되었다. 1937년 6월말 현재 시흥군始興郡에 답 30정보, 전 22정보를 소유하고 있었으며, 고용한 소작인 수는 총213명이었다.

참고문헌: 『농지개혁시 피분배지주 및 일제하 대지주 명부』, 한국농촌경제연구원, 1985.12

이묘남李妙男

시흥에 거주했던 지주로 주소는 1950년 현재 군자면君子面 원시리元時里 212이다. 농지개혁 당시 정부의 유상매수 대상이 되었다. 토지 면적은 논 8.5정보町步, 밭 12.1정보로 총 20.6정보였으며, 보상석수는 정조正租 559.5석石이었다.

참고문헌: 『농지개혁시 피분배지주 및 일제하 대지주 명부』, 한국농촌경제연구원, 1985.12

이중영李重永

시흥에 거주했던 지주이다. 주소지는 1950년 현재 수암면秀岩面 장상리章上里 278번지이다. 농지개혁 당시 정부의 유상매수 대상이 되었다. 토지 면적은 논 16.2정보町步, 밭 10.0정보로 총 26.2정보를 소유하고 있었다. 보상석수는 정조正租 932.5석石이었다.

참고문헌: 『농지개혁시 피분배지주 및 일제하 대지주 명부』, 한국농촌경제연구원, 1985.12

이진룡李鎭龍

일제강점기 시흥에 거주했던 지주이다. 1938년 주소는 군자면君子面 원시리元時里 212번지이다. 경기도농회京畿道農會에서 도내 전답 30정보町步 이상을 소유한 지주를 대상으로 조사하여 작성한 지주명부에 수록되었다. 1937년 6월말 현재 시흥군始興郡에 논 11정보, 밭 22정보로 총 33정보를 소유하고 있었다. 고용한 소작인 수는 총 42명이었다.

참고문헌: 『농지개혁시 피분배지주 및 일제하 대지주 명부』, 한국농촌경제연구원, 1985.12

이진홍李鎭洪

시흥에 거주했던 지주이다. 주소지는 1950년 현재 군자면君子面 원시리元時里 574번지이다. 농지개혁 당시 정부의 유상매수 대상이 되었다. 소유하고 있던 논과 밭의 구체적인 면적은 확인되지 않지만, 보상석수는 정조正租 1,118.0석石이었다.

참고문헌: 『농지개혁시 피분배지주 및 일제하 대지주 명부』, 한국농촌경제연구원, 1985.12

정재오鄭在五

시흥에 거주했던 지주이다. 주소지는 1950년 현재 군자면君子面 장현리長峴里 201번지이다. 농지개혁 당시 정부의 유상매수 대상이 되었다. 소유하고 있던 논과 밭의 구체적인 면적은 확인되지 않지만, 보상석수는 정조正租 938.5석石이었다.

참고문헌: 『농지개혁시 피분배지주 및 일제하 대지주 명부』, 한국농촌경제연구원, 1985.12

조한영趙漢永

시흥에 거주했던 지주이다. 주소지는 1950년 현재 수암면秀岩面 윤곡리淪谷里 256번지이다. 농지개혁 당시 정부의 유상매수 대상이 되었다. 토지 면적은 논 19.6정보町步, 밭 0.5정보로 총 20.1정보를 소유하고 있었다. 보상석수는 정조正租 944.0석石이었다.

참고문헌: 『농지개혁시 피분배지주 및 일제하 대지주 명부』, 한국농촌경제연구원, 1985.12

8부

안성安城

::**안성시 행정구역 변천 연혁**(안성시청 홈페이지에서 인용)

1914.3. 1.	안성, 양성, 죽산 등 3개군을 통합하여 안성군 설치
1963.1. 1.	용인군 고삼면을 안성군에 편입
1983.2. 15.	안성군 원곡면 용이리, 죽백리, 청룡리, 월곡리 및 공도면 소사리를 평택군 평택읍에 편입
1987.1. 1.	보개면 양복리 일부를 금광면에, 삼죽면 남풍리, 동평리, 가현리를 보개면에 편입
1992.9. 30.	이죽면을 죽산면으로 명칭 변경
1993.4. 8.	대덕면 건지리 일부, 대덕면 소현리 일부를 안성읍에 편입
1997.6. 6.	보개면 2개리(가사리, 가현리)와 대덕면 3개리(모산리, 건지리, 소현리 일부)를 안성읍에 편입
1998.4. 1.	안성시 승격으로 도농 복합시 설치

강태원姜泰遠

일제강점기 안성의 지주이다. 1938년 주소는 안성군 안성읍安城邑 서리西里이다. 1938년 경기도농회京畿道農會에서 도내 전답 30정보町步 이상 소유 지주를 대상으로 조사하여 작성한 지주명부에 수록되었다. 1937년 6월말 기준 안성군에 논 25정보, 밭 11정보를 소유하였고, 고용된 소작인은 37명이었다. 1936년 7월 산림 수입에 대한 제3종 소득세 부담이 과중하다고 평택세무서에 이의 신청을 했다.

참고문헌: 『농지개혁시 피분배지주 및 일제하 대지주 명부』, 한국농촌경제연구원, 1985.12; 『조선중앙일보』 1936.7.30.

고정득高丁得

일제강점기 안성의 지주, 기업인이다. 1938년 주소는 안성군 서운면瑞雲面 신흥리新興里이다. 1938년 경기도농회京畿道農會에서 도내 전답 30정보町步 이상 소유 지주를 대상으로 조사하여 작성한 지주명부에 수록되었다. 1937년 6월말 기준 안성군에 논 31정보, 밭 4정보를 소유하였고, 고용된 소작인은 101명이었다. 안성군 읍내면에 주소를 둔 성남전등주식회사의 대주주 기록이 있다.

참고문헌: 『농지개혁시 피분배지주 및 일제하 대지주 명부』, 한국농촌경제연구원, 1985.12; 국사편찬위원회 한국사데이터베이스 한국근현대회사조합자료(http://db.history.go.kr/)

김대덕金大德

일제강점기 안성의 지주, 기업인이다. 1938년 주소는 안성군 안성읍 동리東里이다. 1938년 경기도농회京畿道農會에서 도내 전답 30정보町步 이상 소유 지주를 대상으로 조사하여 작성한 지주명부에 수록되었다. 1937년 6월말 기준 안성군에 논 55정보, 밭 8정보를 소유하였고, 고용된 소작인은 69명이었다. 1933년에 안성주조주식회사의 감사였고, 1937년에 대동백화점 합자회사의 유한책임사원이었으며, 1939년 3월에는 주식회사 안성상회의 취체역에 재선되었다. 1935년 12월 부친의 유언으로 1천 3백원을 안성학교, 안성유치원 등에 기부했다.

참고문헌: 『농지개혁시 피분배지주 및 일제하 대지주 명부』, 한국농촌경제연구원, 1985.12; 『조선총독부관보』 1939.5.23.; 국사편찬위원회 한국사데이터베이스 한국근현대회사조합자료(http://db.history.go.kr/); 『동아일보』 1935.12.21.

김종철金鍾喆

일제강점기 안성의 기업인이다. 1937년 주소는 안성군 안성면 동리東里 442번지이다. 1936년 10월 경기운송주식회사 취체역을 그만두고, 경기운송주식회사 지배인이 되었다가 1937년 9월 해임되었다.

참고문헌: 『조선총독부관보』 1937.2.17., 11.1.

김학수金學洙

일제강점기 안성의 지주이다. 1938년 주소는 안성군 대덕면大德面 보동리洑東里이다. 1938년 경기도농회京畿道農會에서 도내 전답 30정보町步 이상 소유 지주를 대상으로 조사하여 작성한 지주명부에 수록되었다. 1937년 6월말 기준 안성군에 논 35정보, 밭 12정보를 소유하였고, 고용된 소작인은 95명이었다.

참고문헌: 『농지개혁시 피분배지주 및 일제하 대지주 명부』, 한국농촌경제연구원, 1985.12

목욱상睦頊相 (1901년생)

일제강점기 안성의 기업인이다. 일본 이름은 睦川頊相이다. 1937년 주소는 안성군 안성면 서리西里 305번지이고, 1951년 주소는 안성군 안성읍 석정리石井里 42-2번지이다. 보통학교를 거쳐 농업학교를 졸업했다. 1919년 면작棉作 기수技手가 되었고, 이후 조선총독부 군속郡屬이 되었다. 1925년 관직을 그만두고 성남전등주식회사 지배인이 되었다. 이후 안성주조주식회사, 평택주조주식회사, 진안자동차운수주식회사, 경기운송주식회사, 경기흥업주식회사 등의 임원을 역임했다.

참고문헌: 국사편찬위원회 한국사데이터베이스 한국근현대인물자료(http://db.history.go.kr/); 김인호, 「일제강점기 평택 지역의 조선인 경제인 실태」, 『지역과 역사』 42, 2018; 『조선총독부관보』 1937.2.17., 11.1., 1940.10.22.

목주상睦周相

일제강점기 안성의 기업인이다. 1937년 주소는 안성군 안성읍 서리西里 320번지이다. 1937년 9월 경기운송주식회사 취체역이 되었고, 1938년 1월 재선, 중임되었으며, 1941년 4월 중임되었다. 1942년에는 경기흥업주식회사 취체역이었다.

참고문헌: 『조선총독부관보』 1937.11.9., 1938.3.18., 1941.6.12.; 국사편찬위원회 한국사데이터베이스 한국근현대회사조합자료(http://db.history.go.kr/)

민영관閔泳寬 (1880년생)

일제강점기 안성의 지주, 기업인이다. 1938년 주소는 안성군 삼죽면三竹面 내강리內康里이고, 1940년 주소는 안성읍 동리이다. 1938년 경기도농회京畿道農會에서 도내 전답 30정보町步 이상 소유 지주를 대상으로 조사하여 작성한 지주명부에 수록되었다. 1937년 6월말 기준 안성군에 논 22정보, 밭 13정보를 소유하였고, 고용된 소작인은 70명이었다. 1938년 4월과 1940년 4월에 각각 죽산금융조합 감사에 재선되었다. 1928년부터 1940년까지 삼죽면장 재직 경력이 있다. 1927년 삼죽면장 부임 후 면내 빈민 148호의 호세 등을 대납하였다. 1940년 장남 민창식과 함께 군사위문금, 국방헌금, 안성유치원 등으로 5백원을 기부했다.

참고문헌: 『농지개혁시 피분배지주 및 일제하 대지주 명부』, 한국농촌경제연구원, 1985.12; 『동아일보』 1927.9.26., 1940.3.1.; 국사편찬위원회 한국사데이터베이스 직원록자료(http://db.history.go.kr/); 『조선총독부관보』 1938.6.6., 1940.5.15.

민정식閔廷植 (1884년경 생)

일제강점기 안성의 지주이다. 1933년 주소는 안성군 이죽면二竹面 칠장리七長里 461번지이다. 1950년 농지개혁 당시 정부의 유상 매수 대상이 되었는데, 대상 토지 면적은 논 18.5정보, 밭 5.8정보, 합 24.3정보이다. 1933년 초에 독립운동단체원을 표방한 이경복李景馥으로부터 자금 제공을 요구하는 협박장을 받은 일이 있다.

참고문헌: 『농지개혁시 피분배지주 및 일제하 대지주 명부』, 한국농촌경제연구원, 1985.12; 『동아일보』 1933.2.23., 2.26;

박광원朴光遠

해방후 안성의 지주이다. 1950년 주소는 안성군 안성읍 동본리東本里 487번지
이다. 1950년 농지개혁 당시 정부의 유상 매수 대상이 되었는데, 대상 토지 면
적은 논 145.5정보, 밭 73.7정보, 합 219.2정보였으며, 보상補償은 3,579.5석이다.

참고문헌: 『농지개혁시 피분배지주 및 일제하 대지주 명부』, 한국농촌경제연구원, 1985.12

박기풍朴基豊

해방후 안성의 지주이다. 1950년 주소는 안성군 일죽면一竹面 금산리金山里이다.
1950년 농지개혁 당시 정부의 유상 매수 대상이 되었는데, 대상 토지 면적은 논
40.3정보, 밭 9.3정보, 합 49.6정보였으며, 보상補償은 2,202.5석이다.

참고문헌: 『농지개혁시 피분배지주 및 일제하 대지주 명부』, 한국농촌경제연구원, 1985.12

박숭병朴嵩秉

일제강점기 안성의 지주, 기업인이다. 일본 이름은 朴原嵩秉이다. 1937년 주소
는 안성군 안성면安城面 동리東里 256번지이고, 1941년에 '오류 발견에 따라' 주
소가 동리 526번지로 수정되었다. 1938년 경기도농회京畿道農會에서 도내 전답
30정보町步 이상 소유 지주를 대상으로 조사하여 작성한 지주명부에 수록되었
다. 1937년 6월말 기준 안성군에 논 24정보, 밭 11정보를 소유하였고, 고용된 소
작인은 90명이었다. 1937년 1월 안성면 동리에 주소를 둔 동아인쇄주식회사 취
체역에 중임되었고, 같은 해 4월과 1940년 4월, 1943년 4월에 불이산업주식회사

취체역에 각각 재선되었다. 1941년 2월 동아인쇄주식회사 감사역에 취임했다.

참고문헌: 「농지개혁시 피분배지주 및 일제하 대지주 명부」, 한국농촌경제연구원, 1985.12; 「조선총독부관보」 1937.4.13., 1937.7.27., 1940.5.30., 1941.5.2., 1943.6.28.; 국사편찬위원회 한국사데이터베이스 한국 근현대회사조합자료(http://db.history.go.kr/)

박용관朴容觀

일제강점기 안성의 지주, 기업인이다. 일본 이름은 春岡容觀이다. 1938년 주소는 안성군 안성읍 동리東里이고, 1950년 주소는 안성군 안성읍 동본리東本里이다. 1938년 경기도농회京畿道農會에서 도내 전답 30정보町步 이상 소유 지주를 대상으로 조사하여 작성한 지주명부에 수록되었다. 1937년 6월말 기준 안성군에 논 175정보, 밭 12정보를 소유하였고, 고용된 소작인은 790명이었다. 1950년 농지개혁 당시 정부의 유상 매수 대상이 되었는데, 대상 토지 면적은 논 10.1정보, 밭 3.7정보, 합 13.8정보였으며, 보상補償은 579.7석이다. 1937년 4월 안성유기제조주식회사 취체역에 선임되었다. 1941년 2월 동아인쇄주식회사 감사역에 중임되었다.

참고문헌: 「농지개혁시 피분배지주 및 일제하 대지주 명부」, 한국농촌경제연구원, 1985.12; ; 「조선총독부관보」 1937.7.27., 1941.5.2.

박용문朴容紋

일제강점기 안성의 기업인이다. 1936년 주소는 안성군 안성면 동리東里 446번지이다. 1936년 10월 경기운송주식회사 대표취체역이 되었다가 1937년 9월 사임

했다. 1931년 모친 김영金英과 함께 무산아동교육기관 안청학원安靑學院에 대해
채무 3백원 포기를 통지했다.

참고문헌: 『조선총독부관보』 1937.2.17., 11.1.; 『동아일보』 1931.3.21.

박용복朴容復

일제강점기 안성의 지주, 기업인이다. 일본 이름은 松井秀浩이고, 박필병의 아들
이다. 1938년 주소는 안성군 안성면 석정리石井里 42번지이다. 1938년 경기도농
회京畿道農會에서 도내 전답 30정보町步 이상 소유 지주를 대상으로 조사하여 작
성한 지주명부에 수록되었다. 1937년 6월말 기준 안성군에 논 55정보, 밭 17정
보를 소유하였고, 고용된 소작인은 78명이었다. 1939년 3월 안성물산주식회사
의 설립과 함께 감사역이 되었다. 그의 아버지 박필병이 1937년과 1939년에 안
성공립농업학교 설립기금을 기부한 일을 기리어 안성군민들이 박필병의 동상
을 세웠는데, 박용복이 1943년 일제의 '금속회수운동'에 부응하여 안성읍에 헌
납했다.

참고문헌: 『농지개혁시 피분배지주 및 일제하 대지주 명부』 한국농촌경제연구원, 1985.12; 『조선총독부관보』
1939.5.23., 1940.10.22.; 친일인명사전편찬위원회 편, 『친일인명사전』, 2009

박용성朴容性

해방후 안성의 지주이다. 1950년 주소는 안성군 안성읍 영동榮洞 525번지이다.
1950년 농지개혁 당시 정부의 유상 매수 대상이 되었는데, 대상 토지 면적은 논
23.3정보, 밭 3.2정보, 합 26.5정보였으며, 보상補償은 1,321.5석이다.

참고문헌: 『농지개혁시 피분배지주 및 일제하 대지주 명부』 한국농촌경제연구원, 1985.12

박용인朴容寅

일제강점기 안성의 지주, 기업인이다. 일본 이름은 松山吉隆이다. 1924년 주소는 안성군 읍내면邑內面 동리東里 459번지이고, 1950년 주소는 안성군 안성읍 동본리東本里 459번지이다. 1938년 경기도농회京畿道農會에서 도내 전답 30정보町步 이상 소유 지주를 대상으로 조사하여 작성한 지주명부에 수록되었다. 1937년 6월말 기준 안성군에 논 93정보, 밭 68정보를 소유하였고, 고용된 소작인은 424명이었다. 1950년 농지개혁 당시 정부의 유상 매수 대상이 되었는데, 대상 토지 면적은 논 33.5정보, 밭 17.1정보, 합 50.6정보였으며, 보상補償은 1,715석이다. 1924년 11월 성남전등주식회사 설립과 함께 전무가 되었다. 1937년 4월과 1940년 4월에 불이산업주식회사 취체역에 재선되었다.

참고문헌: 『농지개혁시 피분배지주 및 일제하 대지주 명부』, 한국농촌경제연구원, 1985.12; 『조선총독부관보』 1937.7.27., 1940.5.30., 1941.5.9.; 『동아일보』 1926.12.8.

박유병朴裕秉

일제강점기 안성의 지주이다. 1940년 주소는 안성군 안성읍 동리東里 511번지이다. 1938년 경기도농회京畿道農會에서 도내 전답 30정보町步 이상 소유 지주를 대상으로 조사하여 작성한 지주명부에 수록되었다. 1937년 6월말 기준 안성군에 논 77정보, 밭 20정보를 소유하였고, 고용된 소작인은 268명이었다. 1940년 4월 불이산업주식회사 감사역에 취임했다.

참고문헌: 『농지개혁시 피분배지주 및 일제하 대지주 명부』, 한국농촌경제연구원, 1985.12; 『조선총독부관보』 1940.5.30.; 국사편찬위원회 한국사데이터베이스 한국근현대회사조합자료(http://db.history.go.kr/)

박주병朴周秉 (1897~?)

일제강점기 안성의 지주, 기업인이다. 1897년 3월 경기도 안성에서 태어났다. 일본 이름은 森山周秉이다. 1938년 주소는 안성군 안성읍 동리東里이고, 1950년 주소는 안성군 안성읍 동본리東本里 453이다. 1938년 경기도농회京畿道農會에서 도내 전답 30정보町步 이상 소유 지주를 대상으로 조사하여 작성한 지주명부에 수록되었다. 1937년 6월말 기준 안성군에 논 100정보, 밭 54정보를 소유하였고, 고용된 소작인은 493명이었다. 1950년 농지개혁 당시 정부의 유상 매수 대상이 되었는데, 대상 토지 면적은 논 128.3정보, 밭 48.8정보, 합 177.1정보였으며, 보상補償은 5,441.1석이다. 1928년 5월 경기도 안성철물제조조합 발기인으로 참여했고, 7월 안성유기제조주식회사 창립위원장과 사장을 맡았다. 1937년 4월 안성유기제조주식회사 취체역에 재선되었다.

1924년 2월 민립대학기성회 안성지부에 400원을 기부했고, 1935년 1월 안성도립의원 설립비 5000원을 기부했다. 1935년 5월 안성읍 읍회의원에 당선되었다. 1937년 10월 '애국 경기호' 건조비 500원을 헌납하고, 1939년 3월 경기도 방공용 경비전화 가설비로 1만 5천원을 안성경찰서에 바쳤다. 1939년 10월 안성공립청년훈련소후원회 고문이 되었고, 1940년 12월 안성경방단 후원기금으로 1천원을 헌납했다. 친일반민족행위로 인해 친일인명사전에 수록되었다.

참고문헌: 『농지개혁시 피분배지주 및 일제하 대지주 명부』, 한국농촌경제연구원, 1985.12: : 『조선총독부관보』 1937.7.27.: 친일인명사전편찬위원회 편, 『친일인명사전』, 2009

박필병朴弼秉 (1884~1949)

일제강점기 안성의 지주, 기업인이다. 1884년 5월 경기도 안성에서 태어났다. 일본 이름은 松井弼秉, 松井英治이다. 1939년 주소는 안성군 안성읍 동리東里 487이다. 1901년 경성학당을 졸업하고 1902년 함경북도관찰부 주사에 임명되었다가 바로 사직했다.

1918년 안성농사장려회 부회장, 1919년 안성상사주식회사 취체역이 되었다. 1924년부터 성남전등주식회사 중역을 지냈다. 1926년 오산금융조합 평의원과 안성군농회 특별회원이 되었고, 1927년 안성금융조합 조합장에 취임했다. 1928년 4월 안성철물제조조합 발기인, 5월 안성유기제조주식회사 발기인이 되었다. 1931년 안성양조주식회사 감사역, 1933년 안성주조주식회사 감사역, 1934년 평택주조주식회사 사장, 1935년 안성주조주식회사 사장, 조선국자주식회사 취체역, 진안자동차운수주식회사 취체역, 1937년 공도산흥주식회사 취체역, 주식회사 삼익사 사장, 경기운송주식회사 취체역, 안성공영사 사장, 중앙주조주식회사 취체역, 죽산주조장 조합장, 1938년 조선실업구락부 회원, 평택조선주조조합 조합장, 1939년 안성물산주식회사 취체역 겸 취체역 회장, 1942년 경기흥업주식회사 취체역이 되었다.

1938년 경기도농회京畿道農會에서 도내 전답 30정보町步 이상 소유 지주를 대상으로 조사하여 작성한 지주명부에 수록되었다. 1937년 6월말 기준 안성군에 논 427정보, 밭 132정보를 소유하였고, 고용된 소작인은 833명이었다. 1939년 3월 안성물산주식회사의 설립과 함께 취체역이 되었다.

1920년 안성군 안성면 면협의회원이 되었고, 1923년 민립대학설립운동에 참여했다. 1927년, 1930년, 1933년 경기도 도평의회원(민선)에 당선되었다. 1932

년 조선나예방협회 창립발기인으로 참여했다. 1935년 경기도 안성군 도립의원 설립비 5천원과 5천원 상당의 의료기기를 기부했고, 도립 수원의원 안성출장소 건설비 7350원을 기부했다. 안성 사립 안청학교 이사장 겸 안청학교후원회 부회장을 맡았다. 또 안성면에 소방기구 정비 자금 2천원을 기부하고, 1936년 안성군 궁민을 위해 현금 5백원과 백미 20석을 기부했다. 1937년 안성공립농업학교 설립기금으로 5만원, 1939년에 5만원을 기부했다. 1937년 7월 고사기관총 1정 구입비 2050원을 안성경찰서에 헌납했다. 1939년 안성 한재민 구제회에 5천원을 기부했다. 같은 해 10월 안성읍 읍회의원에 보궐로 당선되었고, 11월 조선유도 연합회 평의원이 되었으며, 12월 안성유도회 부회장에 선출되었다. 또 안성군지 원병후원회 회장이 되었다. 1940년 10월 안성군 양곡배급조합 조합장, 국민총력 안성군연맹 참여가 되었고, 11월 안성경방단 기금 1천원을 헌납했다. 1941년 9월 조선총독부 중추원 주임관 대우 참의에 임명되었다. 1941년 9월 조선임전보국단 발기인으로 참여했다. 1943년 5월 안성사법보호조성회 기금으로 1400원을 안성경찰서에 기부했다. 1944년 징병제 실시 선전 각종 강연회와 좌담회를 개최하고, 5월 안성읍 구장에 임명되었다. 1949년 9월 사망했다.

1929년 가뭄에 소작료 부담을 줄여주어 금광면 소작인들이 송덕비를 세웠고, 1937년과 1939년 안성공립농업학교 설립기금 기부에 대해 안성군민들이 그의 동상을 세웠다. 일제로부터 쇼와昭和천황 즉위기념 대례기념장, 감수포장紺綬褒章, 기원2600년축전기념장 등을 받았다. 친일반민족행위로 인해 친일인명사전에 수록되었다.

참고문헌: 『농지개혁시 피분배지주 및 일제하 대지주 명부』, 한국농촌경제연구원, 1985.12; 藤澤淸次郎, 『朝鮮金融組合と人物』, 大陸民友社, 1937; 『조선총독부관보』 1939.5.23., 1940.10.22.; 친일인명사전편찬위원회 편, 『친일인명사전』, 2009

박화병朴華秉

일제강점기 안성의 지주이다. 일본 이름은 朴原華秉이다. 1938년 주소는 안성군 안성읍 동리東里이다. 1938년 경기도농회京畿道農會에서 도내 전답 30정보町步 이상 소유 지주를 대상으로 조사하여 작성한 지주명부에 수록되었다. 1937년 6월 말 기준 안성군에 논 25정보, 밭 8정보를 소유하였고, 고용된 소작인은 80명이었다. 1937년 1월 안성면 동리에 주소를 둔 동아인쇄주식회사 취체역에 중임되었고, 1941년 2월에 다시 취체역에 중임되었다.

참고문헌: 『농지개혁시 피분배지주 및 일제하 대지주 명부』, 한국농촌경제연구원, 1985.12; 『조선총독부관보』 1937.4.13., 1941.5.2.

양재원梁在元

일제강점기 안성에 거주했던 지주이다. 1938년 주소는 이죽면二竹面 용설리龍舌里 946이며, 학무위원學務委員, 죽산문묘직원竹山文廟直員 면협의회원面協議會員을 역임했다. 경기도농회京畿道農會에서 도내 전답 30정보町步 이상 소유 지주를 대상으로 조사하여 작성한 지주명부에 수록되었다. 1937년 6월말 현재 안성군安城郡에 답 29정보, 전 12정보를 소유하고 있었으며, 고용한 소작인 수는 총150명이었다.

참고문헌: 『농지개혁시 피분배지주 및 일제하 대지주 명부』, 한국농촌경제연구원, 1985.12

오인근吳獜根

일제강점기 안성에서 거주했던 경제인이다. 주소는 1940년 현재 안성읍 동리

547이다. 1933년부터 1935년까지 안성자동차운수安城自動車運輸(1932년 창립, 운수창고) 주식회사 이사, 평택자동차운수平澤自動車運輸(1939년 창립, 운수창고) 주식회사 이사, 1937년부터 1942년까지 진안자동차운수振安自動車運輸(1935년 창립, 운수창고) 주식회사 이사직을 역임했다.

참고문헌: 『朝鮮銀行會社組合要錄』(국사편찬위원회 한국사데이터베이스 http://db.history.go.kr/); 김인호, 「일제하 평택 지역의 조선인 경제인 실태」, 『지역과역사』 42, 2018

오정환吳政煥

1916년 9월 15일에 태어났다. 본적은 경기도이다. 1950년 현재 안성군 안성읍安城邑 동본리東本里 481에 거주하였다. 보성전문학교를 졸업하였으며 조흥은행 영동지점장, 조흥은행 용산지점장, 조흥은행 안성지점장을 역임했다. 종교는 유교이며 취미는 독서이다. 일제강점기인 1938년, 경기도농회京畿道農會에서 도내 전답 30정보町步 이상 소유 지주를 대상으로 조사하여 작성한 지주명부에 수록되었다. 1937년 6월말 현재 안성군에 논 30정보, 밭 2정보를 소유하고 있었으며 소작인 118명을 고용하고 있었다. 수원군에 있는 논 92정보, 밭 14정보를 소유했으며, 고용된 소작인은 272명이었다. 1950년 농지개혁 당시 정부의 유상매수 대상이 되었다. 토지 면적은 논 14.6정보, 밭 6.5정보로 총 21.1정보였으며 보상석수는 정조正租 647.8석石이었다.

참고문헌: 『농지개혁시 피분배지주 및 일제하 대지주 명부』, 한국농촌경제연구원, 1985.12; 『대한민국건국십년지』(국사편찬위원회 한국사데이터베이스 http://db.history.go.kr/)

유학근柳學根

일제강점기 안성군에서 거주했던 경제인이다. 1924년부터 1932년까지 안성군 원곡면장元谷面長직을 역임했다. 운수창고업을 위해 1929년에 설립된 평택자동차운수平澤自動車運輸 주식회사의 대주주였다. 1934년에 설립된 평택중선운수平澤中鮮運輸 주식회사, 1935년에 설립된 진안자동차운수振安自動車運輸 주식회사의 이사로 활동했다.

참고문헌: 『직원록』(국사편찬위원회 한국사데이터베이스 http://db.history.go.kr/); 『朝鮮銀行會社組合要錄』(국사편찬위원회 한국사데이터베이스 http://db.history.go.kr/); 김인호, 「일제하 평택 지역의 조선인 경제인 실태」, 『지역과역사』 42, 2018

이규서李奎西

일제강점기 안성에서 거주했던 경제인이다. 1939년 현재 주소는 안성군 원곡면元谷面 죽백리竹栢里53이다. 주식회사 진흥사振興社의 중역이었다.

참고문헌: 김인호, 「일제하 평택 지역의 조선인 경제인 실태」, 『지역과역사』 42, 2018

이규성李奎成

일제강점기 안성에서 거주했던 경제인이다. 1938년 현재 주소는 안성군 원곡면元谷面 죽백리竹栢里 76이다. 주식회사 진흥사振興社의 중역이었다.

참고문헌: 김인호, 「일제하 평택 지역의 조선인 경제인 실태」, 『지역과역사』 42, 2018

이승렬李承烈

일제강점기 안성에 거주했던 지주로 1938년 주소는 안성읍安城邑 동리東里이다. 경기도농회京畿道農會에서 도내 전답 30정보町步 이상 소유 지주를 대상으로 조사하여 작성한 지주명부에 수록되었다. 1937년 6월말 현재 안성군安城郡에 답 131정보, 전 48정보를 소유하고 있었으며, 고용한 소작인 수는 총437명이었다.

참고문헌: 『농지개혁시 피분배지주 및 일제하 대지주 명부』, 한국농촌경제연구원, 1985.12

이유성李有成

일제강점기 안성에 거주했던 지주로 1938년 주소는 안성읍安城邑 서리西里이다. 경기도농회京畿道農會에서 도내 전답 30정보町步 이상 소유 지주를 대상으로 조사하여 작성한 지주명부에 수록되었다. 1937년 6월말 현재 안성군安城郡에 답 24정보, 전 13정보를 소유하고 있었으며, 고용한 소작인 수는 총88명이었다.

참고문헌: 『농지개혁시 피분배지주 및 일제하 대지주 명부』, 한국농촌경제연구원, 1985.12

이종구李鍾九

일제강점기 안성에 거주했던 경제인이자, 지주이다. 1938년 주소는 안성읍安城邑 동리東里로 번지 미상이다. 안성군安城郡 읍내면邑內面 장기리場基里 396번지에 본점을 두고 안성, 평택平澤 지역에 전등 및 전기 등을 공급하고 판매할 목적으로 1924년 11월 26일 설립된 주식회사 성남전등城南電燈의 이사로 활동하였다. 경기도농회京畿道農會에서 도내 전답 30정보町步 이상을 소유한 지주를 대상으로 조사하여 작성한 지주명부에 수록되었다. 1937년 6월말 현재 안성군에 논 37정보, 밭

15정보로 총 52정보를 소유하고 있었다. 고용한 소작인 수는 총 183명이었다. 해방 이후 1950년 현재 주소지는 안성군 안성읍 봉산리鳳山里로 번지 미상이다. 농지개혁 당시 정부의 유상매수 대상이 되었다. 토지 면적은 논 40.0정보, 밭 14.2정보로 총 54.2정보를 소유하고 있었다. 보상석수는 정조正租 1,953.6석石이었다.

참고문헌: 『농지개혁시 피분배지주 및 일제하 대지주 명부』, 한국농촌경제연구원, 1985.12; 『朝鮮銀行會社組合要錄』(1925년판) (한국사데이터베이스 http://db.history.go.kr/)

이종권李鍾權

일제강점기 안성에 거주했던 경제인이자, 지주이다. 1938년 주소는 안성읍安城邑 동리東里로 번지 미상이다. 안성군安城郡 읍내면邑內面 장기리場基里 107번지에 본점을 두고 조선주류의 제조판매 및 부대 금융업을 목적으로 1927년 4월 10일 설립된 주식회사 안성양조安城醸造의 이사로 활동하였다. 1932년 3월 24일 상호를 주식회사 안성주조安城酒造로 변경했을 때는 회사 대표가 되었다. 그리고 안성군 안성면安城面 서리西里 362-1번지에 본점을 두고 토지개량, 농구 및 농산물 위탁판매, 생산자금 융통 등 금융신탁업을 목적으로 1934년 3월 8일 설립된 주식회사 불이산업不二産業의 감사를 맡았다. 또한 안성군 안성면 서리 359번지에 본점을 두고 해육산물 및 건축재료 등의 상업 무역을 목적으로 1936년 1월 5일 설립된 주식회사 안성상회安城商會의 대표를 맡았고, 안성군 실개면 기좌리其佐里 산26번지에 금은광 채굴 및 광석의 제련 등 광업을 목적으로 1936년 7월 12일 주식회사 적재광업積材鑛業을 설립하고 대표를 맡았다. 경기도농회京畿道農會에서 도내 전답 30정보町步 이상을 소유한 지주를 대상으로 조사하여 작성한 지주명부에 수록되었다. 1937년 6월말 현재 안성군에 논 178정보, 밭 130정보로 총 308

정보를 소유하고 있었다. 고용한 소작인 수는 총 150명이었다. 해방 이후 1950년 현재 주소지는 안성군 안성읍 석정리石井里로 번지 미상이다. 농지개혁 당시 정부의 유상매수 대상이 되었다. 토지 면적은 논 32.8정보, 밭 14.7정보로 총 47.5정보를 소유하고 있었다. 보상석수는 정조正租 1,174.0석石이었다.

참고문헌: 『농지개혁시 피분배지주 및 일제하 대지주 명부』, 한국농촌경제연구원, 1985.12; 『朝鮮銀行會社組合要錄』(1929년판), 『朝鮮銀行會社組合要錄』(1933년판), 『朝鮮銀行會社組合要錄』(1935년판), 『朝鮮銀行會社組合要錄』(1937년판) (한국사데이터베이스 http://db.history.go.kr/)

이종록李鍾祿

일제강점기 안성에 거주했던 지주이다. 1938년 주소는 공도면孔道面 만정리萬井里로 번지 미상이다. 경기도농회京畿道農會에서 도내 전답 30정보町步 이상을 소유한 지주를 대상으로 조사하여 작성한 지주명부에 수록되었다. 1937년 6월말 현재 안성군安城郡에 논 30정보, 밭 31정보로 총 61정보를 소유하고 있었다. 고용한 소작인 수는 총 100명이었다.

참고문헌: 『농지개혁시 피분배지주 및 일제하 대지주 명부』, 한국농촌경제연구원, 1985.12

임의상林宜相

일제강점기 안성에 거주했던 경제인이자, 지주이다. 1938년 주소는 안성읍安城邑 동리東里로 번지 미상이다. 안성면 서리 359번지에 본점을 두고 해육산물 및 건축재료 등의 상업 무역을 목적으로 1936년 1월 5일 설립된 주식회사 안성상회安城商會의 이사로 활동하였다. 경기도농회京畿道農會에서 도내 전답 30정보町步 이상을 소유한 지주를 대상으로 조사하여 작성한 지주명부에 수록되었다. 1937년 6월말 현재 안성군安城郡에 논 25정보, 밭 19정보로 총 44정보를 소유하고 있었다. 고용한 소작인 수는 총 139명이었다.

참고문헌: 『농지개혁시 피분배지주 및 일제하 대지주 명부』, 한국농촌경제연구원. 1985.12; 『朝鮮銀行會社組合要錄』 (1937년판) (한국사데이터베이스 http://db.history.go.kr/)

정석규鄭錫圭

안성에 거주했던 지주이다. 주소지는 1950년 현재 서운면瑞雲面 현매리賢梅里로 번지 미상이다. 농지개혁 당시 정부의 유상매수 대상이 되었다. 토지 면적은 논 16.9정보町步, 밭 16.2정보로 총 33.1정보를 소유하고 있었다. 보상석수는 정조正租 905.0석石이었다.

참고문헌: 『농지개혁시 피분배지주 및 일제하 대지주 명부』, 한국농촌경제연구원. 1985.12

정은훈鄭殷薰

일제강점기 안성에 거주했던 경제인이자, 지주이다. 1938년 주소는 안성읍安城邑 서리西里 321번지이다. 안성군安城郡 안성면安城面 서리 359번지에 본점을 두고 해육산물 및 건축재료 등의 상업 무역을 목적으로 1936년 1월 5일 설립된 주식회사 안성상회安城商會의 이사로 활동하였다. 마찬가지로 안성군 안성면 서리에서 혁구革具의 제조 및 부속품 판매를 목적으로 1934년 6월 15일 설립한 합자회사合資會社 안성혁구제조상회安城革具製造商會의 대표이다. 그리고 1935년 4월 26일 안성군 안성면 장기리場基里 104번지에 설립된 합자회사 대동백화점大東百貨

店의 무한책임사원이자 대표를 역임하였다. 경기도농회京畿道農會에서 도내 전답 30정보町步 이상을 소유한 지주를 대상으로 조사하여 작성한 지주명부에 수록되었다. 1937년 6월말 현재 안성군安城郡에 논 110정보, 밭 7정보로 총 117정보를 소유하고 있었다. 고용한 소작인 수는 총 545명이었다.

참고문헌: 『농지개혁시 피분배지주 및 일제하 대지주 명부』, 한국농촌경제연구원, 1985.12: 『朝鮮銀行會社組合要錄』(1935년판), 『朝鮮銀行會社組合要錄』(1937년판) (한국사데이터베이스 http://db.history.go.kr/)

정인택鄭寅澤

안성에 거주했던 지주이다. 주소지는 1950년 현재 보개면寶蓋面 신안리新安里로 번지 미상이다. 농지개혁 당시 정부의 유상매수 대상이 되었다. 토지 면적은 논 13.4정보町步, 밭 5.0정보로 총 18.4정보를 소유하고 있었다. 보상석수는 정조正租 748.3석石이었다.

참고문헌: 『농지개혁시 피분배지주 및 일제하 대지주 명부』, 한국농촌경제연구원, 1985.12

조종윤趙鍾綸

일제강점기 안성에 거주했던 지주이다. 1938년 주소는 삼죽면三竹面 동오리東五里로 번지 미상이다. 경기도농회京畿道農會에서 도내 전답 30정보町步 이상을 소유한 지주를 대상으로 조사하여 작성한 지주명부에 수록되었다. 1937년 6월말 현재 안성군安城郡에 논 18정보, 밭 12정보로 총 30정보를 소유하고 있었다. 고용한 소작인 수는 총 30명이었다.

참고문헌: 『농지개혁시 피분배지주 및 일제하 대지주 명부』, 한국농촌경제연구원, 1985.12

조준趙俊

일제강점기 안성에 거주했던 지주이다. 1938년 주소는 안성읍安城邑 동리東里로 번지 미상이다. 경기도농회京畿道農會에서 도내 전답 30정보町步 이상을 소유한 지주를 대상으로 조사하여 작성한 지주명부에 수록되었다. 1937년 6월말 현재 안성군安城郡에 논 31정보, 밭 26정보로 총 57정보를 소유하고 있었다. 고용한 소작인 수는 총 61명이었다.

참고문헌: 『농지개혁시 피분배지주 및 일제하 대지주 명부』, 한국농촌경제연구원, 1985.12

최창선崔昌善

안성에 거주했던 지주이다. 주소지는 1950년 현재 이죽면二竹面 죽산리竹山里로 번지 미상이다. 농지개혁 당시 정부의 유상매수 대상이 되었다. 토지 면적은 논 14.5정보町步, 밭 7.1정보로 총 21.6정보를 소유하고 있었다. 보상석수는 정조正租 679.8석石이었다.

참고문헌: 『농지개혁시 피분배지주 및 일제하 대지주 명부』, 한국농촌경제연구원, 1985.12

편복동片福同

일제강점기 안성에 거주했던 경제인이자, 지주이다. 1938년 주소는 안성읍安城邑 장기리場基里로 번지 미상이다. 1925년 안성 형평사衡平社에서 수육의 판매와 영업을 공동으로 진행하기 위하여 설립한 안성수육판매영업조합安城獸肉販賣營業組合에서 회계를 맡았다. 1939년 안성읍에 있는 사립안청학교私立安靑學校가 재정난으로 운영이 어려워지자 1,200원을 기부하였다. 일본적십자사日本赤十字社 특별

사원, 사립안청학교 이사를 역임하였다. 경기도농회京畿道農會에서 도내 전답 30정보町步 이상을 소유한 지주를 대상으로 조사하여 작성한 지주명부에 수록되었다. 1937년 6월말 현재 안성군安城郡에 논 21정보, 밭 10정보로 총 31정보를 소유하고 있었다. 고용한 소작인 수는 총 95명이었다.

참고문헌: 『농지개혁시 피분배지주 및 일제하 대지주 명부』, 한국농촌경제연구원, 1985.12; 『동아일보』 1925.05.20; 1925.06.01; 1925.06.10; 1939.11.26; 1940.06.25

한우동韓宇東

안성에 거주했던 지주이다. 주소지는 1950년 현재 안성읍安城邑 성남리城南里 132번지이다. 농지개혁 당시 정부의 유상매수 대상이 되었다. 토지 면적은 논 10.8정보町步, 밭 7.0정보로 총 17.8정보를 소유하고 있었다. 보상석수는 정조正租 623.2석石이었다.

참고문헌: 『농지개혁시 피분배지주 및 일제하 대지주 명부』, 한국농촌경제연구원, 1985.12

홍신표洪伸杓

일제강점기 안성에 거주했던 지주이다. 1938년 주소는 서운읍瑞雲邑 인리仁里로 번지 미상이다. 면협의회원面協議會員 직을 역임하였다. 경기도농회京畿道農會에서 도내 전답 30정보町步 이상을 소유한 지주를 대상으로 조사하여 작성한 지주명부에 수록되었다. 1937년 6월말 현재 안성군安城郡에 논 34정보, 밭 17정보로 총 50정보를 소유하고 있었다. 고용한 소작인 수는 총 85명이었다.

참고문헌: 『농지개혁시 피분배지주 및 일제하 대지주 명부』, 한국농촌경제연구원, 1985.12

9부

양주 揚州

일제강점기 양주군은
오늘날 양주시, 구리시, 남양주시, 동두천시, 의정부시로 분리되었다.

::양주시 행정구역 변천 연혁(양주시청 홈페이지에서 인용)

1963.01.01	의정부읍 시 승격 분리, 노해면과 구리면 일부 서울시 편입(현 도봉구 · 노원구 · 강북구 · 중랑구)
1980.04.01	남양주군 신설 분군
1981.07.01	동두천읍 市 승격 분리
2000.09.29	군 청사 이전(의정부시 ⇒ 현위치)
2003.10.19	도농복합시 승격

::구리시 행정구역 변천 연혁(구리시청 홈페이지에서 인용)

1963년 1월 1일	묵동, 중하, 상봉, 신내, 망우 등 5개 리가 분리되어 서울시에 편입. 이에 따라 양주군 구리면에는 인창리, 사노리, 교문리, 수택리, 토평리, 아천리, 갈매리 등 7개 리만 남았는데 이로써 구리면은 그 지역적 범위가 일제에 의한 1914년 행정구역 통폐합 실시 이전의 '구지면' 정도로 축소.
1973년 7월 1일	구리면은 읍으로 승격
1980년 4월 1일	양주군에서 분리된 남양주군에 소속
1986년 1월 1일	남양주에서 분리되어 시로 승격

::남양주시 행정구역 변천 연혁(남양주시청 홈페이지에서 인용)

1914년	경기도 양주군(행정구역 통폐합)
1946년 2월15일	파주군 남면이 편입(1읍 16면이 됨)
1963년 1월 1일	노해면의 9개리와 구리면 5개리가 서울특별시에 편입(1읍 15면이 됨)
1980년 4월 1일	남양주군 신설 분군 (구리.미금읍. 진접.진건.화도.수동.와부.별내면: 2읍 6면)
1989년 1월 1일	미금읍이 시로 승격 분리 (1읍 6면이 됨)
1995년 1월 1일	미금시와 남양주군이 통합, 남양주시 신설(3읍 5면 6동이 됨)

::동두천시 행정구역 변천 연혁(동두천시청 홈페이지에서 인용)

    1963.01.01.   양주군 이담면이 동두천읍 승격

    1973.07.01.   포천군 포천면 탑동리 편입

    1981.07.01.   동두천시로 승격

    1983.02.15.   양주군 은현면 상패리 편입

::의정부시 행정구역 변천 연혁(의정부시청 홈페이지에서 인용)

    1938.10.01   양주면이라 칭함

    1942.10.01   의정부읍으로 승격

    1963.01.01   의정부시로 승격

강원달康元達 (1874년생)

일제강점기 양주의 지역유지, 친일반민족행위자이다. 평남 순천군에서 출생했다. 1925년 주소는 양주군 별내면別內面 고산리高山里 785번지이고, 1937년 주소는 양주군 노해면蘆海面 쌍문리雙門里이다. 1925년 4월 양주금융조합 조합장이 되었다.

평남 순천군 사립보통학교 교원, 경기 광주군 광흥학교 교사 등을 거쳐 군수에 발탁되어 평남 덕천, 경기 광주, 양주, 부천 등에서 근무했다. 부천군수 재직 시에는 부업 장려를 위해 1923년 12월 1일부터 승입조합繩叺組合을 부흥시켜 관내 15면의 각 동리마다 10명 정도의 신농단新農團을 조직케 하고 서로 경쟁하게 했다. 퇴직 후 양주군 노해면장이 되었다. 1926년 6월에는 경기도 도평의회원 관선에 임명되었다. 일제로부터 훈6등 서보장과 각종 기념장을 받았다. 친일반민족행위로 인해 친일인명사전에 수록되었다.

참고문헌: 藤澤淸次郞, 『朝鮮金融組合と人物』, 大陸民友社, 1937; 『조선총독부관보』 1925.6.2.; 친일인명사전편찬위원회 편, 『친일 인명사전』, 2009; 『동아일보』 1923.12.1.

우수익禹洙益

일제강점기 양주에 거주했던 지주로, 주소는 1938년 진건면眞乾面 오남리梧南里이다. 경기도농회京畿道農會에서 도내 전답 30정보町步 이상 소유 지주를 대상으로 조사하여 작성한 지주명부에 수록되었다. 1937년 6월말 현재 양주군楊州郡에 답 50정보, 전 26정보를 소유하고 있었으며, 고용한 소작인 수는 총350명이었다.

참고문헌: 『농지개혁시 피분배지주 및 일제하 대지주 명부』, 한국농촌경제연구원, 1985.12

이재완李載完

경기도 양주에서 1855년 12월 5일 태어났다. 자는 순칠舜七, 호는 석호石湖이다. 자작 이재곤李載崑의 친형이며, 흥선대원군興宣大院君의 형인 이정응李最應의 양자로 고종高宗과 사촌지간이다. 1899년 9월 완순군完順君으로 봉해졌다. 1875년 별시에 합격한 이후 승정원承政院 가주서假注書를 시작으로, 1876년 예문관藝文館 검열檢閱, 1877년 동부승지同副承旨, 1878년 안동부사安東府使, 1880년 이조참판吏曹參判, 1881년 도승지都承旨, 1884년 예조판서禮曹判書와 교섭통상사무협판交涉通商事務協辦, 1885년 형조판서刑曹判書, 1886년 홍문관弘文館 제학提學, 1890년 한성부漢城府 판윤判尹 등을 역임하였고, 1895년부터 1899년까지 세 차례나 궁내부宮內府 특진관特進官을 맡기도 하였다. 이후에도 다양한 관직을 거쳤다. 1903년 일본공사관 무관 노즈 시즈다케野津鎭武와 논의하여 경의철도京義鐵道 부설권을 일본에 제공하기로 합의하였다. 이 합의에는 영남지역의 철도 지선支線에 대한 부설권도 일본에게 제공하기로 되어있었다. 이 합의에 만족한 일본공사 하야시 곤스케林權助의 추천으로 대한철도회사大韓鐵道會社 사장에 임명되었다. 또한 1903년 설립된 공립 한성은행漢城銀行 발기인으로 참여하였고, 1905년 10월에는 한성은행 은행장에 취임하였다. 은행장으로 있으면서 제일은행권第一銀行券을 전국적으로 통용시키는데 커다란 역할을 하였다. 1904년 한일 양국의 친목과 융화를 위해 조직된 대동구락부大東俱樂部 회장, 1908년 유림계儒林界를 회유하기 위해 조직된 대동학회大東學會 회원 등으로 활동하였다. 1909년에는 전국의 산림을 측량하는 등의 목적으로 조직된 대한산림협회의 총재를 맡았다. 일제에 의해 강제로 병합된 이후에는 후작侯爵 작위와 은사공채 33만 6,000원을 받았다. 1919년 고종의 장례 고문으로 선임되어 행장제술원行狀製述員을 맡았다. 1922년

8월 11일 사망하였다. 일제강점기 친일반민족행위로 인해 친일인명사전에 수록되었다.

참고문헌: 친일인명사전편찬위원회 편, 『친일인명사전』, 2009

이화재李花宰

일제강점기 양주에 거주했던 지주이다. 1938년 주소는 규접면揆接面 내용리內容里로 번지 미상이다. 경기도농회京畿道農會에서 도내 전답 30정보町步 이상을 소유한 지주를 대상으로 조사하여 작성한 지주명부에 수록되었다. 1937년 6월말 현재 포천군抱川郡에 논 23정보, 밭 24정보로 총 47정보를 소유하고 있었다. 고용한 소작인 수는 총 80명이었다.

참고문헌: 『농지개혁시 피분배지주 및 일제하 대지주 명부』, 한국농촌경제연구원, 1985.12

조진태趙鎭泰

경기도 양주에서 1853년 6월 6일에 출생한 경제인이다. 1875년 무과에 급제하였고, 1895년 관직을 떠나 주식회사 군부피복軍部被服을 설립하였다. 1897년에는 마차주식회사를 경영하였다. 1899년 대한천일은행大韓天一銀行 설립에 참여하였고, 1905년 경성상업회의소京城商業會議所를 발기하고 총무위원을 거쳐 의장이 되었다. 같은 해에 주식회사 한성공동창고漢城共同倉庫 발기, 한성수형조합漢城手形組合 조합장을 맡았다. 1906년 한성농공은행漢城農工銀行 창립위원으로 활동하였고, 경성상업회의소 회두會頭에 취임하였다. 1908년 동양척식회사東洋拓殖會社 설립위원이 되었으며, 1925년 5월까지 동양척식회사 감사를 역임하였다. 1908

년 한성은행漢城銀行 감사역, 1909년 한성공동창고주식회사 사장에 취임하였다. 1910년에는 주식회사 한성직물漢城織物과 양조회사 공익상회公益商會를 설립하였다. 일제에 의한 강제합병 이후에도 1911년 한호농공은행 이사, 1912년 조선상업은행朝鮮商業銀行 은행장, 1913년 사립 숭인학교崇仁學校 교장 등을 역임하였다. 1916년에는 조선인 전직 관료를 비롯하여 귀족, 대지주, 실업가들이 모여 친목도모와 내선융화內鮮融和를 목적으로 조직된 대정친목회大正親睦會의 부회장에 선출되었다. 1920년 2월에는 조선일보사 사장에 취임하여 같은 해 8월까지 활동하였다. 1921년에는 조선총독부 산업조사위원회 위원, 조선생명보험주식회사 감사역, 경성주식회사현물취인시장 이사, 주식회사 조선제지 가사, 주식회사 대창무역 감사 등을 맡아서 활동하였다. 1922년 주식회사 조선미술품제작소 대표이사, 1923년 한성은행 감사, 주식회사 조선화재해상보험 감사를 맡았다. 1924년에는 조선상업은행 부두취副頭取를 맡았고, 1926년에는 주식회사 조선철도의 이사를 지냈다. 1927년에는 조선총독부 중추원中樞院의 칙임관勅任官 대우 참의參議가 되었다. 1928년 조선식산은행朝鮮殖産銀行 상담역, 조선상업은행 이사로 활동하였다. 그리고 경성부京城府 태평통2정목太平通二丁目 334번지를 본점으로 석탄 채굴 및 판매 등의 활동을 목적으로 1927년 12월 10일 설립한 주식회사 영흥탄광永興炭鑛이 이사를 맡았다. 1929년 기준으로 영흥탄광이 발행한 주식 26,000주 중 500주를 보유하고 있었다. 1933년 12월 17일 사망하였다. 일제강점기 친일반민족행위로 인해 친일인명사전에 수록되었다.

참고문헌: 친일인명사전편찬위원회 편, 『친일인명사전』, 2009; 『朝鮮銀行會社組合要錄』(1929년판) (한국사데이터베이스 http://db.history.go.kr/)

한문석韓汶錫

일제강점기 양주에 거주했던 지주이다. 1938년 주소는 은현면隱縣面 용암리龍岩里로 번지 미상이다. 면협의원面協議員, 문묘직원文廟直員직을 역임하였다. 경기도농회京畿道農會에서 도내 전답 30정보町步 이상을 소유한 지주를 대상으로 조사하여 작성한 지주명부에 수록되었다. 1937년 6월말 현재 양주군楊州郡에 논 31정보, 밭 9정보로 총 40정보를 소유하고 있었다. 고용한 소작인 수는 총 144명이었다.

참고문헌: 『농지개혁시 피분배지주 및 일제하 대지주 명부』, 한국농촌경제연구원, 1985.12

한승석韓昇錫

일제강점기 양주에 거주했던 지주이다. 1938년 주소는 은현면隱縣面 용암리龍岩里로 번지 미상이다. 도평의원道評議員, 면장面長직을 역임하였다. 경기도농회京畿道農會에서 도내 전답 30정보町步 이상을 소유한 지주를 대상으로 조사하여 작성한 지주명부에 수록되었다. 1937년 6월말 현재 양주군楊州郡에 논 16정보, 밭 15정보로 총 31정보를 소유하고 있었다. 고용한 소작인 수는 총 51명이었다.

참고문헌: 『농지개혁시 피분배지주 및 일제하 대지주 명부』, 한국농촌경제연구원, 1985.12

입강상조入江常造

일제강점기 양주에 거주했던 일본인 지주이다. 1938년 주소는 별내면別內面으로 구체적인 동리와 번지 미상이다. 조선총독부 경무총감부警務總監部에서 경부警部로 활동하였으며, 헌병분견소장憲兵分遣所長직을 역임하였다. 경기도농회京畿道農會에서 도내 전답 30정보町步 이상을 소유한 지주를 대상으로 조사하여 작성한 지주명부에 수록되었다. 1937년 6월말 현재 양주군楊州郡에 논 12정보, 밭 11정보로 총 23정보를 소유하고 있었다. 고용한 소작인 수는 총 93명이었다.

참고문헌: 『농지개혁시 피분배지주 및 일제하 대지주 명부』, 한국농촌경제연구원, 1985.12; 『직원록』(국사편찬위원회 한국사데이터베이스 http://db.history.go.kr/)

10부

양평陽平

::양평군 행정구역 변천 연혁(양평군청 홈페이지에서 인용)

1908.09월	양근군楊根郡과 지평군砥平郡을 합병하여 양평군楊平郡으로 칭함
1914.03월	본군 관할 남종면南終面이 광주군廣州郡으로 이속
1942.04월	본군 관할 설악면雪岳面이 가평군加平郡으로 이속
1963.01월	여주군驪州郡 관할 개군면介軍面이 본군으로 편입
1973.07월	서종면西宗面 삼회리三會里와 노문리盧門里 일부가 가평군加平郡으로 이속

김규환金奎煥

일제강점기 양평의 지주이다. 1938년 주소는 양평군 갈산면葛山面 양화리楊花里 300번지이다. 1938년 경기도농회京畿道農會에서 도내 전답 30정보町步 이상 소유 지주를 대상으로 조사하여 작성한 지주명부에 수록되었다. 1937년 6월말 현재 양평군에 논 44정보, 밭 6정보를 소유하였고, 고용된 소작인은 177명이었다.

참고문헌: 『농지개혁시 피분배지주 및 일제하 대지주 명부』, 한국농촌경제연구원, 1985.12

김원성金元成

일제강점기 양평의 지주이다. 1938년 주소는 양평군 갈산면葛山面 백안리白安里 412번지이다. 1938년 경기도농회京畿道農會에서 도내 전답 30정보町步 이상 소유 지주를 대상으로 조사하여 작성한 지주명부에 수록되었다. 1937년 6월말 현재 양평군에 논 38정보, 밭 13정보를 소유하였고, 고용된 소작인은 146명이었다.

참고문헌: 『농지개혁시 피분배지주 및 일제하 대지주 명부』, 한국농촌경제연구원, 1985.12

나운보羅雲甫

일제강점기 양평의 지주이다. 1915년 주소는 양평군 지제면砥堤面 곡수리曲水里 3통 6호이고, 1938년 주소는 지제면 양수리兩水里이다. 1938년 경기도농회京畿道農會에서 도내 전답 30정보町步 이상 소유 지주를 대상으로 조사하여 작성한 지주명부에 수록되었다. 1937년 6월말 현재 양평군에 논 19정보, 밭 16정보를 소유하였고, 고용된 소작인은 53명이었다. 1913년 6월 도축장 건물 신축비로 50원을 기부하여 포상으로 목배木杯 1조組를 받았고, 1915년 6월 장치오張致五와 더불어 지제면 양동면의 땅 262,720평에 금광 광업허가를 받았으며, 1916년 1월 지제면 옥현리玉峴里 뒷산 5.8105정보의 국유임야 양여허가 처분을 받았다. 상업을 겸업했다.

참고문헌: 「농지개혁시 피분배지주 및 일제하 대지주 명부」, 한국농촌경제연구원, 1985.12; 「조선총독부관보」 1914.7.16., 1915.6.14., 1916.1.31.

남정우南晶祐

일제강점기 양평의 지주이다. 1938년 주소는 양평군 양서면楊西面 태영리泰營里 502번지이고, 1939년 주소는 양서면 부용리芙容里 502번지이다. 1938년 경기도 농회京畿道農會에서 도내 전답 30정보町步 이상 소유 지주를 대상으로 조사하여 작성한 지주명부에 수록되었다. 1937년 6월말 현재 양평군에 논 24정보, 밭 14정보를 소유하였고, 고용된 소작인은 150명이었다. 구장區長이었으며, 양서면 부용리에 주소를 두고 부용리 향목동香木洞을 지구地區로 1939년 설립된 향목香木 식산계의 주사였다.

참고문헌: 「농지개혁시 피분배지주 및 일제하 대지주 명부」, 한국농촌경제연구원, 1985.12; 「조선총독부관보」 1939.3.2.

성낙순成樂淳

일제강점기 양평에 거주했던 지주이다. 1938년 주소는 서종면西宗面 문호리汶湖里이며, 학무위원學務委員, 면협의회원面協議會員 직을 역임했다. 경기도농회京畿道農會에서 도내 전답 30정보町步 이상 소유 지주를 대상으로 조사하여 작성한 지주명부에 수록되었다. 1937년 6월말 현재 양평군楊平郡에 답 18정보, 전 12정보를 소유하고 있었으며, 고용한 소작인 수는 총116명이었다.

참고문헌: 『농지개혁시 피분배지주 및 일제하 대지주 명부』, 한국농촌경제연구원, 1985.12

신석규申錫圭

일제강점기 양평에서 거주했다. 1925년부터 1939년까지 청운면장靑雲面長, 1929년부터 1933년까지 용두금융조합龍頭金融組合(1928년 창립) 대표직을 역임했다.

참고문헌: 『직원록』(국사편찬위원회 한국사데이터베이스 http://db.history.go.kr/); 『朝鮮銀行會社組合要錄』(국사편찬위원회 한국사데이터베이스 http://db.history.go.kr/); 藤澤淸次郎, 『朝鮮金融組合と人物』, 大陸民友社, 1937

안도희安道熙

일제강점기 양평에 거주했던 지주로 1938년 주소는 지제면砥堤面 무왕리茂旺里이다. 경기도농회京畿道農會에서 도내 전답 30정보町步 이상 소유 지주를 대상으로 조사하여 작성한 지주명부에 수록되었다. 1937년 6월말 현재 양평군楊平郡에 답 54정보, 전 11정보를 소유하고 있었으며, 고용한 소작인 수는 총68명이었다.

참고문헌: 『농지개혁시 피분배지주 및 일제하 대지주 명부』, 한국농촌경제연구원, 1985.12

안재건安載乾

일제강점기 양평에 거주했던 지주이다. 1938년 주소는 지제면砥堤面 무왕리茂旺里이며, 면협의회원面協議會員직을 역임했다. 경기도농회京畿道農會에서 도내 전답

30정보町步 이상 소유 지주를 대상으로 조사하여 작성한 지주명부에 수록되었다. 1937년 6월말 현재 양평군楊平郡에 답 33정보, 전 18정보를 소유하고 있었으며, 고용한 소작인 수는 총83명이었다.

참고문헌: 『농지개혁시 피분배지주 및 일제하 대지주 명부』, 한국농촌경제연구원, 1985.12

여운홍呂運弘

1891년 9월 1일 경기도 양평에서 태어났으며, 1973년 2월 3일에 사망했다. 호는 근농勤農이고, 몽양 여운형의 동생이다. 1909년 경성의 중앙중학교, 1910년 경신학교, 1918년 우스터 대학 철학과를 졸업했다. 1919년 중국 상하이에서 여운형, 서병호, 선우혁 등과 상해임시정부 조직에 참여했다. 임시의정원 의원, 파리평화회의 한국대표, 인성학교 교장직을 맡았다. 1920년 조선거류민단 의원, 1921년 국민대표회기성회 위원이 되었다. 국내에 귀국하였다가 체포되었지만 무죄로 풀려났다. 1921년 태평양회의외교후원회 재무간사, 1922년부터 1925년까지 보성전문학교 영문학 교수, 1922년 선만협회 부회장, 만국기독교학생청년회 총회 조선기독교청년회 대표, 1925년 여려공사呂麗公司의 주무主務를 담당했다. 귀국 후 1927년 1월 오의균 등과 함께 조선농인사朝鮮農人社에서 활동했다. 1927년부터 1939년까지 싱거미싱회사 조선감독원, 조선관염판매주식회사朝鮮官鹽販賣株式會社(1921년 9월 21일 설립) 이사, 1935년 조선체육회 이사직을 역임했다. 1940년에는 서양음식점이었던 백합원을 경영했다. 1941년 조선임전보국단 발기인으로, 1942년에는 '대동아전쟁의 전망' 이라는 좌담회에 참여하였다. 해방 후 여운형, 안재홍등과 함께 건국준비위원회에서 활동했으며, 1946년 사회민주당을 창당하고 당수를 맡았다. 미군정하에서 과도입법의원 관선의원직을 역임했다. 1947년 7월 김구, 김규식 등과 함께 남북협상의 일환으로 북한에 다녀왔다. 1950년 6월 2대 민의원 선거에 참여하였는데, 무소속으로 경기도 양평에 출마하여 당선했다. 이후 자유당에 가입하여 선전부장으로 활동했다. 5.16군사정변 이후에는 민주공화당에 입당했으며, 1963년에는 고문직을 맡았다. 일제강점기 친일반민족행위로 인해 친일인명사전에 수록되었다.

참고문헌: 친일인명사전편찬위원회 편, 『친일인명사전』, 2009; 『직원록』 (국사편찬위원회 한국사데이터베이스 http://db.history.go.kr/); 『朝鮮銀行會社組合要錄』 (국사편찬위원회 한국사데이터베이스 http://db.history.go.kr/)

윤성희 尹成熙

일제강점기 양평에서 거주했다. 1927년부터 1933년까지 갈산면 양근리에 있었던 양평금융조합 楊平金融組合 (1912년 7월 15일 설립)의 조합장직을 담당했다.

참고문헌: 『朝鮮銀行會社組合要錄』 (국사편찬위원회 한국사데이터베이스 http://db.history.go.kr/)

이석기 宋錫祺

일제강점기 양평에 거주했던 지주로 1938년 주소는 서종면 西宗面 수능리 水陵里이다. 경기도농회 京畿道農會에서 도내 전답 30정보 町步 이상 소유 지주를 대상으로 조사하여 작성한 지주명부에 수록되었다. 1937년 6월말 현재 양평군 楊平郡에 답 20정보, 전 19정보를 소유하고 있었으며, 고용한 소작인 수는 총103명이었다.

참고문헌: 『농지개혁시 피분배지주 및 일제하 대지주 명부』, 한국농촌경제연구원, 1985.12

이선호李善鎬

일제강점기 양평에 거주했던 지주로 1938년 주소는 옥천면玉泉面 옥천리玉泉里 452이다. 경기도농회京畿道農會에서 도내 전답 30정보町步 이상 소유 지주를 대상으로 조사하여 작성한 지주명부에 수록되었다. 1937년 6월말 현재 양평군楊平郡에 답 39정보, 전 11정보를 소유하고 있었으며, 고용한 소작인 수는 총136명이었다.

참고문헌: 『농지개혁시 피분배지주 및 일제하 대지주 명부』, 한국농촌경제연구원, 1985.12

이성연李成淵

일제강점기 양평에 거주했던 지주로 1938년 주소는 갈산면葛山面 봉성리鳳城里 297이다. 경기도농회京畿道農會에서 도내 전답 30정보町步 이상 소유 지주를 대상으로 조사하여 작성한 지주명부에 수록되었다. 1937년 6월말 현재 양평군楊平郡에 답 36정보, 전 17정보를 소유하고 있었으며, 고용한 소작인 수는 총147명이었다.

참고문헌: 『농지개혁시 피분배지주 및 일제하 대지주 명부』, 한국농촌경제연구원, 1985.12

이인구李寅求

일제강점기 양평에서 거주했다. 1939년까지 양평주조주식회사楊平酒造株式會社 (1938년 4월 27일 설립) 이사직을 담당했다. 면협의회 의원으로도 활동했다.

참고문헌: 『朝鮮銀行會社組合要錄』(국사편찬위원회 한국사데이터베이스 http://db.history.go.kr/)

이종훈李鍾勛

일제강점기 양평에 거주했던 지주이다. 1938년 주소는 서종면西宗面 수입리水入里로 번지 미상이다. 경기도농회京畿道農會에서 도내 전답 30정보町步 이상을 소유한 지주를 대상으로 조사하여 작성한 지주명부에 수록되었다. 1937년 6월말 현재 양평군楊平郡에 논 1정보, 밭 40정보로 총 41정보를 소유하고 있었다. 고용한 소작인 수는 총 20명이었다.

참고문헌: 『농지개혁시 피분배지주 및 일제하 대지주 명부』, 한국농촌경제연구원, 1985.12

정운한鄭雲翰

일제강점기 양평에 거주했던 지주이다. 1938년 주소는 양서면楊西面 양수리兩水里로 번지 미상이다. 양서면장楊西面長직을 역임하였다. 경기도농회京畿道農會에서 도내 전답 30정보町步 이상을 소유한 지주를 대상으로 조사하여 작성한 지주명부에 수록되었다. 1937년 6월말 현재 양평군楊平郡에 논 19정보, 밭 20정보로 총 39정보를 소유하고 있었다. 고용한 소작인 수는 총 120명이었다.

참고문헌: 『농지개혁시 피분배지주 및 일제하 대지주 명부』, 한국농촌경제연구원, 1985.12

삼천박森川博

일제강점기 양평의 지주이다. 1938년 주소는 양평군 갈산면葛山面 양근리楊根里 417번지이다. 1938년 경기도농회京畿道農會에서 도내 전답 30정보町步 이상 소유 지주를 대상으로 조사하여 작성한 지주명부에 수록되었다. 1937년 6월말 현재 양평군에 논 19정보, 밭 30정보를 소유하였고, 고용된 소작인은 215명이었다. 학교조합 관리자였다.

참고문헌: 「농지개혁시 피분배지주 및 일제하 대지주 명부」, 한국농촌경제연구원, 1985.12

11부

여주驪州

: : 여주시 행정구역 변천 연혁(여주시청 홈페이지에서 인용)

1914년 읍 · 면 통폐합 조치에 따라 15개면에서 9개면으로 개편

1924년 원주의 지내면, 서면이 여주군에 편입, 여주군 주내면이 여주면으로 개칭

1941년 여주면에서 여주읍으로 승격

1963년 개군면이 양평군으로 편입

1970년 금사면 산북출장소 설치

1989년 산북출장소가 산북면으로 승격

2013년 여주군이 여주시로 승격

곽한영郭漢泳

일제강점기 여주의 지주이다. 1938년 주소는 여주군 대신면大神面 보통리甫通里이다. 1938년 경기도농회京畿道農會에서 도내 전답 30정보町步 이상 소유 지주를 대상으로 조사하여 작성한 지주명부에 수록되었다. 1937년 6월말 기준 여주군에 논 23정보, 밭 21정보를 소유하였고, 고용된 소작인은 155명이었다.

참고문헌: 『농지개혁시 피분배지주 및 일제하 대지주 명부』, 한국농촌경제연구원, 1985.12

권중익權重翼

일제강점기 여주의 금융조합장, 광업권자이다. 1916년 주소는 여주군 광천면廣川面 광천리廣川里 545번지이다. 1910년대 여주지방금융조합장이 되었다가 1916년 4월 사임했다. 같은 해 11월 14일 강원도 원주군의 한양우, 충북 충주군의 홍태희와 더불어 강원도 횡성군 공근면에 있는 면적 72만 1157평의 금광에 대해 광업권 설정을 등록했다. 여주군 참사로 있다가 1915년 1월 의원依願 해직했다. 1915년부터 경기도지방토지조사위원회 임시위원으로 있다가 1917년 7월 다른 위원들과 함께 일괄 면직되었다.

참고문헌: 『조선총독부관보』 1915.1.28., 1916.4.25., 1916.11.22., 1917.7.18.; 국사편찬위원회 한국사데이터베이스 직원록자료(http://db.history.go.kr/)

김세준金世俊

일제강점기 여주의 지주이다. 1931년 주소는 여주군 주내면州內面 홍문리弘門里 54번지이고, 1938년 주소는 주내면 창리倉里 76번지이다. 1938년 경기도농회京

畿道農會에서 도내 전답 30정보町步 이상 소유 지주를 대상으로 조사하여 작성한 지주명부에 수록되었다. 1937년 6월말 기준 여주군에 논 34정보, 밭 13정보를 소유하였고, 고용된 소작인은 149명이었다. 1931년 1월 경기도 곡물 및 가마니 검사 수수료 권券 판매 허가를 받았다. 1937년 5월 여주흥업합자회사 정시총회에서 전무이사에 재선되었다. 1938년 1월 능서면 광대리에 있는 김세준 소유 산 1.9정보가 보안림에 편입되었다.

참고문헌: 「농지개혁시 피분배지주 및 일제하 대지주 명부」, 한국농촌경제연구원, 1985.12; 「조선총독부관보」 1931.1.16., 1937.8.27., 1938.3.2., 1938.7.22.

노인국魯寅國 (1881년생)

일제강점기 여주의 금융조합장, 면장이다. 1937년 주소는 여주군 주내면州內面 상리上里이다. 1937년 4월까지 여주금융조합장이었다. 1911년 경무총감부 경관 연습소 순사였고, 1912년 8월 조선총독부 순사로서 한국병합기념장을 받았다. 1913년 9월 조선총독부 경부에 임용되어 남부경찰서 동현분서, 1915년 황금정분서, 1916년 본정경찰서, 1921년 개성경찰서, 1923년 영등포경찰서, 1924년 여주경찰서에서 활동했다. 1927년 6월 의원依願 면직하면서 경시에 승진되었다. 1928년부터 1930년대 중반까지 주내면장 경력이 있다. 친일반민족행위로 인해 친일인명사전에 수록되었다.

참고문헌: 藤澤淸次郎, 「朝鮮金融組合と人物」, 大陸民友社, 1937; 「조선총독부관보」 1913.4.24., 1913.9.17., 1927.6.11., 1937.8.5.; 국사편찬위원회 한국사데이터베이스 직원록자료(http://db.history.go.kr/); 친일인명사전편찬위원회 편, 「친일인명사전」, 2009

박봉병朴鳳秉

일제강점기 여주의 지주이다. 1938년 주소는 여주군 능서면陵西面 매류리梅柳里이다. 1938년 경기도농회京畿道農會에서 도내 전답 30정보町步 이상 소유 지주를 대상으로 조사하여 작성한 지주명부에 수록되었다. 1937년 6월말 기준 여주군에 논 44정보, 밭 22정보를 소유하였고, 고용된 소작인은 50명이었다. 1930년 2월 그가 소유한 매류리의 산 1.75정보가 보안림에 편입되었다.

참고문헌: 『농지개혁시 피분배지주 및 일제하 대지주 명부』, 한국농촌경제연구원, 1985.12; 『조선총독부관보』 1930.2.18.

석응태石應台

일제강점기 여주에 거주했던 지주로 1938년 주내면州內面 창리倉里에 거주했다. 경기도농회京畿道農會에서 도내 전답 30정보町步 이상 소유 지주를 대상으로 조사하여 작성한 지주명부에 수록되었다. 1937년 6월말 현재 여주군驪州郡에 답 32정보, 전 10정보를 소유하고 있었으며, 고용한 소작인 수는 총113명이었다.

참고문헌: 『농지개혁시 피분배지주 및 일제하 대지주 명부』, 한국농촌경제연구원, 1985.12

신시묵申始黙

일제강점기 여주에 거주했던 지주로 1938년 대신면大神面에 거주했다. 경기도농회京畿道農會에서 도내 전답 30정보町步 이상 소유 지주를 대상으로 조사하여 작성한 지주명부에 수록되었다. 1937년 6월말 현재 여주군驪州郡에 답 26정보, 전 7정보를 소유하고 있었으며, 고용한 소작인 수는 총120명이었다.

참고문헌: 『농지개혁시 피분배지주 및 일제하 대지주 명부』, 한국농촌경제연구원, 1985.12

오진섭吳鎭燮

일제강점기 여주에 거주했던 지주로 1938년 주내면州內面 창리倉里에 거주했다. 경기도농회京畿道農會에서 도내 전답 30정보町步 이상 소유 지주를 대상으로 조사하여 작성한 지주명부에 수록되었다. 1937년 6월말 현재 여주군驪州郡에 답 79정보, 전 29정보를 소유하고 있었으며, 고용한 소작인 수는 총135명이었다.

참고문헌: 『농지개혁시 피분배지주 및 일제하 대지주 명부』, 한국농촌경제연구원, 1985.12

윤응섭尹應燮

일제강점기 여주에 거주했던 지주로 1938년 주소는 점동면占東面 사곡리沙谷里이다. 경기도농회京畿道農會에서 도내 전답 30정보町步 이상 소유 지주를 대상으로 조사하여 작성한 지주명부에 수록되었다. 1937년 6월말 현재 여주군驪州郡에 답 19정보, 전 14정보를 소유하고 있었으며, 고용한 소작인 수는 총40명이었다.

참고문헌: 『농지개혁시 피분배지주 및 일제하 대지주 명부』, 한국농촌경제연구원, 1985.12

이건규李建奎

일제강점기 여주에서 거주했다. 1919 ~ 1920년, 1925 ~ 1938년 금사면장金沙面長직을 담당했다. 경기도 이포금융조합장직을 역임했다.

참고문헌: 『직원록』 (국사편찬위원회 한국사데이터베이스 http://db.history.go.kr/); 藤澤淸次郎, 『朝鮮金融組合と人物』, 大陸民友社, 1937

이봉구李鳳九

1907년 경기도 여주에서 태어났으며, 1984년에 사망했다. 일제강점기 일본 이름은 국평봉구國平鳳九이다. 경기도 여주공립심상소학교, 배재고등보통학교, 연희전문학교 상과를 졸업했다. 가업인 양조업을 경영하다 1936년 조선도기주식회사朝鮮陶器株式會社를 세우고 대주주 겸 상무취체역을 담당했다. 1938년 조선방공협회 여주지부 평의원, 1939년 조선경방협회 여주지부 평의원, 1940년 경기도 여주군 양곡배급조합 설립위원 겸 조합장직을 맡았다. 1941년 경기도 여주에서 경기도 도회의원에 당선되었으며, 조선임전보국단 발기인으로 참여했다. 1942년 경성상공상담소京城商工相談所 여주지소 소장이 되었으며, 국방헌금 7000원을 여주군에 냈다. 1944년 경기도 양평에서 미곡공출 격려 강연을 했다. 해방후 1949년 여주주조주식회사驪州酒造株式會社 사장. 1953년 여주여자중학교 교장을 역임했다. 1954년 자유당 소속으로 제3대 민의원 선거에 출마했으나 낙선했다. 1967년 한국반공연맹 여주군지부 지부장, 1969년 여주라이온스클럽 회장을 맡았다. 일제강점기 친일반민족행위로 인해 친일인명사전에 수록되었다.

참고문헌: 친일인명사전편찬위원회 편, 『친일인명사전』, 2009; 『朝鮮銀行會社組合要錄』 (국사편찬위원회 한국사데이터베이스 http://db.history.go.kr/)

이종택李鍾澤

일제강점기 여주에 거주했던 지주이다. 1938년 주소는 능서면陵西面 매류리梅柳里로 번지 미상이다. 경기도농회京畿道農會에서 도내 전답 30정보町步 이상을 소유한 지주를 대상으로 조사하여 작성한 지주명부에 수록되었다. 1937년 6월말 현재 여주군驪州郡에 논 19정보, 밭 12정보로 총 31정보를 소유하고 있었다. 고용한 소작인 수는 총 10명이었다.

참고문헌: 『농지개혁시 피분배지주 및 일제하 대지주 명부』, 한국농촌경제연구원, 1985.12

이중훈李重薰

일제강점기 여주에 거주했던 지주이다. 1938년 주소는 주내면州內面 상리上里로 번지 미상이다. 경기도농회京畿道農會에서 도내 전답 30정보町步 이상을 소유한 지주를 대상으로 조사하여 작성한 지주명부에 수록되었다. 1937년 6월말 현재 여주군驪州郡에 논 26정보, 밭 10정보로 총 36정보를 소유하고 있었다. 고용한 소작인 수는 총 99명이었다.

참고문헌: 『농지개혁시 피분배지주 및 일제하 대지주 명부』, 한국농촌경제연구원, 1985.12

정성오鄭聖五

일제강점기 여주에 거주했던 지주이다. 1938년 주소는 주내면州內面 상리上里로 번지 미상이다. 경기도농회京畿道農會에서 도내 전답 30정보町步 이상을 소유한 지주를 대상으로 조사하여 작성한 지주명부에 수록되었다. 1937년 6월말 현재 여주군驪州郡에 논 20정보, 밭 10정보로 총 30정보를 소유하고 있었다. 고용한 소작인 수는 총 76명이었다.

참고문헌: 『농지개혁시 피분배지주 및 일제하 대지주 명부』, 한국농촌경제연구원, 1985.12

차정기車正基

일제강점기 여주에 거주했던 지주이다. 1938년 주소는 주내면州內面 상리上里로 번지 미상이다. 주내면 홍문리弘門里 114번지에 본점을 두고 주류의 제조 및 판매를 목적으로 1933년 6월 18일 설립된 주식회사 여주양조驪州釀造의 감사를 맡았다. 경기도농회京畿道農會에서 도내 전담 30정보町步 이상을 소유한 지주를 대상으로 조사하여 작성한 지주명부에 수록되었다. 1937년 6월말 현재 여주군驪州郡에 논 34정보, 밭 18정보로 총 52정보를 소유하고 있었다. 고용한 소작인 수는 총 104명이었다.

참고문헌: 『농지개혁시 피분배지주 및 일제하 대지주 명부』, 한국농촌경제연구원, 1985.12; 『朝鮮銀行會社組合要錄』(1935년판) (한국사데이터베이스 http://db.history.go.kr/)

차필기車必基

일제강점기 여주에 거주했던 지주이다. 1938년 주소는 주내면州內面 홍문리弘門里로 번지 미상이다. 경기도농회京畿道農會에서 도내 전담 30정보町步 이상을 소유한 지주를 대상으로 조사하여 작성한 지주명부에 수록되었다. 1937년 6월말 현재 여주군驪州郡에 논 26정보, 밭 14정보로 총 40정보를 소유하고 있었다. 고용한 소작인 수는 총 131명이었다.

참고문헌: 『농지개혁시 피분배지주 및 일제하 대지주 명부』, 한국농촌경제연구원, 1985.12

최영락崔永洛

일제강점기 여주에 거주했던 경제인이자, 지주이다. 1938년 주소는 주내면州內面 상리上里로 번지 미상이다. 이천군利川郡 이천면利川面 창전리倉前里 165-5번지에 본점을 두고 전등 및 전력의 공급 등의 사업을 목적으로 1930년 10월 31일 설립된 주식회사 이장전기利長電氣의 이사를 역임하였다. 경기도농회京畿道農會에서 도내 전답 30정보町步 이상을 소유한 지주를 대상으로 조사하여 작성한 지주명부에 수록되었다. 1937년 6월말 현재 여주군驪州郡에 논 79정보, 밭 12정보로 총 91정보를 소유하고 있었다. 고용한 소작인 수는 총 269명이었다.

참고문헌: 『농지개혁시 피분배지주 및 일제하 대지주 명부』, 한국농촌경제연구원, 1985.12; 『朝鮮銀行會社組合要錄』(1933년판), 『朝鮮銀行會社組合要錄』(1935년판) (한국사데이터베이스 http://db.history.go.kr/)

최진원崔眞源

일제강점기 여주에 거주했던 지주이다. 1938년 주소는 금사면金沙面 이포리梨浦里로 번지 미상이다. 경기도농회京畿道農會에서 도내 전답 30정보町步 이상을 소유한 지주를 대상으로 조사하여 작성한 지주명부에 수록되었다. 1937년 6월말 현재 여주군驪州郡에 논 86정보, 밭 40정보로 총 126정보를 소유하고 있었다. 고용한 소작인 수는 총 648명이었다.

참고문헌: 『농지개혁시 피분배지주 및 일제하 대지주 명부』, 한국농촌경제연구원, 1985.12

황문필黃文弼

일제강점기 여주에 거주했던 지주이다. 1938년 주소는 주내면州內面 상리上里로 번지 미상이다. 경기도농회京畿道農會에서 도내 전답 30정보町步 이상을 소유한 지주를 대상으로 조사하여 작성한 지주명부에 수록되었다. 1937년 6월말 현재 여주군驪州郡에 논 38정보, 밭 22정보로 총 60정보를 소유하고 있었다. 고용한 소작인 수는 총 150명이었다.

참고문헌: 『농지개혁시 피분배지주 및 일제하 대지주 명부』, 한국농촌경제연구원, 1985.12

해원이구랑海原伊九郎

일제강점기 여주에 거주했던 일본인 지주이다. 1938년 주소는 여주면驪州面 홍문리弘門里로 번지 미상이다. 농업 활동에 종사하였으며, 경기도농회京畿道農會에서 도내 전답 30정보町步 이상을 소유한 지주를 대상으로 조사하여 작성한 지주명부에 수록되었다. 1937년 6월말 현재 여주군驪州郡에 논 39정보, 밭 36정보로 총 75정보를 소유하고 있었다. 고용한 소작인 수는 총 208명이었다.

참고문헌: 『농지개혁시 피분배지주 및 일제하 대지주 명부』, 한국농촌경제연구원, 1985.12

12부

연천 漣川

일제강점기 연천군은
6.25전쟁 이후 관할 구역 일부(삭녕면 등)가 휴전선 이북에 남아 있게 되었다.

:: 연천군 행정구역 변천 연혁(연천군청 홈페이지에서 인용)

1906.09	철원군 관인면을 연천군으로 편입
1914.03	마전, 적성의 2개면과 삭녕군 대부분, 양주군 영근면을 연천군에 편입
1945.11	적성면, 남면전역과 백학면, 전곡면 일부를 파주군에 편입
1963.01	파주군 적성면 늘목리를 전곡면에, 삼화ㅌ和리를 미산면에, 강원도 철원군 신서면을 연천군에 각각 편입
1983.02	관인면 일원을 포천군에, 포천군 청산면 초성리, 대전리, 장탄리, 궁평리, 백의리를 연천군에 편입

김동순金東順

일제강점기 연천의 지주이다. 1938년 주소는 연천군 군내면郡內面 본탄리本灘里이다. 1938년 경기도농회京畿道農會에서 도내 전답 30정보町步 이상 소유 지주를 대상으로 조사하여 작성한 지주명부에 수록되었다. 1937년 6월말 현재 연천군에 논 7정보, 밭 30정보를 소유하였고, 고용된 소작인은 40명이었다.

참고문헌: 『농지개혁시 피분배지주 및 일제하 대지주 명부』, 한국농촌경제연구원, 1985.12

박내찬朴來贊

일제강점기 연천의 지주이다. 1938년 주소는 연천군 군내면郡內面 읍내리邑內里 160번지이다. 1938년 경기도농회京畿道農會에서 도내 전답 30정보町步 이상 소유 지주를 대상으로 조사하여 작성한 지주명부에 수록되었다. 1937년 6월말 현재 연천군에 논 43정보, 밭 37정보를 소유하였고, 고용된 소작인은 128명이었다. 1911년 연천공립보통학교 학무위원에 위촉되었고, 1913년 11월 연천소방조 조직비로 35원을 기부하여 목배木杯 1개로써 포상받았다.

참고문헌: 『농지개혁시 피분배지주 및 일제하 대지주 명부』, 한국농촌경제연구원, 1985.12; 『조선총독부관보』 1911.12.19., 1914.11.27.

박염하朴濂夏

일제강점기 연천의 지주이다. 1938년 주소는 연천군 군내면郡內面 읍내리邑內里이다. 1938년 경기도농회京畿道農會에서 도내 전답 30정보町步 이상 소유 지주를 대상으로 조사하여 작성한 지주명부에 수록되었다. 1937년 6월말 현재 연천군에 논 44정보, 밭 34정보를 소유하였고, 고용된 소작인은 106명이었다.

참고문헌: 「농지개혁시 피분배지주 및 일제하 대지주 명부」, 한국농촌경제연구원, 1985.12

박원용朴元用

일제강점기 연천의 지주이다. 1938년 주소는 연천군 삭녕면朔寧面 삭녕리朔寧里이다. 1938년 경기도농회京畿道農會에서 도내 전답 30정보町步 이상 소유 지주를 대상으로 조사하여 작성한 지주명부에 수록되었다. 1937년 6월말 현재 연천군에 논 5정보, 밭 51정보를 소유하였고, 고용된 소작인은 40명이었다. 1923년 5월말 경까지 동아일보사 삭녕분국 기자였다.

참고문헌: 「농지개혁시 피분배지주 및 일제하 대지주 명부」, 한국농촌경제연구원, 1985.12: 「동아일보」 1923.6.3.

박응하朴應夏

일제강점기 연천의 지주이다. 1938년 주소는 연천군 군내면郡內面 읍내리邑內里이다. 1938년 경기도농회京畿道農會에서 도내 전답 30정보町步 이상 소유 지주를 대상으로 조사하여 작성한 지주명부에 수록되었다. 1937년 6월말 현재 연천군에 논 24정보, 밭 59정보를 소유하였고, 고용된 소작인은 78명이었다.

참고문헌: 「농지개혁시 피분배지주 및 일제하 대지주 명부」, 한국농촌경제연구원, 1985.12

박태홍朴泰弘

일제강점기 연천의 지주이다. 1938년 주소는 연천군 삭녕면朔寧面이다. 1938년 경기도농회京畿道農會에서 도내 전답 30정보町步 이상 소유 지주를 대상으로 조사하여 작성한 지주명부에 수록되었다. 1937년 6월말 현재 연천군에 논 2정보, 밭 36정보를 소유하였고, 고용된 소작인은 20명이었다.

참고문헌: 『농지개혁시 피분배지주 및 일제하 대지주 명부』, 한국농촌경제연구원, 1985.12.

부익동夫益童

일제강점기 연천의 지주이다. 1923년 주소는 연천군 미산면嵋山面 마전리麻田里 90번지이고, 1938년 주소는 연천군 영근면嶺斤面 전곡리全谷里이다. 1938년 경기도농회京畿道農會에서 도내 전답 30정보町步 이상 소유 지주를 대상으로 조사하여 작성한 지주명부에 수록되었다. 1937년 6월말 현재 연천군에 논 16정보, 밭 42정보를 소유하였고, 고용된 소작인은 79명이었다. 주점상酒店商을 겸하였다. 1921년 7월 연초 소매인에 지정되었다.

참고문헌: 『농지개혁시 피분배지주 및 일제하 대지주 명부』, 한국농촌경제연구원, 1985.12: 『조선총독부관보』 1923.4.13.

서영석徐永錫

일제강점기 연천에 거주했던 지주로, 농업에 종사했다. 주소는 1938년 관인면官仁面 초과리初果里이다. 경기도농회京畿道農會에서 도내 전답 30정보町步 이상 소유 지주를 대상으로 조사하여 작성한 지주명부에 수록되었다. 1937년 6월말 현재 연천군漣川郡에 답 4정보, 전 30정보를 소유하고 있었으며, 고용한 소작인 수는 총45명이었다.

참고문헌: 『농지개혁시 피분배지주 및 일제하 대지주 명부』, 한국농촌경제연구원, 1985.12

손봉여孫鳳女

일제강점기 연천에 거주했던 지주로, 주소는 1938년 군내면郡內面 차탄리車灘里이다. 경기도농회京畿道農會에서 도내 전답 30정보町步 이상 소유 지주를 대상으로 조사하여 작성한 지주명부에 수록되었다. 1937년 6월말 현재 연천군漣川郡에 답 41정보, 전 32정보를 소유하고 있었으며, 고용한 소작인 수는 총84명이었다.

참고문헌: 『농지개혁시 피분배지주 및 일제하 대지주 명부』, 한국농촌경제연구원, 1985.12

신원길辛元吉

일제강점기 연천에 거주했던 지주로, 주소는 1938년 서남면西南面 귀존리貴存里이다. 경기도농회京畿道農會에서 도내 전답 30정보町步 이상 소유 지주를 대상으로 조사하여 작성한 지주명부에 수록되었다. 1937년 6월말 현재 연천군漣川郡에 답 9정보, 전 23정보를 소유하고 있었으며, 고용한 소작인 수는 총27명이었다.

참고문헌: 『농지개혁시 피분배지주 및 일제하 대지주 명부』, 한국농촌경제연구원, 1985.12

신재영辛在榮

일제강점기 연천에 거주했던 지주로, 주소는 1938년 삭녕면朔寧面 대사리大寺

里이다. 경기도농회京畿道農會에서 도내 전답 30정보町步 이상 소유 지주를 대상으로 조사하여 작성한 지주명부에 수록되었다. 1937년 6월말 현재 연천군漣川郡에 답 6정보, 전 25정보를 소유하고 있었으며, 고용한 소작인 수는 총25명이었다.

참고문헌: 『농지개혁시 피분배지주 및 일제하 대지주 명부』, 한국농촌경제연구원, 1985.12

예종석芮宗錫

1872년 5월 14일 경기도 연천군 삭녕면朔寧面에서 태어났으며, 1955년 5월 12일 사망했다. 1894년 전우학교電郵學校를 졸업했다. 일본 이름은 초내종석草內宗錫이다. 전우국電郵局 주사, 중추원 의관, 관내부官內府 전선사감직을 담당했다. 대한제국시기부터 1910년대까지 친일인물이었던 조중응의 최측근이었으며, '소조중응小趙重應'이라고 불렸다. 1906년 동양용달회사東洋用達會社를 설립했다. 1907년 국시유세단 발기인, 국시유세단발기회 규칙제정위원, 1910년 국시유세단 사무간사로 활동했다. 1908년 5월 한성부민회 창립위원, 1909년 국민대추도회 설행위원, 1909년 국민연설회의 회계직을 담당했다. 1910년 한국이 강제로 병합된 이후에는 1911년 남대문시장 관리인, 1912년부터 1914년까지 경성상업회의소 정의원, 1914년과 1915년 조선물산공진회 경성협찬회의 발기인, 상의원, 이사, 1914년 경성신사대제 신여경위계와 유길준 추도회 간사 역할을 담당했다. 1915년 경성신사京城神社 씨자총대氏子總代, 일본적십자사 조선본부 평의원이 되었다. 1916년부터 1942년까지 일선융화를 표방한 대정친목회大正親睦会 간부를 맡았다. 1918년부터 1933년까지 조선지주식회사朝鮮紙株式會社(1918년 4월 28일 설립) 이사와 사장, 1920년 조선인 정동총대연합회 회장, 1919년부터 1923년까지 경성상공회의소 의원직을 담당했다. 1919년 북선흥업주식회사, 1920년 약업주식회사를 설립하고 경영했으며, 경성융흥주식회사, 조선권업신탁주식회사朝鮮勸業信託株式會社(1922년 4월 5일 설립), 영흥탄광주식회사 등에서 이사와 감사를 지냈다. 1920년 『조선일보』 창간을 위한 발기인으로 참여했으며, 발행인 겸 부사장이되었다. 1920년부터 1929년까지 경성부 부협의회원직을 맡았고, 1931년 5월 경성부 부회의원으로 당선되었다. 1921년 경성도시계획연구회 간사, 1923년 경성상공조합연합회 부회장, 1924년 친일단체들의 연합체인 각파유지연맹 발기인, 1924년 갑자구락부의 간사 및 임원으로 활동했다. 1925년 조선불교단 이사와 평의원, 1928년 조선박람회 경성협찬회 발기인과 이사, 1929년 조선박람회 평의원직을 담당했다. 1929년 경성금은세공상조합 조합장, 1930년 경성상공협회 상담역, 1931년부터 1939년까지 김포수리조합金浦水利組合(1930년 3월 26일 설립) 조합장으로 활동했다. 1935년부터 1939년까지 조선제사주식회사朝鮮製絲株式會社(1920년 7월 15일 창립) 취체역 및 사장, 1936년 경성 중앙도매시장 개설조사위원, 1937년 삼흥상회주식회사三興商會株式會社(1931년 3월 1일 설립) 취체역직을 맡았다. 1937년 경성군사후원연맹 결성위원과 평의원, 1938년 조선지원병제도제정축하회 발기인, 1939년 조선유도연합회 평의원직을 담당했다. 1939년 경성중앙청과주식회사 감사역, 동광생사주식회사 부회장, 1941년 조선권번주식회사 이사가 되었다. 일제강점기 친일반민족행위로 인해 친일인명사전에 수록되었다.

참고문헌: 친일인명사전편찬위원회 편, 『친일인명사전』, 2009; 『직원록』 (국사편찬위원회 한국사데이터베이스 http://db.history.go.kr/); 『朝鮮銀行會社組合要錄』 (국사편찬위원회 한국사데이터베이스 http://db.history.go.kr/)

우주원禹柱元

일제강점기 연천에 거주했던 지주이다. 1938년 주소는 관인면官仁面 초과리初果里이며 면협의회원面協議會員이었다. 경기도농회京畿道農會에서 도내 전답 30정보町步 이상 소유 지주를 대상으로 조사하여 작성한 지주명부에 수록되었다. 1937년 6월말 현재 연천군漣川郡에 답 14정보, 전 27정보를 소유하고 있었으며, 고용한 소작인 수는 총49명이었다.

참고문헌: 『농지개혁시 피분배지주 및 일제하 대지주 명부』, 한국농촌경제연구원, 1985.12

이기중李起中

일제강점기 연천에 거주했던 지주로, 주소는 1938년 왕징면旺澄面 강내리江內里이다. 경기도농회京畿道農會에서 도내 전답 30정보町步 이상 소유 지주를 대상으로 조사하여 작성한 지주명부에 수록되었다. 1937년 6월말 현재 연천군漣川郡에 답 20정보, 전 10정보를 소유하고 있었으며, 고용한 소작인 수는 총25명이었다.

참고문헌: 『농지개혁시 피분배지주 및 일제하 대지주 명부』, 한국농촌경제연구원, 1985.12

이순명李順明

일제강점기 연천에 거주했던 지주로, 농업에 종사했다. 주소는 1938년 영근면嶺斤面 고릉리高陵里이다. 경기도농회京畿道農會에서 도내 전답 30정보町步 이상 소유 지주를 대상으로 조사하여 작성한 지주명부에 수록되었다. 1937년 6월말 현재 연천군漣川郡에 답 2정보, 전 30정보를 소유하고 있었으며, 고용한 소작인 수는 총80명이었다.

참고문헌: 『농지개혁시 피분배지주 및 일제하 대지주 명부』, 한국농촌경제연구원, 1985.12

이순정李舜正

일제강점기 연천에서 거주했다. 1919년부터 1925년까지, 1928년부터 1930년까지 북면장北面長직을 맡았다. 이후 금융조합 조합장직을 역임했다.

참고문헌: 『직원록』(국사편찬위원회 한국사데이터베이스 http://db.history.go.kr/)

이진중李眞重

일제강점기 연천에 거주했던 지주이다. 1938년 주소는 삭녕면朔寧面 삭녕리朔寧里로 번지 미상이다. 경기도농회京畿道農會에서 도내 전답 30정보町步 이상을 소유한 지주를 대상으로 조사하여 작성한 지주명부에 수록되었다. 1937년 6월말 현재 연천군漣川郡에 논 31정보, 밭 88정보로 총 119정보를 소유하고 있었다. 고용한 소작인 수는 총 50명이었다.

참고문헌: 『농지개혁시 피분배지주 및 일제하 대지주 명부』, 한국농촌경제연구원, 1985.12

최기식崔基植

일제강점기 연천에 거주했던 지주이다. 1938년 주소는 영근면嶺斤面 전곡리全谷里로 번지 미상이다. 상업 활동에 종사하였으며, 면평의회원面評議會員직을 역임하였다. 경기도농회京畿道農會에서 도내 전답 30정보町步 이상을 소유한 지주를 대상으로 조사하여 작성한 지주명부에 수록되었다. 1937년 6월말 현재 연천군漣川郡에 논 11정보, 밭 51정보로 총 62정보를 소유하고 있었다. 고용한 소작인 수는 총 62명이었다.

참고문헌: 『농지개혁시 피분배지주 및 일제하 대지주 명부』, 한국농촌경제연구원, 1985.12

최한무崔漢武

일제강점기 연천에 거주했던 경제인이자, 지주이다. 1938년 주소는 군내면郡內面 차탄리車灘里 286번지이다. 면협의회원面協議會員 직을 역임하였다. 연천군漣川郡 군내면 차탄리 34-17번지에 본점을 두고 주료, 간장, 일본된장, 누룩 등의 제조와 판매를 목적으로 1926년 12월 14일 설립된 주식회사 연천양조漣川釀造의 감사를 맡았다. 연천군 군내면 차탄리 34-38번지에 본점을 두고 곡물, 가마니, 비료, 농구, 정미 등 일반 상업무역을 목적으로 1935년 10월 15일 설립된 주식회사 홍업사興業社의 대표로 활동하였다. 그리고 잡곡의 매매와 위탁 판매를 목적으로 경성부京城府 태평통2정목太平通二丁目 32번지에 합자회사合資會社 최한무상점崔漢武商店를 설립하여 운영하였다. 경기도농회京畿道農會에서 도내 전답 30정보町步 이상을 소유한 지주를 대상으로 조사하여 작성한 지주명부에 수록되었다. 1937년 6월말 현재 연천군에 논 17정보, 밭 56정보로 총 73정보를 소유하고 있었다. 고용한 소작인 수는 총 110명이었다.

참고문헌: 『농지개혁시 피분배지주 및 일제하 대지주 명부』, 한국농촌경제연구원, 1985.12; 『朝鮮銀行會社組合要錄』 (1927년판), 『朝鮮銀行會社組合要錄』 (1937년판), 『朝鮮銀行會社組合要錄』 (1942년판) (한국사데이터베이스 http://db.history.go.kr/)

최한문崔漢文

일제강점기 연천에 거주했던 지주이다. 1938년 주소는 군내면郡內面 차탄리車灘里로 번지 미상이다. 상업 활동에 종사하였다. 경기도농회京畿道農會에서 도내 전답 30정보町步 이상을 소유한 지주를 대상으로 조사하여 작성한 지주명부에 수록되었다. 1937년 6월말 현재 연천군漣川郡에 논 10정보, 밭 23정보로 총 33정보를 소유하고 있었다. 고용한 소작인 수는 총 20명이었다.

참고문헌: 「농지개혁시 피분배지주 및 일제하 대지주 명부」, 한국농촌경제연구원, 1985.12

13부

용인龍仁

::용인시 행정구역 변천 연혁(용인시청 홈페이지에서 인용)

1914. 4. 1   양지군陽智郡을 통합하고, 죽산군竹山郡 일부 편입. 내사內四, 외사外四, 원삼면遠三面으로
            증설되어 12면으로 개편됨

1937년   수여면水餘面을 용인면龍仁面으로 개칭. 읍삼면邑三面을 고구려 때의 초명初名이던 구성면駒
            城面으로 개칭함

1963년   고삼면古三面이 안성군으로 편입되어 11면이 되었다

1983. 2.15   수지면水枝面의 하리下里와 이의리二儀里가 수원시로 편입되고, 남사면 진목리南西面 眞木
            里의 월경越境마을이 평택시로 편입

1996. 3. 1   용인군龍仁郡이 도농복합형태의 시로 됨

김동섭金東燮

일제강점기 용인의 지주이다. 1938년 주소는 용인군 고삼면高三面 가류리佳柳里이다. 1938년 경기도농회京畿道農會에서 도내 전답 30정보町步 이상 소유 지주를 대상으로 조사하여 작성한 지주명부에 수록되었다. 1937년 6월말 기준 용인군에 논 24정보, 밭 10정보를 소유하였고, 고용된 소작인은 205명이었다. 1920~30년대 고삼면장을 지냈다.

참고문헌: 『농지개혁시 피분배지주 및 일제하 대지주 명부』, 한국농촌경제연구원, 1985.12; 국사편찬위원회 한국사데이터베이스 직원록자료(http://db.history.go.kr/)

김문배金文培

일제강점기 용인의 지주이다. 1938년 주소는 용인군 원삼면遠三面 맹리孟里이다. 1938년 경기도농회京畿道農會에서 도내 전답 30정보町步 이상 소유 지주를 대상으로 조사하여 작성한 지주명부에 수록되었다. 1937년 6월말 기준 용인군에 논 27정보, 밭 12정보를 소유하였고, 고용된 소작인은 118명이었다.

참고문헌: 『농지개혁시 피분배지주 및 일제하 대지주 명부』, 한국농촌경제연구원, 1985.12

김문식金文植, (1868년생)

일제강점기 용인의 금융조합장이다. 1937년 주소는 용인군 기흥면器興面 상갈리上葛里이다. 1933년 신갈금융조합 감사, 1934년 7월 신갈금융조합 조합장이 되었다. 1927년부터 1935년까지 기흥면장 경력이 있는데, 기흥면장으로서 1928년 11월 16일 대례기념장을 받았다.

참고문헌: 藤澤淸次郎, 『朝鮮金融組合と人物』, 大陸民友社, 1937; 『조선총독부관보』 1930.1.29.; 국사편찬위원회 한국사데이터베이스 직원록자료(http://db.history.go.kr/)

김영기金英基

일제강점기 용인의 지주이다. 1938년 주소는 용인군 기흥면器興面 공세리貢稅里 353번지이다. 1938년 경기도농회京畿道農會에서 도내 전답 30정보町步 이상 소유 지주를 대상으로 조사하여 작성한 지주명부에 수록되었다. 1937년 6월말 기준 용인군에 논 33정보, 밭 17정보를 소유하였고, 고용된 소작인은 60명이었다. 또 수원군에 논 16정보를 소유하고 소속 소작인은 37명이었다. 1950년 농지개혁 당시 정부의 유상 매수 대상이 되었는데, 대상 토지 면적은 논 16.1정보, 밭 1.7정보, 합 17.8정보였으며, 보상補償은 740.5석이다.

참고문헌: 『농지개혁시 피분배지주 및 일제하 대지주 명부』, 한국농촌경제연구원, 1985.12

김치정金致汀

해방후 용인의 지주이다. 1950년 주소는 용인군 수지면水枝面 풍덕천리豊德川里 54번지이다. 1938년 경성부 명륜정 3정목 51번지에 주소를 둔 이병재李秉宰의 조모이다. 1950년 농지개혁 당시 정부의 유상 매수 대상이 되었는데, 대상 토지 면적은 논 26.3정보, 밭 0.3정보, 합 26.6정보였으며, 보상補償은 995.5석이다. 1938년 9월 수지공립심상소학교 증축비로 8천원을 기부하여 1939년 4월 포장褒狀을 받았다.

참고문헌: 『농지개혁시 피분배지주 및 일제하 대지주 명부』, 한국농촌경제연구원, 1985.12 ; 『조선총독부관보』 1939.5.5. ; 『동아일보』 1938.9.28.

김학동金學東

일제강점기 용인의 지주이다. 1938년 주소는 용인군 기흥면器興面 공세리 371번
지이다. 1938년 경기도농회京畿道農會에서 도내 전답 30정보町步 이상 소유 지주
를 대상으로 조사하여 작성한 지주명부에 수록되었다. 1937년 6월말 기준 용인
군에 논 18정보, 밭 12정보를 소유하였고, 고용된 소작인은 70명이었다. 또 수원
군에 논 23정보, 밭 4정보를 소유하고, 소속 소작인은 50명이었다.

참고문헌: 『농지개혁시 피분배지주 및 일제하 대지주 명부』, 한국농촌경제연구원, 1985.12

류해관柳海寬

일제강점기 용인의 금융조합장이다. 1929년부터 1937년까지 용인군 외사면外四
面에 소재한 백암금융조합 조합장 재직 기록이 있다. 또 1928년부터 1936년까
지 외사면장 재직 기록이 있는데, 외사면장 재직 중 1928년 11월 16일 대례기
념장을 받았다.

참고문헌: 藤澤淸次郎, 『朝鮮金融組合と人物』, 大陸民友社, 1937; 『조선총독부관보』, 1930.1.29.; 국사편찬위원
회 한국사데이터베이스 직원록자료(http://db.history.go.kr/)

박병식朴炳息

일제강점기 용인의 지주이다. 1938년 주소는 용인군 포곡면蒲谷面 마성리麻城
里이다. 1938년 경기도농회京畿道農會에서 도내 전답 30정보町步 이상 소유 지주
를 대상으로 조사하여 작성한 지주명부에 수록되었다. 1937년 6월말 기준 용인
군에 논 35정보, 밭 16정보를 소유하였고, 고용된 소작인은 203명이었다.

참고문헌: 『농지개혁시 피분배지주 및 일제하 대지주 명부』, 한국농촌경제연구원, 1985.12

박제순朴齊純 (1858~1916)

일제강점기 용인 출신의 친일반민족행위자이다. 1858년 12월 7일 경기도 용인에서 출생했다. 본관은 반남潘南, 호는 평재平齋이고 참정 박홍수朴洪壽의 아들이다. 기업 활동으로는 다음 두 가지가 대표적이다. 1899년 6월 궁내부철도용달회사 사장을 맡았다. 1910년 12월 귀족은행(저축은행) 설립을 추진했다.

　　1883년 4월 통리교섭통상사무아문 주사統理交涉通商事務衙門主事를 시작으로 관직에 들어섰다. 이후 성균관 대사성, 호조참판, 이조참판, 농상공부대신 등을 역임하고, 대한제국기에는 외부대신, 육군 참장, 의정부 참정대신, 내부대신 등을 지냈다. 특히 1905년 11월 외부대신으로서 '을사조약문'에 조인하여 '을사오적'으로 지탄을 받았다.

　　1910년 10월 일본 정부로부터 자작 작위를 받았고, 조선총독부 중추원 고문, 경학원 대제학에 임명되었다. 또 이문회以文會 회장, 가정박람회家庭博覽會 명예고문으로 활동하였다. 1916년 6월 20일 사망했다. 친일반민족행위로 인해 친일인명사전에 수록되었다.

참고문헌: 『한국민족문화대백과』 인터넷판, 한국학중앙연구원(http://encykorea.aks.ac.kr/); 친일인명사전편찬위원회
　　　　편, 『친일인명사전』, 2009; 『친일반민족행위진상규명보고서』 Ⅳ-7, 친일반민족행위진상규명위원회,
　　　　2009

송우식宋牛植

일제강점기 용인에 거주했던 지주이다. 1938년 주소는 이동면二東面 묘봉리卯峯里이며 당시 면협의회원面協議會員을 역임하고 있었다. 경기도농회京畿道農會에서 도내 전답 30정보町步 이상 소유 지주를 대상으로 조사하여 작성한 지주명부에

수록되었다. 1937년 6월말 현재 용인군龍仁郡에 답 19정보, 전 13정보를 소유하고 있었으며, 고용한 소작인 수는 총109명이었다.

참고문헌: 『농지개혁시 피분배지주 및 일제하 대지주 명부』, 한국농촌경제연구원, 1985.12

송종헌宋鍾憲

1876년 10월 19일 경기도 용인에서 태어났으며, 1949년 5월 21일 사망했다. 본관은 은진, 자는 주형周亨이다. 일본 이름은 야전종헌野田鍾憲이다. 한일병합의 공으로 자작지위를 받은 송병준宋秉畯의 장남이다. 1889년 무관학교를 졸업하였다. 1904년 일진회一進會의 평의원으로 활동하였고 1906년 양지잠업전습소를 설립했다. 1908년 유릉 참봉, 1911년 경기도 양지공립보통학교 학무위원, 1912년부터 1913년까지 양지군 참사參事직을 맡았다. 1917년 조선농업주식회사朝鮮農業株式會社(1905년 9월 설립) 이사 겸 감사, 용인지방금융조합 감사직을 맡았다. 1921년부터 1933년까지 중추원 주임관 대우 참의, 1921년부터 1923년까지 중앙신탁주식회사 감사로 활동했다. 1921년 8월 송병준과 조선소작인상조회를 조직했다. 1923년 교육실천회 평의원 겸 특별회원이 되었으며 1924년 조선예술단을 경영했다. 1925년 송병준이 사망하자 백작작위를 계승했다. 1925년 경성금융주식회사 이사, 1927년 중앙자동차합자회사中央自働車合資會社 (1926년 3월 27일 설립) 사원(주주), 조선교육보성주식회사朝鮮敎育普成株式會社 (1922년 2월 27일 창립) 감사, 1929년 중앙물산주식회사中央物産株式會社 (1922년 4월 17일 설립) 이사직을 역임했다. 1930년 국민협회 회장,『민중신문』(국민협회 기관지) 사장, 1931년 이장전기주식회사利長電氣株式會社 (1930년 10월 31일 창립) 이사, 1935년부터 1942년까지 연안

온천합자회사延安溫泉合資會社 (1931년 8월 15일 창립) 사원(주주)직을 맡았다. 1932년 10월 조선쇼와5년국세조사기념장을 받았으며, 1937년 8월 조선총독부가 마련한 시국간담회에 참석했다. 1938년 대동일진회의 고문, 1940년 대동일진회 산하 동학원 원장직을 역임했다. 1939년 국민정신총동원조선연맹 평의원, 조선유도연합회 평의원, 1940년 5월 국민총력조선연맹 평의원으로 활동했다. 1942년 4월 사단법인 조선귀족회 이사, 1944년 7월 재단법인 창복회昌福會 위원, 1945년 3월 일본제국의회 귀족원 칙선의원직을 맡았다. 해방 후인 1949년 3월 반민특위에 체포되었다. 일제강점기 친일반민족행위로 인해 친일인명사전에 수록되었다.

참고문헌: 친일인명사전편찬위원회 편, 『친일인명사전』, 2009; 『직원록』(국사편찬위원회 한국사데이터베이스 http://db.history.go.kr/); 『朝鮮銀行會社組合要錄』(국사편찬위원회 한국사데이터베이스 http://db.history.go.kr/)

신현태申鉉泰

1886년 10월 28일 경기도 용인에서 태어났다. 일본 이름은 평산현태平山鉉泰이다. 1908년 4월 관립농림학교를 졸업했다. 1908년 농상공부 기수, 권업모범장 기수, 1909년 4월 농상공부 기수, 1910년 종묘장 기수, 1910년 전라남도 광주농림학교 부교수 사무취급 촉탁, 1911년 광주농림학교 교유敎諭로 활동했다. 한국병합 후인 1912년 8월 한국병합기념장을 받았다. 1913년 전라남도 광주군 서기, 1917년 순천군 서기, 1918년 전라남도 고흥군수, 1921년 경기도 내무부 지방과 촉탁, 1922년 경기도 장단군수, 1923년 여주군수, 1927년 안성군수, 1930년 이천군수직을 역임했다. 1928년에는 훈6등 서보장과 쇼와昭和천황 즉위기념 대례기념장을 받았다. 1933년부터 1937년까지 경기도 도회의원(이천), 1934년 경기국방의회연합회 이사(이천), 경기도 이천소득세조사위원회 위원, 이천상공회 회장직을 맡았다. 1935년 이천산업사주식회사利川産業社株式會社 (1927년 4월 17일 설립) 사장, 1937년 이천흥업주식회사利川興業株式會社 (1924년 7월 17일 설립) 사장, 1938년 이천주조주식회사利川酒造株式會社 (1938년 2월 6일 창립) 사장, 이천금융조합 조합장을 맡았다. 1937년 7월 국방헌금을 헌납했다. 1940년 이천온천주식회사利川溫泉株式會社 (1940년 6월 5일 창립) 취체역, 이천군번영회 회장직을 담당했다. 1940년 기원2600축전 기념식전 및 봉축회에 참석하였고, 기원2600년축전기념장을 받았다. 해방 후인 1946년에는 주조조합중앙회 회장, 1947년 조선주정조합朝鮮酒精組合조합장, 조선주조중앙회 회장직을 역임했다. 일제강점기 친일반민족행위로 인해 친일인명사전에 수록되었다.

참고문헌: 친일인명사전편찬위원회 편, 『친일인명사전』, 2009; 『직원록』(국사편찬위원회 한국사데이터베이스 http://db.history.go.kr/); 『朝鮮銀行會社組合要錄』(국사편찬위원회 한국사데이터베이스 http://db.history.go.kr/)

오광영吳廣泳

용인에 거주했던 지주로 주소는 1950년 현재 용인면龍仁面 남리南里이다. 농지개혁 당시 정부의 유상매수 대상이 되었다. 토지 면적은 논 21.8정보町步, 밭 10.8정보로 총 32.6정보였으며, 보상석수는 정조正租 1,084.5석石이었다.

참고문헌: 『농지개혁시 피분배지주 및 일제하 대지주 명부』, 한국농촌경제연구원, 1985.12

오일선吳一善

일제강점기 용인에 거주했던 지주이다. 주제조업酒製造業에 종사했으며 1938년 주소는 원삼면遠三面 목신리木新里이다. 경기도농회京畿道農會에서 도내 전답 30 정보町步 이상 소유 지주를 대상으로 조사하여 작성한 지주명부에 수록되었다. 1937년 6월말 현재 용인군龍仁郡에 답 19정보, 전 16정보를 소유하고 있었으며, 고용한 소작인 수는 총76명이었다.

참고문헌: 『농지개혁시 피분배지주 및 일제하 대지주 명부』, 한국농촌경제연구원, 1985.12

오현근吳賢根

일제강점기 용인에 거주했던 지주로 1938년 주소는 모현면慕賢面 오산리吳山里) 99이다. 경기도농회京畿道農會에서 도내 전답 30정보町步 이상 소유 지주를 대상으로 조사하여 작성한 지주명부에 수록되었다. 1937년 6월말 현재 수원군水原郡에 답 27정보, 전 17정보를 소유하고 있었으며, 고용한 소작인 수는 총180명이었다.

참고문헌: 『농지개혁시 피분배지주 및 일제하 대지주 명부』, 한국농촌경제연구원, 1985.12

윤승구尹承九

일제시기 용인에서 거주했다. 1920년부터 1938년까지 포곡면장蒲谷面長직을 역임했으며, 경기도 용인금융조합장직을 담당했다.

참고문헌: 『직원록』(국사편찬위원회 한국사데이터베이스 http://db.history.go.kr/); 藤澤淸次郞, 『朝鮮金融組合と人物』, 大陸民友社, 1937

이규현李奎鉉

일제강점기 용인에 거주했던 지주이다. 1938년 주소는 포곡면蒲谷面 유운리留雲里이며 당시 면협의회원面協議會員을 역임하고 있었다. 경기도농회京畿道農會에서 도내 전답 30정보町步 이상 소유 지주를 대상으로 조사하여 작성한 지주명부에 수록되었다. 1937년 6월말 현재 용인군龍仁郡에 답 23정보, 전 13정보를 소유하고 있었으며, 고용한 소작인 수는 총94명이었다.

참고문헌: 『농지개혁시 피분배지주 및 일제하 대지주 명부』, 한국농촌경제연구원, 1985.12

이동익李東翼

일제강점기 용인에 거주했던 지주로 1938년 주소는 외서면外西面 백암리白岩里이다. 경기도농회京畿道農會에서 도내 전답 30정보町步 이상 소유 지주를 대상으로 조사하여 작성한 지주명부에 수록되었다. 1937년 6월말 현재 용인군龍仁郡에 답 29정보, 전 5정보를 소유하고 있었으며, 고용한 소작인 수는 총40명이었다.

참고문헌: 『농지개혁시 피분배지주 및 일제하 대지주 명부』, 한국농촌경제연구원, 1985.12

이병두李丙斗

용인에 거주했던 지주로 주소는 1950년 현재 이동면二東面 천리泉里이다. 농지개혁 당시 정부의 유상매수 대상이 되었다. 토지 면적은 논 17.9정보町步, 밭 5.5정보로 총 23.4정보였으며, 보상석수는 정조正租 665.5석石이었다.

참고문헌: 『농지개혁시 피분배지주 및 일제하 대지주 명부』, 한국농촌경제연구원, 1985.12

이승규李乘珪

용인에 거주했던 지주로 주소는 1950년 현재 모현면慕賢面 갈담리葛潭里이다. 농지개혁 당시 정부의 유상매수 대상이 되었다. 토지 면적은 논 19.4정보町步, 밭 4.4정보로 총 23.8정보였으며, 보상석수는 정조正租 3,597석石이었다.

참고문헌: 『농지개혁시 피분배지주 및 일제하 대지주 명부』, 한국농촌경제연구원, 1985.12

이용구李龍九

일제강점기 용인에 거주했던 지주이다. 농업에 종사했으며 1938년 이동면二東面 천리泉里에 거주했다. 경기도농회京畿道農會에서 도내 전답 30정보町步 이상 소유 지주를 대상으로 조사하여 작성한 지주명부에 수록되었다. 1937년 6월말 현재 용인군龍仁郡에 답 20정보, 전 10정보를 소유하고 있었으며, 고용한 소작인 수는 총114명이었다.

참고문헌: 『농지개혁시 피분배지주 및 일제하 대지주 명부』, 한국농촌경제연구원, 1985.12

이윤영李潤永

1974년 9월 12일 경기도 용인에서 태어났다. 1907년 보성전문학교 경제과를 졸업했다. 1907년 탁지부 세무주사, 1908년 대구재무감독국 진주재무서 주사主事, 1909년 경기도 죽산군수직을 역임했다. 일본에 강제로 병합 된 후에도 죽산군수로 재직했으며, 1912년에는 한국병합기념장을 받았다. 1913년 7월 고등관 7등으로 승급되었다. 1914년 3월 경기도 가평군수가 되었으며, 1916년 소방기구 구입비를 기부한 공로로 목배를 받았다. 1923년부터 1928년까지 경기도 용인군

내서면장內西面長직을 담당했다. 1928년 용수흥농주식회사龍水興農株式會社 (1928년 5월 10일 설립) 취체역이 되었으며, 같은 해에 쇼와 천황 즉위기념 대례기념장을 받았다. 1930년 경기도 도평의회원에 당선되었고, 이후 용인금융조합 조합장, 용인연초경작조합 조합장직을 역임했다. 일제강점기 친일반민족행위로 인해 친일인명사전에 수록되었다.

참고문헌: 친일인명사전편찬위원회 편, 『친일인명사전』, 2009; 『직원록』 (국사편찬위원회 한국사데이터베이스 http://db.history.go.kr/); 『朝鮮銀行會社組合要錄』 (국사편찬위원회 한국사데이터베이스 http://db.history.go.kr/)

이종철李鍾哲

용인에 거주했던 지주이다. 주소지는 1950년 현재 용인면龍仁面 남리南里로 번지 미상이다. 농지개혁 당시 정부의 유상매수 대상이 되었다. 토지 면적은 논 42.0정보町步, 밭 13.5정보로 총 55.5정보를 소유하고 있었다. 보상석수는 정조正租 1,447.2석石이었다.

참고문헌: 『농지개혁시 피분배지주 및 일제하 대지주 명부』, 한국농촌경제연구원, 1985.12

이창무李昌茂

용인에 거주했던 지주이다. 주소지는 1950년 현재 용인면龍仁面 남리南里 28번지이다. 농지개혁 당시 정부의 유상매수 대상이 되었다. 토지 면적은 논 55.3정보町步, 밭 15.8정보로 총 71.1정보를 소유하고 있었다. 보상석수는 정조正租 2,586.0석石이었다.

참고문헌: 『농지개혁시 피분배지주 및 일제하 대지주 명부』, 한국농촌경제연구원, 1985.12

이태근李泰根

일제강점기 용인에 거주했던 지주이다. 1938년 주소는 수여면水餘面 김량장리金良場里로 번지 미상이다. 면협의회원面協議會員 직을 역임하였고, 경기도농회京畿道農會에서 도내 전답 30정보町步 이상을 소유한 지주를 대상으로 조사하여 작성한 지주명부에 수록되었다. 1937년 6월말 현재 용인군龍仁郡에 논 27정보, 밭 20정보로 총 47정보를 소유하고 있었다. 고용한 소작인 수는 총 52명이었다.

참고문헌: 『농지개혁시 피분배지주 및 일제하 대지주 명부』, 한국농촌경제연구원, 1985.12

이풍한李豊漢

경기도 용인이 본적이다. 1885년 5월 23일 태어났다. 1909년 황성기독교회皇城基督教會에서 영어를 배웠고, 1912년 2월 보성전문학교普成專門學校 법과를 졸업하였다. 1910년 10월에 남작男爵 이종건李鍾健의 양자가 되었고, 1914년 6월 상속자로 선정되었다. 3.1운동 이후 아버지인 이종건은 작위와 은사공채恩賜公債를 반납하려고 하였으나, 이종건 사후 남작 작위와 은사공채의 수익금을 그대로 계승하였다. 1930년 후반 기준으로 고양군高陽郡, 안성군安城郡, 여주군驪州郡, 용인군龍仁郡, 포천군抱川郡 등지에 논과 밭을 합쳐서 200여 정보町步를 소유하고 있었다. 1937년 국방헌금 2,000원을 종로경찰서에 헌납하였고, 군용비행기 건조비乾造費 항목으로 300원을 헌납하였다. 1939년 유림단체儒林團體를 중심으로 조직된 조선유도연합회朝鮮儒道聯合會에 참여하여 평의원이 되었다. 일제가 홍콩을 점령하자 육해군에 2,000원을 헌납하였다. 해방 이후 1949년 1월 반민족행위특별조사위원회反民族行爲特別調査委員會에 체포되었지만, 3월 제1회 공판 직후 병보석으로 석방되었다. 농지개혁 당시 정부의 유상매수 대상으로 논과 밭을 합쳐서 191.8 정보를 소유하고 있었다. 보상석수는 정조正租 3996석石이었다. 1950년 9월 10일 사망하였다. 일제강점기 친일반민족행위로 인해 친일인명사전에 수록되었다.

참고문헌: 친일인명사전편찬위원회 편, 『친일인명사전』, 2009; 『농지개혁시 피분배지주 및 일제하 대지주 명부』, 한국농촌경제연구원, 1985.12

이흥옥李興玉

일제강점기 용인에 거주했던 지주이다. 1938년 주소는 외사면外四面 박각리朴各里로 번지 미상이다. 경기도농회京畿道農會에서 도내 전답 30정보町步 이상을 소유한 지주를 대상으로 조사하여 작성한 지주명부에 수록되었다. 1937년 6월말 현재 용인군龍仁郡에 논 30정보, 밭 9정보로 총 39정보를 소유하고 있었다. 고용한 소작인 수는 총 89명이었다.

참고문헌: 『농지개혁시 피분배지주 및 일제하 대지주 명부』, 한국농촌경제연구원, 1985.12

장낙진張洛鎭

일제강점기 용인에 거주했던 지주이다. 1938년 주소는 남사면南四面 금궁리金宮里로 번지 미상이다. 경기도농회京畿道農會에서 도내 전답 30정보町步 이상을 소유한 지주를 대상으로 조사하여 작성한 지주명부에 수록되었다. 1937년 6월말 현재 용인군龍仁郡에 논 25정보, 밭 10정보로 총 35정보를 소유하고 있었다. 고용한 소작인 수는 총 38명이었다.

참고문헌: 『농지개혁시 피분배지주 및 일제하 대지주 명부』, 한국농촌경제연구원, 1985.12

정용식鄭容式

일제강점기 용인에 거주했던 지주이다. 1938년 주소는 남사면南四面 고래리古來里로 번지 미상이다. 경기도농회京畿道農會에서 도내 전답 30정보町步 이상을 소유한 지주를 대상으로 조사하여 작성한 지주명부에 수록되었다. 1937년 6월말 현재 용인군龍仁郡에 논 20정보, 밭 12정보로 총 32정보를 소유하고 있었다. 고용한 소작인 수는 총 28명이었다.

참고문헌: 『농지개혁시 피분배지주 및 일제하 대지주 명부』, 한국농촌경제연구원, 1985.12

정행석鄭行錫

일제강점기 용인에 거주했던 지주이다. 1938년 주소는 외사면外四面 석천리石川里로 번지 미상이다. 군속郡屬, 외사면장外四面長 직을 역임하였다. 경기도농회京畿道農會에서 도내 전답 30정보町步 이상을 소유한 지주를 대상으로 조사하여 작성한 지주명부에 수록되었다. 1937년 6월말 현재 용인군龍仁郡에 논 27정보, 밭 7정보로 총 34정보를 소유하고 있었다. 고용한 소작인 수는 총 45명이었다.

참고문헌: 『농지개혁시 피분배지주 및 일제하 대지주 명부』, 한국농촌경제연구원, 1985.12

최재익崔在益

1885년 10월 경기도 용인에서 출생하였다. 1908년 6월 탁지부度支部 토지측량강습소土地測量講習所를 졸업하고 임시재원조사국臨時財源調查局 기수技手로 임명되었다. 1908년 7월 임시재산정리국臨時財産整理局 기수, 1909년 10월 재무감독국財務監督局 기수, 1910년 3월 토지조사국土地調查局 기수로 활동하였다. 일본에 의해 대한제국이 강제병합 된 이후에는 1910년 10월 조선총독부 임시토지조사국臨時土地調查局 측량과測量課 기수로 있다가, 1914년 임시토지조사국 측지과測地課 기수가 되었다. 1916년 9월 충청북도 음성군陰城郡 서기, 1923년 2월 괴산군槐山郡 속屬이 되었고, 1926년 5월 옥천군沃川郡 속, 1927년 3월 보은군報恩郡 속을 맡았다. 1930년 4월에는 충청북도 단양군수丹陽郡守로 승진하였다. 1931년 12월 충청북도 보은군수報恩郡守가 되었고, 1936년 11월에 충청북도 제천군수堤川郡守로 임명되었다. 1937년 3월 제천산업조합堤川産業組合 조합장이 되어 활동하였다. 1938년 8월 퇴직한 후에는 충청북도 내무부 촉탁囑託으로 해방될 때까지 활동하였다. 일제강점기 친일반민족행위로 인해 친일인명사전에 수록되었다.

참고문헌: 친일인명사전편찬위원회 편, 『친일인명사전』, 2009; 『직원록』 (국사편찬위원회 한국사데이터베이스 http://db.history.go.kr/)

14부

이천利川

::이천시 행정구역 변천 연혁(이천시청 홈페이지에서 인용)

1913	부면과 발면으로 양면이던 것을 행정구역 분합으로 부발면으로 됨. 호면으로 칭하였으나 행정구역 분합당시 호법면으로 됨. 동편에 있는 설성산의 설자와 서편에 있는 노성산의 성자를 따서 설성면이 됨. 신면과 둔면을 병합하여 신둔면으로 됨
1914.3	대면, 월면, 초면으로 분입하여 행정을 운영하여 오던 중 행정구역 개발로 대월면으로 됨 상율면과 하율면으로 면통합으로 인하여 율면이 됨. 백면과 사면을 병합하여 백사면으로 됨
1914.4	마면과 장면을 병합하여 마장면으로 됨. 모면과 가면이 행정구역 통합으로 모가면이 됨. 음죽군의 대부분이 이천군으로 병합됨
1938.10	읍내면이 이천읍으로 승격됨
1941.10	청미면이 장호원읍으로 승격됨
1996.3.1.	이천군이 이천시로 승격됨

김경배金慶培

일제강점기 이천의 지주이다. 1938년 주소는 이천군 청미면淸渼面 장호원리長湖院里이다. 1938년 경기도농회京畿道農會에서 도내 전답 30정보町步 이상 소유 지주를 대상으로 조사하여 작성한 지주명부에 수록되었다. 1937년 6월말 기준 이천군에 논 54정보 등 57정보를 소유하였고, 고용된 소작인은 250명이었다.

참고문헌: 『농지개혁시 피분배지주 및 일제하 대지주 명부』, 한국농촌경제연구원, 1985.12

김계순金癸淳

해방후 이천의 지주이다. 1950년 주소는 이천군 장호원읍長湖院邑 진암리珍岩里이다. 1950년 농지개혁 당시 정부의 유상 매수 대상이 되었는데, 대상 토지 면적은 논 28.7정보, 밭 11.9정보, 합 40.6정보였으며, 보상補償은 631.8석이다.

참고문헌: 『농지개혁시 피분배지주 및 일제하 대지주 명부』, 한국농촌경제연구원, 1985.12

김두회金斗會

해방후 이천의 지주이다. 1950년 주소는 이천군 율면栗面 본소리本所里 393번지이다. 1950년 농지개혁 당시 정부의 유상 매수 대상이 되었는데, 대상 토지 면적은 논 27.6정보, 밭 13.5정보, 합 41.1정보였으며, 보상補償은 959.9석이다.

참고문헌: 『농지개혁시 피분배지주 및 일제하 대지주 명부』, 한국농촌경제연구원, 1985.12

김병철金炳哲 (1897년생)

해방후 이천의 지주이다. 1950년 주소는 이천군 이천읍 중리中里이다. 양정고등
보통학교를 중퇴했다. 이천금융조합 조합장, 이천상공회 회장을 지냈다. 1950년
농지개혁 당시 정부의 유상 매수 대상이 되었는데, 대상 토지 면적은 논 16.8정
보, 밭 6.8정보, 합 23.6정보였으며, 보상補償은 794.8석이다.

1922년 11월 이천청년회에서 교육에 관한 토론회를 개최했는데, 김병철은 찬성
측 연사였다. 1924년 8월 동아일보사 이천분국 설치와 함께 분국 총무를 맡았다.
1925년 4월 이천 지국으로 변경될 때 지국장이 되었다. 1940년 경기도회 의원으
로서 경영난에 빠진 이천유치원에 매년 2백원씩 기부하기로 했다. 또 대한독립
촉성국민회, 국민회, 대한청년단 등의 이천지부장, 이천군농민회장도 역임했다.
읍회 의원, 경기도회 의원을 지내고, 1950년대 자유당 중앙위원, 자유당 이천군
당 위원장이었고, 1954년 제3대 국회의원에 당선되었다.

참고문헌: 『농지개혁시 피분배지주 및 일제하 대지주 명부』, 한국농촌경제연구원, 1985.12; 『동아일보』
1922.11.25., 1924.8.18., 1925.4.26., 1940.5.24.; 국사편찬위원회 한국사데이터베이스 한국근현대인
물자료(http://db.history.go.kr/)

전홍식全泓植

일제강점기 이천의 지주, 기업인이다. 일본 이름은 石川泓植이다. 1919년 주소는
이천군 읍내면邑內面이고, 1924년 주소는 읍내면 관고리官庫里 42번지이며, 1938
년 주소는 이천면 관고리이다. 1938년 경기도농회京畿道農會에서 도내 전담 30
정보町步 이상 소유 지주를 대상으로 조사하여 작성한 지주명부에 수록되었다.
1937년 6월말 기준 이천군에 논 25정보, 밭 5정보를 소유하였고, 고용된 소작인

은 120명이었다. 1924년 7월 이천종묘주식회사의 설립과 함께 된 취체역이 되었고, 1927년 4월 주식회사 이천산업사의 설립과 함께 취체역이 되어 1940년 8월에도 여전히 같은 자리에 있었다. 1919년 7월 이천공립보통학교 생도실습용으로 꿀벌 1상자를 기부하여 포상으로 목배 1개를 받았다.

참고문헌: 『농지개혁시 피분배지주 및 일제하 대지주 명부』, 한국농촌경제연구원, 1985.12; 국사편찬위원회 한국
　　　사데이터베이스 한국근현대회사조합자료(http://db.history.go.kr/); 『조선총독부관보』 1919.7.7., 1924.8.28.,
　　　1927.7.9., 1940.9.11.

유범준俞範濬

일제강점기 이천에 거주했던 지주로 1938년 이천면利川面 관고리官庫里에 거주했다. 경기도농회京畿道農會에서 도내 전답 30정보町步 이상 소유 지주를 대상으로 조사하여 작성한 지주명부에 수록되었다. 1937년 6월말 현재 이천군利川郡에 답 30정보, 전 5정보를 소유하고 있었으며, 고용한 소작인 수는 총90명이었다.

참고문헌: 『농지개혁시 피분배지주 및 일제하 대지주 명부』, 한국농촌경제연구원, 1985.12

이기현李箕鉉

일제강점기 이천에 거주했던 지주이다. 1938년 주소는 마장면麻長面 덕평리德坪里이며 1934년부터 1939년까지 이천군利川郡 마장면장을 역임했다. 경기도농회京畿道農會에서 도내 전답 30정보町步 이상 소유 지주를 대상으로 조사하여 작성한 지주명부에 수록되었다. 1937년 6월말 현재 이천군에 답 24정보, 전 12정보를 소유하고 있었으며, 고용한 소작인 수는 총52명이었다. 용인군龍仁郡에서는

답 17정보, 전 14정보를 경영했으며, 소작인 수는 57명이었다.

참고문헌: 『농지개혁시 피분배지주 및 일제하 대지주 명부』, 한국농촌경제연구원, 1985.12: 『직원록』 (국사편찬위원
회 한국사데이터베이스 http://db.history.go.kr/)

이봉주李鳳周

이천에 거주했던 지주로 주소는 1950년 현재 이천읍利川邑 창전리倉前里이다. 농
지개혁 당시 정부의 유상매수 대상이 되었다. 토지 면적은 논 27정보町步, 밭 5.4
정보로 총 32.4정보였으며, 보상석수는 정조正租 584.8석石이었다.

참고문헌: 『농지개혁시 피분배지주 및 일제하 대지주 명부』, 한국농촌경제연구원, 1985.12

이용주李龍周

일제강점기 이천에 거주했던 지주로 1938년 이천면利川面 창전리倉前里에 거주
했다. 경기도농회京畿道農會에서 도내 전답 30정보町步 이상 소유 지주를 대상으
로 조사하여 작성한 지주명부에 수록되었다. 1937년 6월말 현재 이천군利川郡에
답 64정보, 전 33정보를 소유하고 있었으며, 고용한 소작인 수는 총249명이었다.

참고문헌: 『농지개혁시 피분배지주 및 일제하 대지주 명부』, 한국농촌경제연구원, 1985.12

이용한李鎔漢

이천에 거주했던 지주로 주소는 1950년 현재 이천읍利川邑 창전리倉前里이다. 농
지개혁 당시 정부의 유상매수 대상이 되었다. 토지 면적은 논 30.9정보(町步), 밭

15.9정보로 총 46.8정보였으며, 보상석수는 정조正租 757.9석石이었다.

참고문헌: 『농지개혁시 피분배지주 및 일제하 대지주 명부』, 한국농촌경제연구원, 1985.12

이용호李龍鎬

일제강점기 이천에서 거주했다. 1934년부터 1938년까지 청미면장淸渼面長직을 담당했다. 경기도 장호원금융조합장을 역임했다.

참고문헌: 『직원록』(국사편찬위원회 한국사데이터베이스 http://db.history.go.kr/); 藤澤淸次郞, 『朝鮮金融組合と人物』, 大陸民友社, 1937

이재기李在璣

일제강점기 이천에 거주했던 지주이다. 1938년 주소는 이천면利川面 중리中里로 번지 미상이다. 경기도농회京畿道農會에서 도내 전답 30정보町步 이상을 소유한 지주를 대상으로 조사하여 작성한 지주명부에 수록되었다. 1937년 6월말 현재 이천군利川郡에 논 37정보, 밭 13정보로 총 50정보를 소유하고 있었다. 고용한 소작인 수는 총 300명이었다.

참고문헌: 『농지개혁시 피분배지주 및 일제하 대지주 명부』, 한국농촌경제연구원, 1985.12

조경화趙慶華

일제강점기 이천에 거주했던 지주이다. 1938년 주소는 청미면淸渼面 장호원리長湖院里로 번지 미상이다. 이천군利川郡 청미면 장호원리 38번지를 본점으로 금융업과 육해산물의 매매 등을 목적으로 1831년 7월 24일 설립한 주식회사 장호원식산長湖院殖産의 이사를 맡아서 활동하였다. 경기도농회京畿道農會에서 도내 전답 30정보町步 이상을 소유한 지주를 대상으로 조사하여 작성한 지주명부에 수록되었다. 1937년 6월말 현재 이천군利川郡에 논 43정보, 밭 12정보로 총 55정보를 소유하고 있었다. 고용한 소작인 수는 총 40명이었다. 해방 이후 1950년 현재 주소지는 이천군 장호원읍長湖院邑 장호원리로 번지 미상이다. 농지개혁 당시 정부의 유상매수 대상이 되었다. 토지 면적은 논 32.8정보町步, 밭 11.9정보로 총 44.7정보를 소유하고 있었다. 보상석수는 정조正租 1,574.0석石이었다.

참고문헌: 『농지개혁시 피분배지주 및 일제하 대지주 명부』, 한국농촌경제연구원, 1985.12; 『朝鮮銀行會社組合要錄』(1933년판) (한국사데이터베이스 http://db.history.go.kr/)

조종길曺鍾吉

일제강점기 이천에 거주했던 경제인이자, 지주이다. 1938년 주소는 이천면利川面 창전리倉前里로 번지 미상이다. 이천군利川郡 읍내면邑內面 창전리倉前里 160번지에 본점을 두고 온천 채굴업을 목적으로 1924년 7월 17일 설립된 주식회사 이천흥업利川興業의 이사를 역임하였다. 경기도농회京畿道農會에서 도내 전답 30정보町步 이상을 소유한 지주를 대상으로 조사하여 작성한 지주명부에 수록되었다. 1937년 6월말 현재 이천군에 논 46정보, 밭 84정보로 총 130정보를 소유하고 있었다. 고용한 소작인 수는 총 123명이었다.

참고문헌: 『농지개혁시 피분배지주 및 일제하 대지주 명부』, 한국농촌경제연구원, 1985.12; 『朝鮮銀行會社組合要錄』(1937년판) (한국사데이터베이스 http://db.history.go.kr/)

최기준崔基駿

일제강점기 이천에 거주했던 지주이다. 1938년 주소는 대월면大月面 대대리大垈里로 번지 미상이다. 경기도농회京畿道農會에서 도내 전답 30정보町步 이상을 소유한 지주를 대상으로 조사하여 작성한 지주명부에 수록되었다. 1937년 6월말 현재 이천군利川郡에 논 44정보, 밭 7정보로 총 51정보를 소유하고 있었다. 고용한 소작인 수는 총 75명이었다.

참고문헌: 『농지개혁시 피분배지주 및 일제하 대지주 명부』, 한국농촌경제연구원, 1985.12

최문찬崔文贊

일제강점기 이천에 거주했던 지주이다. 1938년 주소는 이천면利川面 창전리倉前里로 번지 미상이다. 경기도농회京畿道農會에서 도내 전답 30정보町步 이상을 소유한 지주를 대상으로 조사하여 작성한 지주명부에 수록되었다. 1937년 6월말 현재 이천군利川郡에 논 29정보, 밭 10정보로 총 39정보를 소유하고 있었다. 고용한 소작인 수는 총 106명이었다.

참고문헌: 『농지개혁시 피분배지주 및 일제하 대지주 명부』, 한국농촌경제연구원, 1985.12

최하영崔夏永

경기 이천에서 1908년 7월 18일 태어났다. 일본 이름은 향산하영香山夏永이다. 경성제이공립보통학교京城第二公立普通學校를 중퇴하고 일본으로 유학하여 1925년 3월 효고현兵庫縣에 있는 히메지중학교姬路中學校를 졸업하였다. 1928년 3월 시마네현島根縣 마쓰에고등학교松江高等學校를 졸업하였고, 1932년 3월 도쿄제국대학東京帝國大學 법학부 정치학과를 졸업하였다. 1933년 10월 일본 고등문관시험高等文官試驗 행정과에 합격하였고, 1934년 일본 내무성 도쿄부東京府 속屬을 거쳐 1937년 10월 조선총독부 내무부 지방과地方課 사무관事務官으로 옮겼다. 1939년 7월에는 조선총독부 주택대책위원회 간사, 조선총독부 임시재해대책위원회 간사 등을 맡았다. 1941년 11월 조선총독부 후생국厚生局 사회과社會課 사무관, 1942년 11월 조선총독부 사정국司正局 노무과勞務課 사무관을 거쳐, 1943년 9월 서기관으로 승진한 후 조선총독부 총무국總務局 조사과장이 되었다. 1944년 조선중앙정보위원회朝鮮中央情報委員會 위원, 국민총력운동연락위원회國民總力運動連絡委員會 위원, 근로동원본부勤勞動員本部 참사參事, 경제안정대책위원회經濟安定對策委員會 간사 등을 맡았다. 1945년 4월 조선총독부 농상국農商局 농상과장이 되었다. 해방 이후 미군정청美軍政廳 농상국 고문관을 지내다가 퇴직하였다. 주식회사 천일제약天一製藥 이사와 심우사 사장으로 활동하다가 다시 관계로 돌아갔다. 1951년 3월 심계원審計院 사무총국장, 1952년 2월 심계원 차장, 1956년 10월 심계원 원장을 역임하였다. 1960년 3.15부정선거 혐의자로 체포되어, 1961년 2월에 7년간 공민권公民權 제한 처분을 받았다. 옥중에서 출마한 1960년 7월 제5대 민의원 선거에서 무소속 후보로 경기도 이천에서 당선되었지만, 공민권 제한 처분으로 의원직을 상실하였다. 1966년 주식회사 동광운수東光運輸 대표이사, 1967년 주식회사 한국정밀기공업韓國精密機工業 사장을 역임하였다. 1978년 7월 사망하였다. 일제강점기 친일반민족행위로 인해 친일인명사전에 수록되었다.

참고문헌: 친일인명사전편찬위원회 편, 『친일인명사전』, 2009; 『직원록』(국사편찬위원회 한국사데이터베이스 http://db.history.go.kr/)

익영팔장益永八藏

일제강점기 이천에 거주했던 일본인 지주이다. 1938년 주소는 청미면淸渼面 장호원리長湖院里로 번지 미상이다. 경기도농회京畿道農會에서 도내 전답 30정보町步 이상을 소유한 지주를 대상으로 조사하여 작성한 지주명부에 수록되었다. 1937년 6월말 현재 이천군(利川郡)에 논 78정보, 밭 40정보로 총 118정보를 소유하고 있었다. 고용한 소작인 수는 총 200명이었다.

참고문헌: 『농지개혁시 피분배지주 및 일제하 대지주 명부』, 한국농촌경제연구원, 1985.12

15부

파주坡州

파주는 1972년에,
일제강점기 장단군 관할구역의 일부 지역(장단면, 군내면, 진동면, 진서면)을 포괄하게 되었다.

: : 파주시 행정구역 변천 연혁(파주시청 홈페이지에서 인용)

1895	고종 32년 파주목이 파주군으로 됨
1914. 3. 1	교하군을 파주군에 편입(10면)
1945. 11. 3	연천군 적성면, 남면을 편입(12면)
1946. 2. 5	남면을 양주군으로 이관(11면)
1972. 12. 28	장단군 장단면, 군내면, 진동면, 진서면을 편입(15면)
1983. 2. 15	주내읍을 파주읍으로 명칭변경, 양주군 백석면 기산리, 영장리를 광탄면에 편입하고 영장출장소 개설
1987. 1. 1	광탄면 기산리 일부(기산1리)가 양주군 백석면에 편입
1996. 3. 1	파주군에서 파주시로 승격

민화식閔華植

일제강점기 파주의 금융조합장, 면장이다. 1872년 12월에 태어났다. 본관은 여흥이다. 1910년 경 주소는 교하군交河郡 청암면青岩面 연다산리煙多山里이고, 1925년 주소는 파주군 청석면青石面 연다리煙多里 99번지이다.

    1910년 4월 파주군 문산포지방금융조합 설립위원에 임명되었고, 같은 해 11월 같은 조합 평의원에 선임되었다. 1915년 2월 조선총독부로부터 파주군 청석면 오도리 임야 0.6923정보에 대해 국유임야 양여허가 처분을 받았다. 1925년 4월 금촌금융조합 감사가 되었고, 1926년 4월 감사에 재선되었다. 이후 금촌금융조합 조합장이 되었고, 1937년 4월 임기만료로 물러났다. 1910년 10월 교하군 청암면 면장이었다.

참고문헌: 『朝鮮總督府官報』 1915.2.15.; 1925.5.30.; 1926.6.7.; 1937.8.3.; 藤澤淸次郎, 『朝鮮金融組合と人物』, 大陸民友社, 1937; 국사편찬위원회 한국사데이터베이스 한국근현대인물자료(http://db.history.go.kr/)

박상옥朴相玉

해방후 파주의 지주이다. 1950년 주소는 파주군 교하면交河面 문발리文發里이다. 1950년 농지개혁 당시 정부의 유상 매수 대상이 되었는데, 대상 토지(논·밭) 면적은 미상이며, 보상補償은 1,985.4석이다.

참고문헌: 『농지개혁시 피분배지주 및 일제하 대지주 명부』, 한국농촌경제연구원, 1985.12

박석희朴奭熹

해방후 파주의 지주이다. 1950년 주소는 파주군 교하면交河面 연다리煙多里이다. 1950년 농지개혁 당시 정부의 유상 매수 대상이 되었는데, 대상 토지 면적은 논 39.2정보, 밭 2.1정보, 합 41.3정보였으며, 보상(補償)은 719.9석이다.

참고문헌: 『농지개혁시 피분배지주 및 일제하 대지주 명부』, 한국농촌경제연구원, 1985.12

박성빈朴性斌

해방후 파주의 지주이다. 1950년 주소는 파주군 교하면交河面 연다리煙多里 320번지이다. 1950년 농지개혁 당시 정부의 유상 매수 대상이 되었는데, 대상 토지 면적은 논 24.2정보, 밭 13.9정보, 합 38.1정보였으며, 보상補償은 623.1석이다.

참고문헌: 『농지개혁시 피분배지주 및 일제하 대지주 명부』, 한국농촌경제연구원, 1985.12

박성시朴性時

해방후 파주의 지주이다. 1950년 주소는 파주군 교하면交河面 연다리煙多里 153번지이다. 1950년 농지개혁 당시 정부의 유상 매수 대상이 되었는데, 대상 토지(논·밭) 면적은 미상이며, 보상補償은 2,067.1석이다.

참고문헌: 『농지개혁시 피분배지주 및 일제하 대지주 명부』, 한국농촌경제연구원, 1985.12

박영희朴榮喜

일제강점기 파주의 지주이다. 1938년 주소는 파주군 교하면交河面 전홍리畑弘

里이다. 1938년 경기도농회京畿道農會에서 도내 전답 30정보町步 이상 소유 지주를 대상으로 조사하여 작성한 지주명부에 수록되었다. 1937년 6월말 기준 파주군에 논 28정보, 밭 6정보를 소유하였고, 고용된 소작인은 30명이었다.

참고문헌: 『농지개혁시 피분배지주 및 일제하 대지주 명부』, 한국농촌경제연구원, 1985.12

박천희朴天熹

해방후 파주의 지주이다. 1950년 주소는 파주군 교하면交河面 연다리煙多里 320번지이다. 1950년 농지개혁 당시 정부의 유상 매수 대상이 되었는데, 대상 토지 면적은 논 51정보, 밭 11.6정보, 합 62.6정보였으며, 보상補償은 1,184.2석이다.

참고문헌: 『농지개혁시 피분배지주 및 일제하 대지주 명부』, 한국농촌경제연구원, 1985.12

박태병朴台秉

일제강점기 파주의 지주이다. 1938년 주소는 파주군 조리면條里面 봉일천리奉日川里 205번지이다. 1938년 경기도농회京畿道農會에서 도내 전답 30정보町步 이상 소유 지주를 대상으로 조사하여 작성한 지주명부에 수록되었다. 1937년 6월말 기준 파주군에 논 23정보, 밭 7정보를 소유하였고, 고용된 소작인은 102명이었다. 1938년 6월 경성부의 김팔룡과 더불어 강원도 회양군 내금강면의 텅스텐광 72만평의 광업권을 설정했다.

참고문헌: 『농지개혁시 피분배지주 및 일제하 대지주 명부』, 한국농촌경제연구원, 1985.12; 『조선총독부관보』 1938.6.17., 1938.7.11.

손영호孫永鎬

일제강점기 파주에 거주했던 지주로 1938년 주소는 교하면交河面 야당리野塘里이
다. 경기도농회京畿道農會에서 도내 전답 30정보町步 이상 소유 지주를 대상으로
조사하여 작성한 지주명부에 수록되었다. 1937년 6월말 현재 파주군坡州郡에
답 34정보, 전 19정보를 소유하고 있었으며, 고용한 소작인 수는 총70명이었다.

참고문헌: 『농지개혁시 피분배지주 및 일제하 대지주 명부』, 한국농촌경제연구원, 1985.12

이순진李順鎭

일제강점기 파주에 거주했던 지주로 1938년 주소는 교하면交河面 문발리文發里이
다. 경기도농회京畿道農會에서 도내 전답 30정보町步 이상 소유 지주를 대상으로
조사하여 작성한 지주명부에 수록되었다. 1937년 6월말 현재 파주군坡州郡에
답 42정보, 전 9정보를 소유하고 있었으며, 고용한 소작인 수는 총163명이었다.

참고문헌: 『농지개혁시 피분배지주 및 일제하 대지주 명부』, 한국농촌경제연구원, 1985.12

이인호李仁鎬

파주에 거주했던 지주이다. 주소지는 1950년 현재 조리면條里面 등원리登院里 950
이다. 농지개혁 당시 정부의 유상매수 대상이 되었다. 토지 면적은 논 21.0정
보町步, 밭 3.7정보로 총 24.7정보를 소유하고 있었다. 보상석수는 정조正租 708.9
석石이었다.

참고문헌: 『농지개혁시 피분배지주 및 일제하 대지주 명부』, 한국농촌경제연구원, 1985.12

장두옥張斗玉

일제강점기 파주에 거주했던 지주이다. 1938년 주소는 임진면臨津面 문산리汶山里로 번지 미상이다. 경기도농회京畿道農會에서 도내 전답 30정보町步 이상을 소유한 지주를 대상으로 조사하여 작성한 지주명부에 수록되었다. 1937년 6월말 현재 파주군坡州郡에 논 4정보, 밭 29정보로 총 33정보를 소유하고 있었다. 고용한 소작인 수는 총 31명이었다.

참고문헌: 『농지개혁시 피분배지주 및 일제하 대지주 명부』, 한국농촌경제연구원, 1985.12

정남훈鄭南薰

파주에 거주했던 지주이다. 주소지는 1950년 현재 임진면臨津面 임진리臨津里로 번지 미상이다. 농지개혁 당시 정부의 유상매수 대상이 되었다. 토지 면적은 논 20.1정보町步, 밭 17.9정보로 총 38.0정보를 소유하고 있었다. 보상석수는 정조正租 699.9석石이었다.

참고문헌: 『농지개혁시 피분배지주 및 일제하 대지주 명부』, 한국농촌경제연구원, 1985.12

정병순鄭炳舜

일제강점기 파주에 거주했던 경제인이자, 지주이다. 1938년 주소는 임진면臨津面 서임진리西臨津里로 번지 미상이다. 장단군長湍郡 군내면郡內面 읍내리邑內里 373번지에 본점을 두고 운송업, 자동차 영업 등을 목적으로 1931년 9월 15일 설립된 주식회사 장단상사長湍商事의 감사를 맡았다. 경기도농회京畿道農會에서 도내 전답 30정보町步 이상을 소유한 지주를 대상으로 조사하여 작성한 지주명부에 수록되었다. 1937년 6월말 현재 장단군에 논 53정보, 밭 55정보로 총 108정보를 소유하고 있었다. 고용한 소작인 수는 총 175명이었다.

참고문헌: 『농지개혁시 피분배지주 및 일제하 대지주 명부』, 한국농촌경제연구원, 1985.12: 『朝鮮銀行會社組合要錄』(1933년판), 『朝鮮銀行會社組合要錄』(1935년판) (한국사데이터베이스 http://db.history.go.kr/)

최봉현崔鳳鉉

일제강점기 파주에 거주했던 지주이다. 1938년 주소는 탄현면炭縣面 갈현리葛峴里로 번지 미상이다. 경기도농회京畿道農會에서 도내 전답 30정보町步 이상을 소유한 지주를 대상으로 조사하여 작성한 지주명부에 수록되었다. 1937년 6월말 현재 파주군坡州郡에 논 46정보, 밭 9정보로 총 55정보를 소유하고 있었다. 고용한 소작인 수는 총 110명이었다.

참고문헌: 『농지개혁시 피분배지주 및 일제하 대지주 명부』, 한국농촌경제연구원, 1985.12

16부

평택平澤

1938년 진위군이 평택군으로 개칭되었다.

::**평택시 행정구역 변천 연혁**(평택군청 홈페이지에서 인용)

1914년 3월 1일	충청남도 평택군, 경기도 수원군 일부가 경기도 진위군에 병합
1931년 4월 1일	진위군 병남면을 평택면으로 개정(현 남평택 6개동)
1934년 4월 1일	진위군 부용면 서면 일원을 팽성면으로 개정(현 팽성읍), 북면(1948·8· 진위면으로 개칭) 송탄면(송탄지역 7개동) 서탄면 고덕면 오성면 청북면 포승면 현덕면
1938년 10월 1일	진위군을 평택군으로 개칭(평택면 일원을 평택읍으로 개정)
1981년 7월 1일	송탄읍이 시로 승격 분리
1983년 2월15일	안성군 원곡면 용이리 죽백리 청용리 월곡리와 공도면 소사리가 평택읍에, 용인군 남사면 진목리 일부 봉명리 일부가 진위면에 각각 편입
1986년 1월 1일	평택군 평택읍이 평택시로 승격(2실 11과 40계 6동)
1987년 1월 1일	화성군 양감면 고렴리가 평택군 청북면에, 평택군 서탄면 적봉리 일부가 송탄시 서정동에 각각 편입
1995년 4월 20일	진위면 갈곳리 청호리 고현리 각각 일부가 오산시 대원동으로 편입
1995년 5월 10일	송탄시 평택시 평택군을 각각 폐치하고 도농복합형태의 평택시 설치

강대철姜大喆

일제강점기 평택의 지역유지이다. 일본 이름은 神山大喆이다. 1944년 주소는 평택군 팽성면彭城面 남산리南山里 95번지이고, 평택금융조합 감사를 지내다가 1939년 4월 임기 만료로 물러났다. 충청남도에서 1911년 3월 군郡 서기에 임명되고, 1912년 8월 1일부로 '한국병합기념장'을 받았다. 1913년 1월 도道 서기에 임명되었다. 1920년 10월 고등관(군수)으로 승진하여 청양군수에 임명되었다. 이후 보령(1923년), 홍성(1925년), 당진(1927년) 등 충청남도 관내 군수를 역임하고, 1929년 황해도 평산군수로 전임되었다가 1931년 3월 의원依願 면직하였다. 1928년 6월 훈6등 서보장을 받았다.

참고문헌: 『조선총독부관보』 1911.3.9., 1913.1.25., 1913.6.2., 1920.10.13., 1928.6.4., 1931.4.7., 1931.5.11., 1939.6.17; 김인호, 「일제강점기 평택 지역의 조선인 경제인 실태」, 『지역과 역사』 42, 2018

김복동金卜同

해방후 평택의 지주이다. 1950년 주소는 평택군 평택읍平澤邑 평택리平澤里 221번지이다. 1950년 농지개혁 당시 정부의 유상 매수 대상이 되었는데, 대상 토지(논·밭) 면적은 미상이며, 보상補償은 1,070.9석이다.

참고문헌: 『농지개혁시 피분배지주 및 일제하 대지주 명부』, 한국농촌경제연구원, 1985.12

김석규金錫圭

일제강점기 평택의 기업인이다. 1938년 주소는 평택군 평택읍 통복리通伏里 319번지이다. 1938년 12월 주식회사 진흥사 설립과 함께 취체역이 되었다.

참고문헌: 『조선총독부관보』 1939.2.2; 김인호, 「일제강점기 평택 지역의 조선인 경제인 실태」, 『지역과 역사』 42, 2018

김영철金榮喆

일제강점기 평택의 기업인이다. 1937년 주소는 진위군 청북면靑北面 어소리魚沼里 51번지이다. 1936년 12월 평택산업주식회사 설립과 함께 감사역에 선임되었고, 1939년에도 그 자리에 있었다.

참고문헌: 『조선총독부관보』 1937.3.19.; 국사편찬위원회 한국사데이터베이스 한국근현대회사조합자료(http://db.history.go.kr/)

김제현金濟鉉

해방후 평택의 지주이다. 1950년 주소는 평택군 평택읍 평택리 138번지이다. 1950년 농지개혁 당시 정부의 유상 매수 대상이 되었는데, 대상 토지(논·밭) 면적은 미상이며, 보상補償은 853.5석이다.

참고문헌: 『농지개혁시 피분배지주 및 일제하 대지주 명부』, 한국농촌경제연구원, 1985.12

김준식金峻植

일제강점기 평택의 금융조합장이다. 1913년 주소는 충남 평택군 읍내면邑內面이고, 1918년 주소는 진위군 부용면芙蓉面 신궁리新宮里 137번지이다. 1918년 4월 평택지방금융조합장 임기만료 후 중임되었다. 1913년 2월 극빈자 구휼을 위해 벼 6석 2말 5되, 좁쌀 7말 5되를 기부하여 목배 1개를 받았다. 1919년 3월 19일 진위군 참사에 임명되었다.

참고문헌: 『조선총독부관보』 1914.4.16., 1918.5.10., 1919.3.29.

김찬영金瓚永

해방후 평택의 지주이다. 1950년 주소는 평택군 팽성읍彭城邑 평궁리坪宮里이다. 1950년 농지개혁 당시 정부의 유상 매수 대상이 되었는데, 대상 토지 면적은 논 29.5정보, 밭 4.7정보, 합 34.2정보였으며, 보상補償은 814.7석이다.

참고문헌: 『농지개혁시 피분배지주 및 일제하 대지주 명부』 한국농촌경제연구원, 1985.12

김택기金宅起

일제강점기 평택의 기업인이다. 일본 이름은 神林辰明이다. 평택주조주식회사 취체역 임기 만료로 1938년 1월 주주총회에서 재선되었고, 진안자동차운수주식회사 감사역 임기 만료로 같은 해 7월 재선되어 중임하였으며, 1940년 9월 조선국자주식회사 지배인에서 해임되었다. 1921년부터 1930년까지 파주군, 안성군, 진위군의 군속郡屬이었다.

참고문헌: 『조선총독부관보』 1938.3.11., 8.15., 1940.10.22.; 국사편찬위원회 한국사데이터베이스 직원록자료 (http://db.history.go.kr/)

남상룡南相龍

해방후 평택의 지주이다. 1950년 주소는 평택군 송탄면松炭面 신장리新場里이다. 1950년 농지개혁 당시 정부의 유상 매수 대상이 되었는데, 대상 토지 면적은 논 35.6정보, 밭 13정보, 합 48.6정보였으며, 보상補償은 782.4석이다.

참고문헌: 『농지개혁시 피분배지주 및 일제하 대지주 명부』, 한국농촌경제연구원, 1985.12

민광식閔光植

일제강점기 평택의 지주, 은행원이다. 1938년 주소는 진위군振威郡 평택면 세교리細橋里이다. 1938년 경기도농회京畿道農會에서 도내 전답 30정보町步 이상 소유 지주를 대상으로 조사하여 작성한 지주명부에 수록되었다. 1937년 6월말 기준 진위군에 논 88정보, 밭 24정보를 소유하였고, 고용된 소작인은 277명이었다. 지주명부에 직업이 은행원이라 기재되어 있다.

참고문헌: 『농지개혁시 피분배지주 및 일제하 대지주 명부』, 한국농촌경제연구원, 1985.12

민병후閔丙厚

해방후 평택의 지주이다. 1950년 주소는 평택군 평택읍 세교리 185번지이다. 1950년 농지개혁 당시 정부의 유상 매수 대상이 되었는데, 대상 토지(논·밭) 면적은 미상이며, 보상補償은 1,319.3석이다.

참고문헌: 『농지개혁시 피분배지주 및 일제하 대지주 명부』, 한국농촌경제연구원, 1985.12

민인호閔麟鎬

일제강점기 평택의 기업인, 면장이다. 1925년 주소는 진위군 서면西面 대추리大秋里 143번지이다. 1909년 성환지방금융조합 평의원이 되었고, 1925년 4월 평택금융조합 감사에 취임했다. 평택군 서면과 경양면의 면장을 역임했다.

참고문헌: 『조선총독부관보』 1925.6.1.; 국사편찬위원회 한국사데이터베이스 한국근현대인물자료(http://db.history.go.kr/)

박용웅朴容雄

해방후 평택의 지주이다. 1950년 주소는 평택군 평택읍 죽리竹里 3313번지이다. 1950년 농지개혁 당시 정부의 유상 매수 대상이 되었는데, 대상 토지 면적은 논 18.6정보, 밭 5.3정보, 합 23.9정보였으며, 보상補償은 611.1석이다.

참고문헌: 『농지개혁시 피분배지주 및 일제하 대지주 명부』 한국농촌경제연구원, 1985.12

박원용朴元用

일제강점기 평택의 금융조합장, 면장이다. 1925년 주소는 진위군 부용면芙蓉面 객사리客舍里 53번지이다. 1925년 4월 평택금융조합 감사에 취임했고, 1929년 조합장이었다. 1915년부터 진위군 군서기가 되었다. 1930년 4월 진위군의 도평의회원에 임명되었다. 1928년 진위군 부용면장으로 재직 중에 대례기념장을 받았다. 1940년 5월 팽성면장 직을 퇴직했다. 팽성면장으로 재직 중 주임관 대우를 받았다.

참고문헌: 『조선총독부관보』 1925.6.1., 1930.1.29., 1930.4.24., 1940.5.14., 6.4.; 국사편찬위원회 한국사데이터베이스 한국근현대인물자료, 한국근현대회사조합자료(http://db.history.go.kr/); 『동아일보』 1940.5.10.

박재필朴在弼

해방후 평택의 지주이다. 1950년 주소는 평택군 현덕면玄德面 화양리華陽里이다. 안중고등공민학교 설립자로 1950년 농지개혁 당시 정부의 유상 매수 대상이 되었는데, 대상 토지 면적은 논 15.7정보, 밭 6.8정보, 합 22.5정보였으며, 보상補償은 510.7석이다. 1959년 현덕면 화양리에서 태화정미소를 경영했다.

참고문헌: 『농지개혁시 피분배지주 및 일제하 대지주 명부』, 한국농촌경제연구원, 1985.12; 국사편찬위원회 한국사데이터베이스 한국근현대회사조합자료(http://db.history.go.kr/)

박태병朴泰秉

일제강점기 평택의 지주이다. 1937년 주소는 진위군 오성면梧城面 숙성리宿城里)이다. 1938년 경기도농회京畿道農會에서 도내 전답 30정보町步 이상 소유 지주를 대상으로 조사하여 작성한 지주명부에 수록되었다. 1937년 6월말 기준 진위군에 논 31정보, 밭 8정보를 소유하였고, 고용된 소작인은 215명이었다.

참고문헌: 『농지개혁시 피분배지주 및 일제하 대지주 명부』, 한국농촌경제연구원, 1985.12

방달용方達容

해방후 평택의 지주이다. 1909년 경 태어났다. 서울 중동학교를 졸업했다. 1949년 주소는 평택군 팽성면 객사리客舍里이고, 1950년 주소는 원정리院井里이다. 1950년 농지개혁 당시 정부의 유상 매수 대상이 되었는데, 대상 토지(논·밭) 면적은 미상이며, 보상補償은 588.2석이다. 해방 후 독립촉성국민회 지부장, 소방대장를 역임하고, 1952년 팽성면의회 의장이었다.

참고문헌: 『농지개혁시 피분배지주 및 일제하 대지주 명부』, 한국농촌경제연구원, 1985.12; 국사편찬위원회 한국 사데이터베이스 직원록자료, 한국근현대인물자료(http://db.history.go.kr/)

방승학方承鶴

해방후 평택의 지주이다. 1950년 주소는 평택군 팽성면彭城面 원정리院井里이다. 1950년 농지개혁 당시 정부의 유상 매수 대상이 되었는데, 대상 토지 면적은 논 30정보, 밭 11.6정보, 합 41.6정보였으며, 보상補償은 1,036.9석이다.

참고문헌: 『농지개혁시 피분배지주 및 일제하 대지주 명부』, 한국농촌경제연구원, 1985.12

방준용方俊容

해방후 평택의 지주이다. 1950년 주소는 평택군 팽성면彭城面 대추리大秋里 147번지이다. 1950년 농지개혁 당시 정부의 유상 매수 대상이 되었는데, 대상 토지(논·밭) 면적은 미상이다.

참고문헌: 『농지개혁시 피분배지주 및 일제하 대지주 명부』, 한국농촌경제연구원, 1985.12

방필재方弼栽

일제강점기 평택의 지역유지이다. 1923년 주소는 진위군 부용면芙蓉面 원정리院井里 92번지이다. 1923년 4월 평택금융조합 감사에 중임되었다. 1915년 '시정5주년 물산공진회'에 현미(조신력)를 출품하여 포장褒狀을 받았다.

참고문헌: 『조선총독부관보』 1915.11.3., 1923.5.5.

백충기白忠基

일제강점기 평택의 지주이다. 1938년 주소는 진위군 청북면靑北面 한산리閑山里이다. 1938년 경기도농회京畿道農會에서 도내 전답 30정보町步 이상 소유 지주를 대상으로 조사하여 작성한 지주명부에 수록되었다. 1937년 6월말 기준 진위군에 논 28정보, 밭 12정보를 소유하였고, 고용된 소작인은 82명이었다.

참고문헌: 『농지개혁시 피분배지주 및 일제하 대지주 명부』, 한국농촌경제연구원, 1985.12

서기순徐琦淳

일제강점기 평택의 지주이다. 1929년 주소는 진위군 오성면梧城面 양교리梁橋里이다. 1938년 경기도농회京畿道農會에서 도내 전답 30정보町步 이상 소유 지주를 대상으로 조사하여 작성한 지주명부에 수록되었다. 1937년 6월말 기준 진위군에 논 37정보, 밭 19정보를 소유하였고, 고용된 소작인은 103명이었다. 1929년 봄 춘궁기를 당하여 숙성리에 사는 두 아들 상정相政, 상학相學과 더불어 숙성리, 양교리 빈민 40여 호에 좁쌀 25포대와 가마니짜기 자금으로 70여 원을 나눠주었다.

참고문헌: 『농지개혁시 피분배지주 및 일제하 대지주 명부』, 한국농촌경제연구원, 1985.12; 『동아일보』 1929.4.20.

서상정徐相政

일제강점기 평택에 거주했던 지주로 1938년 주소는 오성면梧城面 숙성리宿城里이다. 경기도농회京畿道農會에서 도내 전답 30정보町步 이상 소유 지주를 대상으로 조사하여 작성한 지주명부에 수록되었다. 1937년 6월말 현재 진위군振威郡에 답 31정보, 전 7정보를 소유하고 있었으며, 고용한 소작인 수는 총102명이었다.

참고문헌: 『농지개혁시 피분배지주 및 일제하 대지주 명부』, 한국농촌경제연구원, 1985.12

성주한成周漢

일제강점기 평택에서 거주했던 경제인이다. 주소는 평택읍 통복리通伏里159였다. 1910년부터 1917년까지 조선총독부 임시토지조사국 측량과, 측지과의 기수技手였다. 이후 평택지역소득조사위원 및 1927년에 운수창고업을 위해 설립된 평택합동운송平澤合同運送 주식회사의 감사직을 역임했다. 평택금융조합이 등기 될 때 중역으로 활동했다.

참고문헌: 『직원록』 (국사편찬위원회 한국사데이터베이스 http://db.history.go.kr/); 『朝鮮銀行會社組合要錄』 (국사편찬위원회 한국사데이터베이스 http://db.history.go.kr/); 김인호, 「일제하 평택 지역의 조선인 경제인 실태」, 『지역과역사』 42, 2018

신순호申舜浩

일제강점기 평택에서 거주했던 경제인이다. 1937년 현재 주소는 진위군 평택면 평택리 164-1번지이다. 상업을 목적으로 설립된 주식회사 평택산업平澤産業의 이사, 운수창고업을 했던 평택합동운송平澤合同運送(1940년 평택상사) 주식회사의 이사직을 역임했다.

참고문헌: 『朝鮮銀行會社組合要錄』 (국사편찬위원회 한국사데이터베이스 http://db.history.go.kr/); 김인호, 「일제하 평택 지역의 조선인 경제인 실태」, 『지역과역사』 42, 2018

심의강沈宜剛

일제강점기 평택에서 거주했던 유학자이자 경제인이다. 1887년 9월 3일에 태어났으며 본관은 청송靑松이다. 주소는 진위군振威郡 소고면所古面 율포리栗浦里 1의 5이다. 사립소학교私立小學校, 사립 진흥학교振興學校, 측량학교測量學校를 졸업했다. 대동학회진위지회大東學會振威支會 의원, 수원지방금융조합水原地方金融組合 평의원評議員, 진위군 학무위원學務委員직을 역임했다. 평택금융조합이 등기될 때 중역으로 활동하고 있었다. 『조선신사보감』에는 사람을 대접할 때 꼭 공경하여 명성이 널리 퍼져있다고 기록되어 있다.

참고문헌: 『대동학회월보』 10, 1908.11.25.; 『조선신사보감』 (국사편찬위원회 한국사데이터베이스 http://db.history.go.kr/); 김인호, 「일제하 평택 지역의 조선인 경제인 실태」, 『지역과역사』 42, 2018

안기호安基浩

일제강점기 평택에서 거주했던 경제인이다. 주소는 송탄면 서정리429였다. 서정리운수합자회사西井里運輸合資會社의 운영에 관여했다.

참고문헌: 김인호, 「일제하 평택 지역의 조선인 경제인 실태」, 『지역과역사』 42, 2018

안병철安炳哲

일제강점기 평택에서 거주했던 경제인이다. 주소는 평택읍 평택리136이다. 광업권을 소유하고 있었다.

참고문헌: 김인호, 「일제하 평택 지역의 조선인 경제인 실태」, 『지역과역사』 42, 2018

안우용安禹鏞

일제강점기 평택에 거주했던 지주로 1938년 주소는 고덕면古德面 두능리杜陵里이다. 경기도농회京畿道農會에서 도내 전답 30정보町步 이상 소유 지주를 대상으로 조사하여 작성한 지주명부에 수록되었다. 1937년 6월말 현재 진위군振威郡에 답 39정보, 전 5정보를 소유하고 있었으며, 고용한 소작인 수는 총103명이었다.

참고문헌:『농지개혁시 피분배지주 및 일제하 대지주 명부』, 한국농촌경제연구원, 1985.12

안종순安鍾純

일제강점기 평택에서 거주했던 경제인이다. 일본 이름은 안본종순安本鍾純이며, 1940년 현재 평택읍 비전리563에서 거주하고 있었다. 1934년부터 1939년까지 평택면장平澤面長, 1940년 팽성면장彭城面長직을 역임했다. 1927년부터 1929년에는 안성상사安城商事, 1919년 창립, 상업 주식회사 지배인이었으며, 평택금융조합이 등기될 때 회사 중역 중 한명이었다.

참고문헌:『직원록』(국사편찬위원회 한국사데이터베이스 http://db.history.go.kr/);『朝鮮銀行會社組合要錄』(국사편찬위원회 한국사데이터베이스 http://db.history.go.kr/); 김인호,「일제하 평택 지역의 조선인 경제인 실태」,『지역과역사』42, 2018

안종철安鍾喆

일제강점기 평택에서 거주했던 경제인이다. 주소는 1927년 현재 병남면 평택리 522, 1940년 현재 평택읍 비전리 522이다. 동아일보사 평택분국 고문직을 역임했다. 1931년부터 1937년까지 평택합동운송平澤合同運送 (1927년 창립, 운수창고) 주식회사 이사, 1931년 평택자동차운수平澤自動車運輸 (1929년 창립, 운수창고) 감사, 1935년부터 1941년까지 평택주조平澤酒造 (1934년 창립, 양조업) 주식회사 감사, 1941년 진안자동차운수振安自動車運輸 (1935년 창립, 운수창고) 주식회사 이사, 1941년 평택상사平澤商事 (1927년 창립, 상업) 주식회사 이사 및 사장, 1941년 공도산흥孔道産興 (1937년 창립, 상업) 주식회사 감사, 1931년부터 1933년까지 평택금융조합平澤金融組合 (1914년 창립) 대표직을 담당했다.

참고문헌: 『朝鮮銀行會社組合要錄』 (국사편찬위원회 한국사데이터베이스 http://db.history.go.kr/); 김인호, 「일제하 평택 지역의 조선인 경제인 실태」, 『지역과역사』 42, 2018

양재근梁在根

일제강점기 평택에 거주했던 지주로 1938년 주소는 청북면青北面 율북리栗北里이다. 경기도농회京畿道農會에서 도내 전답 30정보町步 이상 소유 지주를 대상으로 조사하여 작성한 지주명부에 수록되었다. 1937년 6월말 현재 진위군振威郡에 답 35정보, 전 32정보를 소유하고 있었으며, 고용한 소작인 수는 총102명이었다.

참고문헌: 『농지개혁시 피분배지주 및 일제하 대지주 명부』, 한국농촌경제연구원, 1985.12

원제승元濟昇

일제강점기 평택에 거주했다. 1919년, 1927년부터 1929년까지 송탄면장松炭面長직을 역임했다. 평택금융조합이 등기될 때 중역으로 참여했다.

참고문헌: 『직원록』 (국사편찬위원회 한국사데이터베이스 http://db.history.go.kr/); 김인호, 「일제하 평택 지역의 조선인 경제인 실태」, 『지역과역사』 42, 2018

원창업元昌業

평택에 거주했던 지주로 주소는 1950년 현재 포승면浦升面 석정리石井里 773이다. 농지개혁 당시 정부의 유상매수 대상이 되었다. 토지 면적은 논 34.9정보町步, 밭 2.3정보로 총 37.2정보였으며, 보상석수는 정조正租 1,546.5석石이었다.

참고문헌: 『농지개혁시 피분배지주 및 일제하 대지주 명부』, 한국농촌경제연구원, 1985.12

유진柳璡

일제강점기 평택에서 거주했던 경제인이다. 일본 이름은 평산진平山璡이며, 주소는 평택읍 평택리 116번지이다. 운수창고업을 목적으로 설립된 주식회사 평택중선운수平澤中鮮運輸의 이사, 양조업을 했던 평택주조平澤酒造 주식회사의 이사직을 역임했다. 평택군생활필수품소매상업조합平澤郡生活必需品小賣商業組合과 아산탄광의 중역이었다.

참고문헌: 『朝鮮銀行會社組合要錄』(국사편찬위원회 한국사데이터베이스 http://db.history.go.kr/); 김인호, 「일제하 평택 지역의 조선인 경제인 실태」, 『지역과역사』 42, 2018

유창근柳昌根

일제강점기 평택에서 거주했던 경제인이다. 1927년 현재 주소는 진위군 병남면 평택리 116번지이다. 1927년 11월 15일에 사망했다. 1908년 평양재무감독국 산하 수안재무서 주사主事, 1925년부터 1927년까지 진위군 병남면장丙南面長을 역임했다. 1920년 5월부터 동아일보 평택분국장平澤分局長 직을 담당했으며, 1926년 7월 동아일보 평택지국이 설치될 때 지국장으로 임명되었다. 평택금융조합이 등기 될 때 중역으로 활동하였다.

참고문헌: 『직원록』(국사편찬위원회 한국사데이터베이스 http://db.history.go.kr/); 『동아일보』 1920.05.6., 1926.07.09., 1927.11.24.; 김인호, 「일제하 평택 지역의 조선인 경제인 실태」, 『지역과역사』 42, 2018

윤도식尹道植

일제강점기 평택에 거주했다. 1919년부터 1924년까지 진위군 병남면內南面長직을 역임했다. 평택금융조합이 등기될 때 중역으로 참여했다.

참고문헌: 『직원록』(국사편찬위원회 한국사데이터베이스 http://db.history.go.kr/); 김인호, 「일제하 평택 지역의 조선인 경제인 실태」, 『지역과역사』 42, 2018

윤응구尹應九

일제강점기 평택에 거주했던 경제인이다. 일본이름은 영천응구鈴川應九이며 1938년 주소는 평택면平澤面 평택리平澤里이다. 경기도농회京畿道農會에서 도내 전답 30정보町步 이상 소유 지주를 대상으로 조사하여 작성한 지주명부에 수록되었다. 1937년 6월말 현재 평택군에 답 33정보, 전 3정보를 소유하고 있었으며, 고용한 소작인 수는 총200명이었다. 평택군 소득조사위원직을 역임했고, 1941년 평택상사平澤商事(1927년 창립, 상업)이사로 재직하였다.

참고문헌: 『농지개혁시 피분배지주 및 일제하 대지주 명부』, 한국농촌경제연구원, 1985.12; 『朝鮮銀行會社組合要錄』(국사편찬위원회 한국사데이터베이스 http://db.history.go.kr/); 김인호, 「일제하 평택 지역의 조선인 경제인 실태」, 『지역과역사』 42, 2018

윤종민尹鍾敏

1978년 12월 22일에 태어났다. 본관은 파평坡平이다. 1924년 현재 진위군 송탄면松炭面 장안리長安里 477에 거주하고 있었다. 1908년 측량과測量科를 졸업했다. 1902년 혜민원惠民院 주사主事, 1911년. 1919년, 1920년 진위군 참사參事, 1913년 사립 진동학교振東學校 교감校監, 서정리西井里 권농계총무勸農稧總務, 진위농회振威農會 평의원評議員, 수원지방금융조합원水原地方金融組合員, 1915년부터 1917년까지 경기도지방토지조사위원회 임시위원臨時委員직을 역임했다. 1927년 평택금융조합平澤金融組合(1914년 창립)의 대표직을 담당했다. 경기도농회京畿道農會에서 도내 전답 30정보町步 이상 소유 지주를 대상으로 조사하여 작성한 지주명부에 수록되었다. 1937년 6월말 현재 진위군振威郡에 답 15정보, 전 24정보를 소유하고 있었으며, 고용한 소작인 수는 총97명이었다.

참고문헌: 『직원록』(국사편찬위원회 한국사데이터베이스 http://db.history.go.kr/); 『조선신사보감』(국사편찬위원회 한국사데이터베이스 http://db.history.go.kr/); 『朝鮮銀行會社組合要錄』(국사편찬위원회 한국사데이터베이스 http://db.history.go.kr/); 김인호, 「일제하 평택 지역의 조선인 경제인 실태」, 『지역과역사』 42, 2018; 「농지개혁시 피분배지주 및 일제하 대지주 명부」, 한국농촌경제연구원, 1985.12

이강룡李康龍

일제강점기 평택에서 거주했던 경제인이다. 1936년 현재 주소는 진위군 팽성면 두리102이다. 1937년부터 1939년 평택산업平澤産業, 1936년 창립, 상업 주식회사의 이사직을 역임했다.

참고문헌: 『朝鮮銀行會社組合要錄』(국사편찬위원회 한국사데이터베이스 http://db.history.go.kr/); 김인호, 「일제하 평택 지역의 조선인 경제인 실태」, 『지역과역사』 42, 2018

이강세李康世

일제강점기 평택에서 거주했던 경제인이다. 1936년 현재 주소는 진위군 팽성면 두리102이다. 1937년부터 1939년 평택산업平澤産業 (1936년 창립, 상업) 주식회사의 감사직을 역임했다.

참고문헌: 『朝鮮銀行會社組合要錄』(국사편찬위원회 한국사데이터베이스 http://db.history.go.kr/); 김인호, 「일제하 평택 지역의 조선인 경제인 실태」, 『지역과역사』 42, 2018

이강헌李康憲

일제강점기 평택에 거주했던 지주로 1938년 주소는 현덕면玄德面 운정리雲井里이다. 경기도농회京畿道農會에서 도내 전답 30정보町步 이상 소유 지주를 대상으로 조사하여 작성한 지주명부에 수록되었다. 1937년 6월말 현재 진위군(振威郡)에 답 73정보, 전 62정보를 소유하고 있었으며, 고용한 소작인 수는 총218명이었다.

참고문헌: 『농지개혁시 피분배지주 및 일제하 대지주 명부』, 한국농촌경제연구원, 1985.12

이강현李康鉉

일제강점기 평택에서 거주했던 경제인이다. 1936년 현재 주소는 진위군 팽성면 두리102이다. 1937년부터 1939년 평택산업平澤産業 (1936년 창립, 상업) 주식회사의 이사직을 역임했다.

참고문헌: 『朝鮮銀行會社組合要錄』(국사편찬위원회 한국사데이터베이스 http://db.history.go.kr/); 김인호, 「일제하 평택 지역의 조선인 경제인 실태」, 『지역과역사』 42, 2018

이두종李斗鍾

일제강점기 평택에 거주했다. 주소는 고덕면 율포리32이다. 1916년 임시토지조사국 측지과 기수技手, 1919년부터 1922년까지 고덕면장古德面長직을 역임했다. 평택금융조합이 등기될 때 중역으로 활동하였다.

참고문헌: 『직원록』(국사편찬위원회 한국사데이터베이스 http://db.history.go.kr/); 김인호, 「일제하 평택 지역의 조선인 경제인 실태」, 『지역과역사』 42, 2018

이민두李敏斗

일제강점기 평택에 거주했던 경제인이다. 1931년 평택자동차운수平澤自動車運輸(1929년 창립, 운수창고) 주식회사 이사직을 역임했으며, 1933년에는 안의양조安義釀造(1932년 창립, 양조업) 주식회사의 사장으로 재직했다.

참고문헌: 『朝鮮銀行會社組合要錄』(국사편찬위원회 한국사데이터베이스 http://db.history.go.kr/); 김인호, 「일제하 평택 지역의 조선인 경제인 실태」, 『지역과역사』 42, 2018

이민응李敏膺

일제강점기 평택에서 거주했다. 1934 ~ 1937년 진위군 현덕면장玄德面長직을 담당했다. 평택자동차운수회사 취체역, 1933년 안중금융조합安仲金融組合(1919년 설립) 대표직을 역임했다.

참고문헌: 『직원록』(국사편찬위원회 한국사데이터베이스 http://db.history.go.kr/); 『朝鮮銀行會社組合要錄』(국사편찬위원회 한국사데이터베이스 http://db.history.go.kr/); 藤澤清次郞, 『朝鮮金融組合と人物』, 大陸民友社, 1937

이민호李敏浩

일제강점기 평택에 거주했던 지주로 1924년 현재 주소는 현덕면玄德面 운정리雲井里460이다. 경기도농회京畿道農會에서 도내 전답 30정보町步 이상 소유 지주를 대상으로 조사하여 작성한 지주명부에 수록되었다. 1937년 6월말 현재 진위군振威郡에 답 36정보, 전 12정보를 소유하고 있었으며, 고용한 소작인 수는 총185명이었다. 평택금융조합이 등기될 때 중역으로 활동하였다.

참고문헌: 『농지개혁시 피분배지주 및 일제하 대지주 명부』, 한국농촌경제연구원, 1985.12; 김인호, 「일제하 평택 지역의 조선인 경제인 실태」, 『지역과역사』 42, 2018

이민훤李敏烜

일제강점기 평택에서 거주했던 경제인이다. 주소는 평택읍 통복리 157이다. 1937년 동아일보 지국平澤支局 고문顧問, 1939년 평택합동운송平澤合同運送 (1927년 창립, 운수창고) 주식회사의 이사직을 역임했다. 경기도양곡京畿道糧穀 (1942년 창립, 상업) 주식회사에 관여하였으며, 평택금융조합이 등기될 때 중역으로 활동했다.

참고문헌: 『동아일보』, 1937.10.20.; 『朝鮮銀行會社組合要錄』(국사편찬위원회 한국사데이터베이스 http://db.history.go.kr/); 김인호, 「일제하 평택 지역의 조선인 경제인 실태」, 『지역과역사』 42, 2018

이병만李炳萬

평택에 거주했던 지주로 주소는 1950년 현재 팽성면彭城面 팽성리彭城里이다. 농지개혁 당시 정부의 유상매수 대상이 되었다. 토지 면적은 논 26.8정보町步, 밭 1.4정보로 총 28.2정보였으며, 보상석수는 정조正租 811.5석石이었다.

참고문헌: 『농지개혁시 피분배지주 및 일제하 대지주 명부』, 한국농촌경제연구원, 1985.12

이삼규李三奎

평택에 거주했던 경제인이다. 일본 이름은 적성삼규赤城三奎이다. 일제강점기 주소는 평택읍 평택리 158이며, 평택군생활필수품소매상업조합平澤郡生活必需品小賣商業組合 중역으로 활동했다. 해방 후인 1957년 식료품제조업 회사였던 평택상업조합平澤商業組合, 1959년 평택방학소주공장平澤芳鶴燒酒工場 사장직을 역임했다.

참고문헌: 한국근현대회사조합자료(국사편찬위원회 한국사데이터베이스 http://db.history.go.kr/); 김인호, 「일제하 평택 지역의 조선인 경제인 실태」, 『지역과역사』 42, 2018

이성렬李成烈

일제강점기 평택에 거주했던 지주이다. 1927년 현재 주소는 진위군 병남면 평택리平澤里 158, 1938년 주소는 평택면平澤面 평택리이다. 1929년부터 1937년까지 평택합동운송平澤合同運送 (1927년 창립, 운수창고)주식회사 사장직을 역임했으며, 1941년 평택상사平澤商事 (1927년 창립, 상업)주식회사의 대주주였다. 경기도농회京畿道農會에서 도내 전답 30정보町步 이상 소유 지주를 대상으로 조사하여 작성한 지주명부에 수록되었다. 1937년 6월말 현재 진위군振威郡에 답 32정보, 전 9정보를 소유하고 있었으며, 고용한 소작인 수는 총41명이었다.

참고문헌: 『朝鮮銀行會社組合要錄』 (국사편찬위원회 한국사데이터베이스 http://db.history.go.kr/); 김인호, 「일제하 평택 지역의 조선인 경제인 실태」, 『지역과역사』 42, 2018; 『농지개혁시 피분배지주 및 일제하 대지주 명부』, 한국농촌경제연구원, 1985.12

이장헌李璋憲

평택에 거주했던 지주이다. 주소지는 1950년 현재 현덕면玄德面 운정리雲井里 460번지이다. 농지개혁 당시 정부의 유상매수 대상이 되었다. 토지 면적은 논 22.6정보町步, 밭 7.7정보로 총 30.3정보를 소유하고 있었다. 보상석수는 정조正租 1,110.3석石이었다.

참고문헌: 『농지개혁시 피분배지주 및 일제하 대지주 명부』, 한국농촌경제연구원, 1985.12

이재의李在儀

일제강점기 평택에 거주했던 지주이다. 1938년 주소는 청북면靑北面 덕우리德佑里로 번지 미상이다. 경기도농회京畿道農會에서 도내 전답 30정보町步 이상을 소유한 지주를 대상으로 조사하여 작성한 지주명부에 수록되었다. 1937년 6월말 현재 진위군振威郡에 논 21정보, 밭 12정보로 총 33정보를 소유하고 있었다. 고용한 소작인 수는 총 68명이었다.

참고문헌: 『농지개혁시 피분배지주 및 일제하 대지주 명부』, 한국농촌경제연구원, 1985.12

장구환張龜煥

일제강점기 평택에 거주했던 지주이다. 1938년 주소는 평택면平澤面 평택리平澤里로 번지 미상이다. 당시 학생 신분으로 경기도농회京畿道農會에서 도내 전답 30정보町步 이상을 소유한 지주를 대상으로 조사하여 작성한 지주명부에 수록되었다. 1937년 6월말 현재 진위군振威郡에 논 40정보, 강화군江華郡에 논 18정보, 밭 2정보로 진위군과 강화군의 토지를 합하여 논 58정보, 밭 2정보로 총 60정보를 소유하고 있었다. 고용한 소작인 수는 진위군에 60명, 강화군에 53명으로 총 113명이었다.

참고문헌: 『농지개혁시 피분배지주 및 일제하 대지주 명부』, 한국농촌경제연구원, 1985.12

정영수鄭永秀

일제강점기 평택에 거주했던 지주이다. 1938년 주소는 오성면梧城面 안중리安仲里로 번지 미상이다. 경기도농회京畿道農會에서 도내 전답 30정보町步 이상을 소유한 지주를 대상으로 조사하여 작성한 지주명부에 수록되었다. 1937년 6월말 현재 진위군振威郡에 논 25정보, 밭 7정보로 총 32정보를 소유하고 있었다. 고용한 소작인 수는 총 100명이었다.

참고문헌: 『농지개혁시 피분배지주 및 일제하 대지주 명부』, 한국농촌경제연구원, 1985.12

정재승鄭在承

일제강점기 평택에 거주했던 경제인이자, 해방 이후 평택에 거주했던 지주이다. 주소지는 현재 현덕면玄德面 대안리大安里 314번지이다. 일제강점기에 진위군振威郡 오성면梧城面 안중리安仲里에 위치한 안중금융조합安仲金融組合 이사를 역임하였다. 해방 이후 농지개혁 당시 정부의 유상매수 대상이 되었다. 토지 면적은 논 36.0정보町步, 밭 9.8정보로 총 45.8정보를 소유하고 있었다. 보상석수는 정조正租 1,235.3석石이었다.

참고문헌: 『농지개혁시 피분배지주 및 일제하 대지주 명부』, 한국농촌경제연구원, 1985.12; 김인호, 「일제하 평택 지역의 조선인 경제인 실태」, 『지역과역사』 42, 2018

정찬근鄭讚根

일제강점기 평택에 거주했던 경제인이자 지주이다. 1925년 주소는 현덕면玄德面 황산리黃山里로 번지 미상이다. 1938년 주소는 팽성면彭城面 근내리近乃里로 번지 미상이다. 평택면平澤面 평택리平澤里 185번지에 본점을 두고 1934년 11월 19일 자로 설립된 주식회사 평택중선운수平澤中鮮運輸의 대표를 역임하였으며, 1935년 기준으로 평택중선운수가 발행한 주식 1,000주 중 250주를 보유한 최대주주였 다. 평택중선운수는 평택지역 조선인 자산가들이 중심이 되어 운영하던 운수창 고 회사로 일본인 대자본가들이 이사로 있던 평택자동차운수平澤自動車運輸를 흡 수하기도 하였다. 또한 경기도농회京畿道農會에서 도내 전답 30정보町步 이상을 소유한 지주를 대상으로 조사하여 작성한 지주명부에 수록되었다. 1937년 6월 말 현재 진위군振威郡에 논 43정보, 밭 7정보로 총 50정보를 소유하고 있었다. 고 용한 소작인 수는 총 72명이었다.

참고문헌: 「농지개혁시 피분배지주 및 일제하 대지주 명부」, 한국농촌경제연구원, 1985.12; 『朝鮮銀行會社組合 要錄』 (1935) (한국사데이터베이스 http://db.history.go.kr/); 김인호, 「일제하 평택 지역의 조선인 경제인 실태」, 『지역과역사』 42, 2018

최관식崔寬植

일제강점기 평택에 거주했던 경제인이자 지주이다. 1938년 주소는 포승면浦升面 도곡리道谷里 738번지이다. 진위군振威郡 오성면梧城面 안중리安仲里에 위치한 안 중금융조합安仲金融組合 이사를 역임하였다. 경기도농회京畿道農會에서 도내 전답 30정보町步 이상을 소유한 지주를 대상으로 조사하여 작성한 지주명부에 수록되 었다. 1937년 6월말 현재 진위군振威郡에 논 32정보, 밭 21정보로 총 53정보를 소유하고 있었다. 고용한 소작인 수는 총 120명이었다.

참고문헌: 『농지개혁시 피분배지주 및 일제하 대지주 명부』, 한국농촌경제연구원, 1985.12: 김인호, 「일제하 평택
지역의 조선인 경제인 실태」, 『지역과역사』 42, 2018

최만식崔晩植

평택에 거주했던 지주이다. 주소지는 1950년 현재 포승면浦升面 내기리內基里로 번지 미상이다. 농지개혁 당시 정부의 유상매수 대상이 되었다. 소유하고 있던 논과 밭의 구체적인 면적은 확인되지 않지만, 보상석수는 정조正租 657.9석石이 었다.

참고문헌: 『농지개혁시 피분배지주 및 일제하 대지주 명부』, 한국농촌경제연구원, 1985.12

최면식崔勉植

일제강점기 평택에 거주했던 지주이다. 1938년 주소는 포승면浦升面 내기리內基里 378번지이다. 학무위원學務委員 직을 역임하였다. 경기도농회京畿道農會에서 도내 전답 30정보町步 이상을 소유한 지주를 대상으로 조사하여 작성한 지주명부에 수록되었다. 1937년 6월말 현재 진위군振威郡에 논 21정보, 밭 17정보로 총 38정보를 소유하고 있었다. 고용한 소작인 수는 총 85명이었다.

참고문헌: 『농지개혁시 피분배지주 및 일제하 대지주 명부』, 한국농촌경제연구원, 1985.12

최응균崔應均

평택에 거주했던 지주이다. 주소지는 1950년 현재 포승면浦升面 도곡리道谷里738번지이다. 농지개혁 당시 정부의 유상매수 대상이 되었다. 소유하고 있던 논과 밭의 구체적인 면적은 확인되지 않지만, 보상석수는 정조正租 1,226.0석石이었다.

참고문헌: 『농지개혁시 피분배지주 및 일제하 대지주 명부』, 한국농촌경제연구원, 1985.12

최치화崔致和

평택에 거주했던 지주이다. 주소지는 1950년 현재 포승면浦升面 석정리石井里로 번지 미상이다. 농지개혁 당시 정부의 유상매수 대상이 되었다. 소유하고 있던 논과 밭의 구체적인 면적은 확인되지 않지만, 보상석수는 정조正租 692.6석石이었다.

참고문헌: 『농지개혁시 피분배지주 및 일제하 대지주 명부』, 한국농촌경제연구원, 1985.12

한호석韓浩錫

일제강점기 평택에 거주했던 지주이다. 1938년 주소는 길덕면吉德面 두릉리杜陵里로 번지 미상이다. 경기도농회京畿道農會에서 도내 전답 30정보町步 이상을 소유한 지주를 대상으로 조사하여 작성한 지주명부에 수록되었다. 1937년 6월말 현재 진위군振威郡에 논 35정보, 밭 2정보로 총 37정보를 소유하고 있었다. 고용한 소작인 수는 총 105명이었다.

참고문헌: 『농지개혁시 피분배지주 및 일제하 대지주 명부』, 한국농촌경제연구원, 1985.12

홍학유洪學裕

평택에 거주했던 지주이다. 주소지는 1950년 현재 송탄면松炭面 서정리西井里 317번지이다. 농지개혁 당시 정부의 유상매수 대상이 되었다. 토지 면적은 논 19.9정보町步, 밭 0.9정보로 총 20.8정보를 소유하고 있었다. 보상석수는 정조正 租 738.4석石이었다.

참고문헌: 『농지개혁시 피분배지주 및 일제하 대지주 명부』, 한국농촌경제연구원, 1985.12

금원정강金原正剛

일제강점기 평택의 기업인이다. 조선인인지 일본인인지는 확인할 수 없다. 1943 년 주소는 평택군 송탄면松炭面 서정리西井里 343-9번지이다. 1943년 서정주조주 식회사의 설립 당시 취체역이다.

참고문헌: 『조선총독부관보』, 1943.2.20; 김인호, 「일제강점기 평택 지역의 조선인 경제인 실태」, 『지역과 역사』 42, 2018

석천병태石川炳台

일제강점기 평택에서 거주했던 경제인이다. 1943년 현재 주소는 송탄면 서정리 343-9이다. 서정주조주식회사西井酒造株式會社의 운영에 관여했다.

참고문헌: 김인호, 「일제하 평택 지역의 조선인 경제인 실태」, 『지역과역사』 42, 2018

17부

포천抱川

::**포천시 행정구역 변천 연혁**(포천시청 홈페이지에서 인용)

1914년 3월	영평군이 포천군에 편입
1973년	행정구역개편, 포천면 탑동리가 양주군 동두천읍으로 분리
1983년	청산면이 연천군으로 연천군 관인면이 포천군으로 편입
2003년	도농복합시로 승격

김교순金敎舜

일제강점기 포천의 지주이다. 1938년 주소는 포천군 영북면永北面 대회산리大回山里이다. 1938년 경기도농회京畿道農會에서 도내 전답 30정보町步 이상 소유 지주를 대상으로 조사하여 작성한 지주명부에 수록되었다. 1937년 6월말 현재 포천군에 논 5정보, 밭 27정보를 소유하였고, 고용된 소작인은 28명이었다. 1937년 중일전쟁 직후 영북면 유지들이 국방헌금을 할 때 30원을 냈다.

참고문헌: 『농지개혁시 피분배지주 및 일제하 대지주 명부』, 한국농촌경제연구원, 1985.12; 『매일신보』, 1937.8.21

김봉진金鳳鎭

일제강점기 포천의 지역유지이다. 1938년 4월까지 포천금융조합장이었다. 1938년 1월 경성 포천 간 철도 부설을 목표로 한 경포전철부설기성회 조직과 함께 기성회장과 진정위원에 선정되었다.

참고문헌: 藤澤淸次郎, 『朝鮮金融組合と人物』, 大陸民友社, 1937; 『조선총독부관보』, 1938.7.18.; 『매일신보』, 1938.2.1.

김순묵金舜默

일제강점기 포천의 지주이다. 1938년 주소는 포천군 소흘면蘇屹面 송우리松隅里 176번지이다. 1938년 경기도농회京畿道農會에서 도내 전답 30정보町步 이상 소유 지주를 대상으로 조사하여 작성한 지주명부에 수록되었다. 1937년 6월말 현재 포천군에 논 38정보, 밭 27정보를 소유하였고, 고용된 소작인은 135명이었다. 1938년 송우소학교 운동기구 구입비로 3백원을 기부하고, 1939년 4월 송우소학교 후원회 역원役員 석상席上에서 '기원2600년 기념 칙어 봉안소' 건축비를 기부하기로 했다.

참고문헌: 『농지개혁시 피분배지주 및 일제하 대지주 명부』, 한국농촌경제연구원, 1985.12; 『매일신보』 1939.4.22

김영진金榮進

일제강점기 포천의 지주, 기업인이다. 1938년 주소는 포천군 서면西面 신읍리(新邑里이다. 1938년 경기도농회京畿道農會에서 도내 전답 30정보町步 이상 소유 지주를 대상으로 조사하여 작성한 지주명부에 수록되었다. 1937년 6월말 현재 포천군에 논 76정보, 밭 110정보를 소유하였고, 고용된 소작인은 42명이었다. 1930년대 후반 경포화물자동차합자회사 유한책임사원이었다. 1935년 신읍리 공의公醫이면서 농촌진흥운동에 앞장섰고, 서면사무소의 싸이렌 구입을 위해 60원을 기부했다.

참고문헌: 『농지개혁시 피분배지주 및 일제하 대지주 명부』, 한국농촌경제연구원, 1985.12; 국사편찬위원회 한국사데이터베이스 한국근현대회사조합자료(http://db.history.go.kr/); 『동아일보』 1935.6.19.; 『조선총독부관보』 1937.6.22. 1940.8.21.

김현적金顯廸

일제강점기 포천의 금융조합장, 지역유지이다. 1917년 주소는 포천군 군내면郡內面 구읍리舊邑里 209번지이다. 1912년부터 포천지방금융조합장이었고, 1917년 4월 임기만료 되어 재선되었으며 1931년 조사 자료에서도 포천금융조합장이다. 1914년 2월 포천 농산물 품평회비로 20원을 기부하여 목배 1개를 받았다.

참고문헌: 『조선총독부관보』 1915.7.28., 1917.5.16., 1917.5.26., 1917.12.1.; 국사편찬위원회 한국사데이터베이스 한국근현대회사조합자료(http://db.history.go.kr/)

박승원朴勝元

일제강점기 포천의 지주, 지역유지이다. 1938년 주소는 포천군 영북면永北面 운천리雲川里이다. 1938년 경기도농회京畿道農會에서 도내 전답 30정보町步 이상 소유 지주를 대상으로 조사하여 작성한 지주명부에 수록되었다. 1937년 6월말 현재 포천군에 논 37정보, 밭 65정보를 소유하였고, 고용된 소작인은 107명이었다. 또 연천군에 논 18정보, 밭 15정보를 소유했고, 소속 소작인은 65명이었다. 영북 수리조합 평의원과 영북공립보통학교 학무위원도 역임했다. 1937년 중일전쟁 직후 영북면 유지들이 국방헌금을 할 때 250원을 냈다.

참고문헌: 『농지개혁시 피분배지주 및 일제하 대지주 명부』, 한국농촌경제연구원, 1985.12; 『매일신보』 1937.8.21.

서병규徐丙奎

일제강점기 포천에 거주했던 지주로 1938년 주소는 서면西面 동교리東橋里이다. 경기도농회京畿道農會에서 도내 전답 30정보町步 이상 소유 지주를 대상으로 조사하여 작성한 지주명부에 수록되었다. 1937년 6월말 현재 포천군抱川郡에 답 27정보, 전 28정보를 소유하고 있었으며, 고용한 소작인 수는 총74명이었다.

참고문헌: 『농지개혁시 피분배지주 및 일제하 대지주 명부』, 한국농촌경제연구원, 1985.12

서영석徐榮錫

일제강점기 포천에 거주했던 지주이다. 1938년 주소는 서면西面 설운리雪雲里이며, 면협의회원面協議會員, 농회통상회원農會通常會員직을 담당했다. 경기도농회京畿道農會에서 도내 전답 30정보町步 이상 소유 지주를 대상으로 조사하여 작성한 지주명부에 수록되었다. 1937년 6월말 현재 포천군(抱川郡)에 답 16정보, 전 19정보를 소유하고 있었으며, 고용한 소작인 수는 총44명이었다.

참고문헌: 『농지개혁시 피분배지주 및 일제하 대지주 명부』, 한국농촌경제연구원, 1985.12

송지영宋芝榮

일제강점기 포천에 거주했던 지주이다. 1938년 주소는 서면西面 탑동리塔洞里이며, 면협의회원을 역임했다. 경기도농회京畿道農會에서 도내 전답 30정보町步 이상 소유 지주를 대상으로 조사하여 작성한 지주명부에 수록되었다. 1937년 6월말 현재 포천군抱川郡에 답 195정보, 전 138정보를 소유하고 있었으며, 고용한 소작인 수는 총70명이었다.

참고문헌: 『농지개혁시 피분배지주 및 일제하 대지주 명부』, 한국농촌경제연구원, 1985.12

신현익申鉉益

일제강점기 포천에 거주했던 지주이다. 1938년 주소는 창수면蒼水面 가양리可養里이며, 창수면협의회원을 역임했다. 경기도농회京畿道農會에서 도내 전답 30정보町步 이상 소유 지주를 대상으로 조사하여 작성한 지주명부에 수록되었다. 1937년 6월말 현재 포천군抱川郡에 답 17정보, 전 14정보를 소유하고 있었으며,

고용한 소작인 수는 총62명이었다.

참고문헌: 『농지개혁시 피분배지주 및 일제하 대지주 명부』, 한국농촌경제연구원, 1985.12

심재긍沈載兢

일제강점기 포천에서 거주했다. 1926 ~ 1940년까지 포천군 일동면장一東面長직을 담당했던 것으로 확인된다. 경기도 포천지역 금융조합장직을 역임했다.

참고문헌: 『직원록』(국사편찬위원회 한국사데이터베이스 http://db.history.go.kr/); 藤澤淸次郞, 『朝鮮金融組合と人物』, 大陸民友社, 1937

이경옥李慶鈺

일제강점기 포천에서 거주했다. 1920 ~ 1924년 이동면장二東面長, 1925 ~ 1939년 소흘면장(蘇屹面長)직을 담당했다. 1931년부터 1933년까지 송우금융조합松隅金融組合(1929년 창립) 대표직을 역임했다.

참고문헌: 『직원록』(국사편찬위원회 한국사데이터베이스 http://db.history.go.kr/); 『朝鮮銀行會社組合要錄』(국사편찬위원회 한국사데이터베이스 http://db.history.go.kr/); 藤澤淸次郞, 『朝鮮金融組合と人物』, 大陸民友社, 1937

이규중李揆重

일제강점기 포천에 거주했던 지주이다. 1938년 주소는 영북면永北面 소회산리小回山里이며, 영북금융조합永北金融組合 평의원, 영북면장직을 담당했다. 경기도농회京畿道農會에서 도내 전답 30정보町步 이상 소유 지주를 대상으로 조사하여 작성한 지주명부에 수록되었다. 1937년 6월말 현재 포천군抱川郡에 답 19정보, 전 24정보를 소유하고 있었으며, 고용한 소작인 수는 총40명이었다.

참고문헌: 『농지개혁시 피분배지주 및 일제하 대지주 명부』, 한국농촌경제연구원, 1985.12

이보원李輔元

일제강점기 포천에 거주했던 지주로 1938년 주소는 가산면加山面 감암리甘岩里이다. 경기도농회京畿道農會에서 도내 전답 30정보町步 이상 소유 지주를 대상으로 조사하여 작성한 지주명부에 수록되었다. 1937년 6월말 현재 포천군抱川郡에 답 45정보, 전 19정보를 소유하고 있었으며, 고용한 소작인 수는 총126명이었다.

참고문헌: 『농지개혁시 피분배지주 및 일제하 대지주 명부』, 한국농촌경제연구원, 1985.12

이재신李載莘

일제강점기 포천에 거주했던 경제인이자, 지주이다. 1938년 주소는 서면西面 신도리新道里로 번지 미상이다. 군수郡守직을 역임하였다. 포천군 서면 신읍리新邑里 38번지에 위치한 포천금융조합抱川金融組合의 대표를 맡아 활동하였다. 경기도농회京畿道農會에서 도내 전답 30정보町步 이상을 소유한 지주를 대상으로 조사하여 작성한 지주명부에 수록되었다. 1937년 6월말 현재 포천군抱川郡에 논 146정보, 밭 97정보로 총 243정보를 소유하고 있었다. 고용한 소작인 수는 총 52명이었다.

참고문헌: 『농지개혁시 피분배지주 및 일제하 대지주 명부』, 한국농촌경제연구원, 1985.12; 『朝鮮銀行會社組合要錄』(1927년판), 『朝鮮銀行會社組合要錄』(1929년판) (한국사데이터베이스 http://db.history.go.kr/)

이창서李昌緖

일제강점기 포천에 거주했던 지주이다. 1938년 주소는 영중면永中面 운천리雲川里로 번지 미상이다. 영북수리조합 평의원永北水利組合 平議員, 영북공립보통학교 학무위원永北公立普通學校 學務委員직을 역임하였다. 경기도농회京畿道農會에서 도내 전답 30정보町步 이상을 소유한 지주를 대상으로 조사하여 작성한 지주명부에 수록되었다. 1937년 6월말 현재 포천군抱川郡에 논 19정보, 밭 32정보로 총 51정보를 소유하고 있었다. 고용한 소작인 수는 총 70명이었다.

참고문헌: 『농지개혁시 피분배지주 및 일제하 대지주 명부』, 한국농촌경제연구원, 1985.12

이창순李昌淳

일제강점기 포천에 거주했던 지주이다. 1938년 주소는 영중면永中面 영중리永中里로 번지 미상이다. 경기도농회京畿道農會에서 도내 전답 30정보町步 이상을 소유한 지주를 대상으로 조사하여 작성한 지주명부에 수록되었다. 1937년 6월말 현재 포천군抱川郡에 논 7정보, 밭 44정보로 총 51정보를 소유하고 있었다. 고용한 소작인 수는 총 40명이었다.

참고문헌: 『농지개혁시 피분배지주 및 일제하 대지주 명부』, 한국농촌경제연구원, 1985.12

이해창李海昌 (1865~1945)

일제강점기 금융인, 친일반민족행위자이다. 1865년 포천에서 출생했다. 본관은 전주全州이고, 자는 배언拜言이다. 이경용李慶鎔의 아들로 태어나 이하전李夏銓)의 양자로 입양되었다. 1898년에 중추원 의관·비서원승이 되었으며, 1904년 10월

한성부 판윤이 되었다. 같은 해 11월 4일 창산 도정昌山都正, 11월 5일 창산군昌山
君에 책봉되었다. 일본 정부로부터 한일합병에 관한 공로를 인정받아 일제로부
터 후작 작위를 받았다. 1923년 1월부터 1928년 5월까지 한성은행 감사, 1927
년부터 1935년까지 선일지물鮮一紙物 감사로 재직하였다. 중일전쟁 직후인 1937
년 8월 조선총독부의 시국간담회에 참석하였고, 1939년 11월 조선총독부가 조
선의 유림 조직을 통제, 지배하기 위해 조직한 조선유도연합회의 참여參與라는
직책을 맡았다. 1945년 3월 2일 사망했다. 친일반민족행위로 인해 '친일인명사
전'에 수록되었다.

참고문헌: 친일인명사전편찬위원회 편, 「친일인명사전」, 2009; 「한국민족문화대백과」 인터넷판, 한국학중앙연구
      원(http://encykorea.aks.ac.kr/)

조광식趙光植

일제강점기 포천에 거주했던 경제인이자, 지주이다. 1938년 주소는 서면西面 신
읍리新邑里로 번지 미상이다. 도회의원道會議員직을 역임하였다. 양주군楊洲郡 시
둔면柴屯面 의정부리議政府里 168번지가 본점을 두고 여객 및 화물의 운송 등 운
수창고업을 목적으로 1930년 2월 22일 설립된 합자회사合資會社 경포자동차京抱
自動車의 중역으로 활동하였다. 경포자동차는 포천군抱川郡 서면 신읍리에 지점
을 가지고 있었다. 경기도농회京畿道農會에서 도내 전답 30정보町步 이상을 소유
한 지주를 대상으로 조사하여 작성한 지주명부에 수록되었다. 1937년 6월말 현
재 포천군에 논 21정보, 밭 19정보로 총 40정보를 소유하고 있었다. 고용한 소작
인 수는 총 115명이었다.

참고문헌: 『농지개혁시 피분배지주 및 일제하 대지주 명부』, 한국농촌경제연구원, 1985,12; 『朝鮮銀行會社組合要錄』 (1931년판) (한국사데이터베이스 http://db.history.go.kr/)

종범순宗範淳

일제강점기 포천에 거주했던 지주이다. 1938년 주소는 서면西面 탑동리塔洞里로 번지 미상이다. 탑동리구장塔洞里區長 직을 역임하였다. 경기도농회京畿道農會에서 도내 전답 30정보町步 이상을 소유한 지주를 대상으로 조사하여 작성한 지주명부에 수록되었다. 1937년 6월말 현재 포천군抱川郡에 논 32정보, 밭 142정보로 총 174정보를 소유하고 있었다. 고용한 소작인 수는 총 20명이었다.

* 한국인에게는 없는 성씨이므로 宋의 오자誤字이거나, 일본인이거나 둘 중 하나일 것으로 보인다.

참고문헌: 『농지개혁시 피분배지주 및 일제하 대지주 명부』, 한국농촌경제연구원, 1985,12

석정웅일石井雄一

일제강점기 포천에 거주했던 일본인 지주로 1938년 주소는 영중면永中面 영평리永平里이다. 경기도농회京畿道農會에서 도내 전답 30정보町步 이상 소유 지주를 대상으로 조사하여 작성한 지주명부에 수록되었다. 1937년 6월말 현재 포천군抱川郡에 답 11정보, 전 46정보를 소유하고 있었으며, 고용한 소작인 수는 총50명이었다.

참고문헌: 『농지개혁시 피분배지주 및 일제하 대지주 명부』, 한국농촌경제연구원, 1985,12

소서유小西裕

일제강점기 포천에 거주했던 일본인 지주이다. 1933년 설립되어 농림업 관련 업무를 하던 소서합명회사小西合名會社의 중역 사원이었다. 1938년 주소는 창수면蒼水面 활성리活城里이다. 경기도농회京畿道農會에서 도내 전답 30정보町步 이상 소유 지주를 대상으로 조사하여 작성한 지주명부에 수록되었다. 1937년 6월말 현재 포천군抱川郡에 답 3정보, 전 37정보를 소유하고 있었으며, 고용한 소작인 수는 총68명이었다.

참고문헌: 『농지개혁시 피분배지주 및 일제하 대지주 명부』, 한국농촌경제연구원, 1985.12; 『朝鮮銀行會社組合要錄』(국사편찬위원회 한국사데이터베이스 http://db.history.go.kr/)

18부

개성開城

오늘날 휴전선 이북 지역에는 개성부, 개풍군, 장단군이 있었다.

::개성, 개풍 행정구역 변천 연혁

　1914.3.1.　　　개성군(개성군 일원, 풍덕군 일원)

　1930년　　　　개성군 송도면이 개성부로 승격, 나머지 개성군 지역은 개풍군으로 개칭

고한봉高漢鳳 (1939년 8월 사망)

일제강점기 개성에 거주했던 지주이다. 1938년 주소는 개성부 북본정北本町 248번지이다. 1938년 경기도농회京畿道農會에서 도내 전답 30정보町步 이상 소유 지주를 대상으로 조사하여 작성한 지주명부에 수록되었는데, 1937년 6월말 기준 연천군에 논 67정보, 밭 59정보를 소유하고, 고용된 소작인은 189명이었다. 또 개풍군에는 논 184정보, 밭 73정보를 소유했고, 고용된 소작인은 280명이었다. 1938년 개성공립중학교 건축비 25만원을 기부하였다. 1939년 8월 사망하여 장례식은 개성부민장으로 거행되었다.

참고문헌: 『농지개혁시 피분배지주 및 일제하 대지주 명부』, 한국농촌경제연구원, 1985.12; 『동아일보』 1938.4.20., 1939.8.27.

고한승高漢承 (1902~1949)

일제강점기 개성에 거주했던 지주, 기업인, 친일반민족행위자이다. 1938년 주소는 개성부 지정池町이다. 1902년 경기도 개성에서 태어났다. 호는 포빙抱氷이고, 일본 이름은 高山淸이다. 보성고등보통학교와 일본대학日本大學을 졸업했다. 1920년부터 극예술협회, 송경학우회 연극단·강연단, 녹파회, 색동회, 형설회 순회 연극단, 오월회, 문예가협회에 가입하여 활동했다. 귀국 후 경성일보사 기자가 되었고, 1928년 개성에서 설립된 주식회사 개성상사 전무, 1929년 개성인삼판매조합 이사로 활동했다. 1933년부터 1939년까지 개성인삼동업조합 평의원·이사, 1935년 4월 송도금융조합 평의원을 지냈다. 1938년 경기도농회京畿道農會에서 도내 전답 30정보町步 이상 소유 지주를 대상으로 조사하여 작성한 지주명부에 수록되었는데, 1937년 6월말 기준 장단군에 논 20정보, 밭 33정보를 소유했고, 고용된 소작인은 60명이었다.

　　1931년부터 1945년까지 개성부 부회의원, 1939년 10월 개성부 방호단 서분단西分團 사무장, 개성경방단 고문과 부단장이 되었고, 1941년 12월 개성지역 유지들이 일본 육군과 해군에 비행기를 헌납하기 위한 활동을 벌일 때 실행위원이었다. 1945년 1월 자본금 100만원으로 송도항공주식회사를 설립하여 대표이사를 맡았다.

　　1948년 5월 월간 『어린이』 편집인을 지내다 1949년 2월 반민특위에 체포되었다. 같은 해 6월 선고공판에서 공민권 정지 5년 선고를 받았고, 10월 29일 사망했다. 친일반민족행위로 인해 친일인명사전에 수록되었다.

참고문헌: 「농지개혁시 피분배지주 및 일제하 대지주 명부」, 한국농촌경제연구원, 1985.12; 친일인명사전편찬위원회 편, 『친일인명사전』, 2009; 『한국민족문화대백과』 인터넷판, 한국학중앙연구원(http://encykorea. aks.ac.kr/)

공성초孔聖初

일제강점기 개성에 거주했던 지주, 금전 대부업자이다. 1917년 주소는 개성군 송도면松都面 북본정北本町 84번지이고, 1938년 주소는 개성부 북본정이다. 1917년 4월 설립된 개성전기주식회사의 감사역이었다. 1938년 경기도농회京畿道農會에서 도내 전답 30정보町步 이상 소유 지주를 대상으로 조사하여 작성한 지주 명부에 수록되었는데, 1937년 6월말 기준 강화군에 논 29정보, 밭 2정보를 소유했고, 고용된 소작인은 93명이었다.

참고문헌: 「농지개혁시 피분배지주 및 일제하 대지주 명부」, 한국농촌경제연구원, 1985.12; 宮内益男, 「開城商工名錄」, 『開城』, 개성상공회의소, 1936; 『조선총독부관보』 1917.5.3., 1921.5.30.

공성초孔聖初

일제강점기 개성에 거주했던 지주이다. 1938년 주소는 개성부 지정池町 568번지
이다. 1938년 경기도농회京畿道農會에서 도내 전답 30정보町步 이상 소유 지주를
대상으로 조사하여 작성한 지주명부에 수록되었는데, 1937년 6월말 기준 장단
군에 논 21정보, 밭 36정보를 소유했고, 고용된 소작인은 45명이었다.

참고문헌: 「농지개혁시 피분배지주 및 일제하 대지주 명부」, 한국농촌경제연구원, 1985.12

공성학孔聖學 (1879∼1957)

일제강점기 개성에 거주했던 지주, 기업인, 경학원 부제학, 친일반민족행위자이
다. 1917년 주소는 개성군 송도면 북본정北本町 172번지이고, 1938년 주소는 개
성부 지정池町이다. 1879년 2월 경기도 개성에서 태어났다. 호는 춘포春圃이고,
김택영金澤榮에게서 한학을 배웠다. 1906년 경리원經理院 주사主事와 의릉 참봉參
奉에 임명되었다.

　　1910년 3월 개성인삼조합 설립에 참여하고, 제2대 조합장이 되었다. 1912
년 4월 합자회사 영신사永信社 설립에 참여하여 상무이사가 되었다. 1917년 4월
개성전기주식회사의 설립과 함께 취체역이 되었고, 1920년대에도 개성전기주
식회사의 대주주(60주)로서 취체역, 고려삼업사 취체역이었다. 1925년 9월 개성
양조주식회사 대표 취체역이 되었고, 1927년 2월 개성무진주식회사 이사, 1930
년 송도고무공업주식회사 감사역, 1931년 송고실업장松高實業場 취체역이 되었
다. 1932년 5월 합자회사 신곡자동차부新谷自動車部를 설립하였고, 1933년 7월 개
성상공회의소 의원, 1934년 12월 춘포사 사장, 1935년 서선무역회사 중역으로

활동했다. 1936년 11월 개성삼업주식회사 설립 후 취체역이 되었다. 1938년 3월 개성상회 설립과 함께 사장 겸 대표를 맡았다.

1938년 경기도농회京畿道農會에서 도내 전답 30정보町步 이상 소유 지주를 대상으로 조사하여 작성한 지주명부에 수록되었는데, 1937년 6월말 기준 개풍군에 논 52정보, 밭 19정보를 소유했고, 고용된 소작인은 134명이었다.

1909년 대한협회 개성지회 평의원이었고, 1920년 2월 대동사문회大東斯文會 이사, 1922년 10월 회정會正이 되었다. 1920년 11월 송도면 면협의회원에 선출되었다. 1924년 9월 개성문묘 사성司成이 되었고, 1929년 1월 경기도 도평의회원에 임명되었고, 2월 풍덕수리조합 조합장, 5월 조선박람회 평의원을 지냈다. 1930년 12월 경학원 부설 명륜학원 평의원이 되었고, 1933년 4월 경기도 각 부군府郡 소작조정위원회 조정위원에 임명되었다. 1935년 10월 대동사문회 이사에 선출되었다. 1939년 11월 조선유도연합회 이사, 12월 개성부 유도회 부회장에 선임되었다. 1941년 9월 조선임전보국단 발기인이 되었고, 1943년 5월 경학원 부제학에 임명되었다.

1932년 3월 애국기 헌금으로 100원, 12월 조선나예방협회에 200원, 1933년 7월 송도 광무관에 100원을 기부했다. 1941년 12월 '개성 애국기 헌납회' 발회식에 참여하고 실행위원을 맡아 16만원 모금활동을 벌였다. 1957년 사망하였다. 친일반민족행위로 인해 친일인명사전에 수록되었다.

참고문헌: 『농지개혁시 피분배지주 및 일제하 대지주 명부』, 한국농촌경제연구원, 1985.12; 中村資良, 『朝鮮銀行會社要錄』 (1921년판), 동아경제시보사, 1921; 『조선총독부관보』 1917.5.3.; 친일인명사전편찬위원회 편, 『친일인명사전』, 2009; 『한국민족문화대백과』 인터넷판, 한국학중앙연구원(http://encykorea.aks.ac.kr/)

김경배金慶培

일제강점기 개성에 거주했던 자산가로 김원배의 친동생이다. 일본 유학 경력이 있고, 재산가이다. 합자회사 영신사에 2만원을 출자하고 사원이 되어 1921년부터 1929년까지 중역 명단에 있다.

1923년 20대의 나이로 재혼하여 4남매를 두고도 재산으로써 세 번째 결혼을 시도하여 많은 논란을 일으켰다. 1930년 11월 개성부 승격 후 처음 치러진 부협의회 선거에서 부협의회원으로 당선되었다.

참고문헌:「可恐할 金權·親權의 亂動」『개벽』제36호, 1923년 6월 1일(국사편찬위원회 한국사데이터베이스 한국근현대 잡지자료);한국근현대회사조합자료(http://db.history.go.kr/);『매일신보』1930.11.22

김기영金基永

일제강점기 개성에 거주했던 지주, 기업가, 금전대부업자이다. 일본 이름은 金山基永이다. 1917년 주소는 개성군 송도면 남산정南山町 343번지이고, 1938년 주소는 개성부 남본정南本町이다. 1938년 경기도농회(京畿道農會)에서 도내 전담 30정보町步 이상 소유 지주를 대상으로 조사하여 작성한 지주명부에 수록되었는데, 1937년 6월말 기준 개풍군에 논 62정보, 밭 31정보를 소유했고, 고용된 소작인은 71명이었다. 1917년 4월 설립된 개성전기주식회사의 취체역이었고, 1920년대 개성전기주식회사의 대주주(180주)로서 취체역 사장이었다. 1919년 12월 합자회사 고려삼업사에 1만원을 출자하여 무한책임사원이 되었다. 1922년 11월까지 개성금융조합장이었다. 1927년 4월 송도고무공업주식회사의 설립과 함께 대표취체역이 되었다. 1936년 1월 개성상공회의소 특별위원이었다. 1937년 9월 개성삼업주식회사 취체역이 되었고, 1938년 4월 개성운송주식회사의 취체역에 재선되었으며, 1939년 3월 송도식산주식회사 정기 주주총회에서 취체역에 중임되었다.

참고문헌: 『농지개혁시 피분배지주 및 일제하 대지주 명부』, 한국농촌경제연구원, 1985.12; 宮内益男, 「開城商工名錄」, 『開城』, 개성상공회의소, 1936; 中村資良, 『朝鮮銀行會社要錄』(1921년판), 동아경제시보사, 1921; ; 『조선총독부관보』 1917.5.3., 1919.12.22., 1922.12.9., 1927.8.11., 1937.10.26., 1938.4.27., 1939.5.31., 1940.10.11.

김동준金東俊

일제강점기 개성에 거주했던 지주이다. 1938년 주소는 개성부 남본정南本町 582번지이다. 1938년 경기도농회京畿道農會에서 도내 전답 30정보町步 이상 소유 지주를 대상으로 조사하여 작성한 지주명부에 수록되었는데, 1937년 6월말 기준 파주군에 논 7정보, 밭 16정보를 소유했고, 고용된 소작인은 35명이었다. 또 장단군에 논 3정보, 밭 28정보를 소유했고, 고용된 소작인은 20명이었다.

참고문헌: 『농지개혁시 피분배지주 및 일제하 대지주 명부』, 한국농촌경제연구원, 1985.12

김세형金世亨

일제강점기 개성에 거주했던 지주이다. 1938년 주소는 개성부 북본정北本町 82번지이다. 1938년 경기도농회京畿道農會에서 도내 전답 30정보町步 이상 소유 지주를 대상으로 조사하여 작성한 지주명부에 수록되었는데, 1937년 6월말 기준 장단군에 논 24정보, 밭 12정보를 소유했고, 고용된 소작인은 32명이었다. 1936년 개풍군 영남면에 보통학교 부지로 천 4백평(시가 1천여 원)을 기부하였다. 1937

년 6월 경성부 예지정에 본점을 두고 설립된 대성식산주식회사의 취체역이었다.

참고문헌: 『농지개혁시 피분배지주 및 일제하 대지주 명부』, 한국농촌경제연구원, 1985.12: 『동아일보』 1936.6.10.; 『조선총독부관보』 1937.9.3.

김수원金壽元

일제강점기 개성에 거주했던 지주이다. 1938년 주소는 개성부 만월정滿月町 261번지이다. 1938년 경기도농회京畿道農會에서 도내 전답 30정보町步 이상 소유 지주를 대상으로 조사하여 작성한 지주명부에 수록되었는데, 1937년 6월말 기준 강화군에 논 59정보, 밭 2정보를 소유했고, 고용된 소작인은 80명이었다.

참고문헌: 『농지개혁시 피분배지주 및 일제하 대지주 명부』, 한국농촌경제연구원, 1985.12

김시현金時鉉 (1911년 사망)

일제강점기 서울에 거주했던 개성 출신의 인물로 일진회 간부, 상공인이다. 경기도 개성에서 태어났다. 경성 남대문에서 백목전白木廛을 운영했다. 내장원內藏院 소속으로 선혜청 창내장倉內場: 남대문시장 세금 징수를 담당했다. 1906년 무렵 대한천일은행 주주, 한일은행 발기인, 창신사 발기인으로 참여했다. 1907년 호남철도주식회사 정리위원, 한성실업회 간사로 활동했다. 1908년 동양화재보험주식회사, 경성융흥주식회사 발기에 참여했고, 한일은행 감사역과 경성융희주식회사 취체역에 선임되었다. 1909년 한성미술품제작소를 설립하고, 대한노동회사의 평의원, 한호농공은행 감사, 대한운수회사 회계장이 되었다. 1911년 조선농업주식회사 감사역이었다.

1909년 12월 국민연설회 간사에 선임되었고, '합방청원단체' 일진회 회계로서 '합방청원운동'을 위해 일본에 갔으며, 1910년 9월 일진회 해산 시 해산비 천원을 받았다. 1911년 7월 사망(익사)했다. 친일반민족행위로 인해 친일인명사전에 수록되었다.

참고문헌: 친일인명사전편찬위원회 편, 『친일인명사전』, 2009; 『황성신문』 1908.8.1.; 『매일신보』 1911.7.30.

김안희金安熙

일제강점기 개성에 거주했던 지주이다. 1938년 주소는 개성부 만월정(滿月町) 693번지이다. 1938년 경기도농회京畿道農會에서 도내 전답 30정보町步 이상 소유 지주를 대상으로 조사하여 작성한 지주명부에 수록되었는데, 1937년 6월말 기준 장단군에 논 57정보, 밭 19정보를 소유했고, 고용된 소작인은 67명이었다.

참고문헌: 『농지개혁시 피분배지주 및 일제하 대지주 명부』, 한국농촌경제연구원, 1985.12

김영배金英培

일제강점기 개성에 거주했던 지주, 기업인이다. 1927년 주소는 개성군 송도면 지정池町 565번지이고, 1938년 주소는 개성부 지정이다. 1938년 경기도농회京畿道農會에서 도내 전답 30정보町步 이상 소유 지주를 대상으로 조사하여 작성한 지주명부에 수록되었다. 1937년 6월말 기준으로 개풍군에 논 24정보, 밭 6정보를 소유했고, 고용된 소작인은 73명이었다. 1927년 6월 송도식산주식회사 설립과 함께 취체역이 되었다.

참고문헌: 『농지개혁시 피분배지주 및 일제하 대지주 명부』, 한국농촌경제연구원, 1985.12; 『조선총독부관보』 1927.9.19.

김원배金元培 (1941년 12월 사망)

일제강점기 개성에 거주했던 지주, 기업인, 금전대부업자이다. 1917년 주소는 개성군 송도면 북본정北本町 195번지이고, 1938년 주소는 개성부 북본정이다. 1924년 잡지 기사에 따르면, 그는 주위로부터 '개성開城의 제일부호第一富豪', '개성의 실업가', '다소 사회에 공헌이 있는 인물', '개성 특지가特志家'라는 평가를 받고 있었지만, 기자가 지방의 사정을 좀 문의하려고 두 번이나 방문하였으나, 병과 일을 핑계로 면회를 사절하여 금전 청구를 하려는 줄 알고 문을 닫고 손님을 거절한 인색한 인물로 묘사되어 있다.

1938년 경기도농회京畿道農會에서 도내 전답 30정보町步 이상 소유 지주를 대상으로 조사하여 작성한 지주명부에 수록되었는데, 1937년 6월말 기준 개풍군에 논 369정보, 밭 121정보를 소유했고, 고용된 소작인은 943명이었다. 1917년 4월 개성전기주식회사의 설립과 함께 취체역이 되었고, 1920년대에도 대주주(200주)로서 취체역이었다. 12명과 더불어 주식회사 개성은행을 설립하고, 1920년 1월 설립 허가를 받았다.

1915년 9월 개성군참사에 임명되었다. 1922년 고학생 갈돕회 기숙사 건축비(500원)를 기부하였다. 1940년 12월 재단법인 개성 관제묘 유지재단 진선사進善社설립과 함께 이사가 되었다. 1941년 12월 사망했다.

참고문헌: 『농지개혁시 피분배지주 및 일제하 대지주 명부』, 한국농촌경제연구원, 1985.12; 宮內益男, 『開城商工名錄』, 『開城』, 개성상공회의소, 1936; 中村資良, 『朝鮮銀行會社要錄』(1921년판), 동아경제시보사, 1921; 『동아일보』 1922.7.17.; 『조선총독부관보』 1915.9.11., 1917.5.3., 1920.1.19., 1941.1.22., 1943.10.9.; 「燈下不明의 近畿 情形」『개벽』 제47호, 1924년 5월 1일(국사편찬위원회 한국사데이터베이스 한국근현대잡지자료(http://db.history.go.kr/))

김윤배金潤培

일제강점기 개성에 거주했던 지주이다. 1938년 주소는 개성부 동본정東本町 33번지이다. 1938년 경기도농회京畿道農會에서 도내 전답 30정보町步 이상 소유 지주를 대상으로 조사하여 작성한 지주명부에 수록되었는데, 1937년 6월말 기준 개풍군에 논 32정보, 밭 18정보를 소유했고, 고용된 소작인은 93명이었다.

참고문헌: 『농지개혁시 피분배지주 및 일제하 대지주 명부』, 한국농촌경제연구원, 1985.12

김정호金正浩 (1885~?)

일제강점기 개성에 거주했던 지주, 기업인, 친일반민족행위자이다. 1885년 경기도 개성에서 출생했다. 1938년 주소는 개성부 동본정東本町 453번지이다. 본관은 청풍이고, 호는 소계小溪이다. 1915년 일본 明治대학 법과를 졸업했다.

1912년 영신사, 1915년 개성인삼조합에서 활동했다. 1917년 4월 개성전기주식회사 설립과 함께 취체역이 되었다. 1919년 12월 조선경제회 이사가 되었고, 1921년 개성인삼조합 전무취체역, 같은 해 8월 고려삼업사 전무이사를 맡았다. 1922년 3월 개성삼업조합 회계, 송도도기주식회사 취체역이 되었다. 1923년 개성인삼조합 대표 취체역, 서선흥농주식회사 감사역, 1927년 고려삼업사 사장, 개성양조주식회사 감사역, 송도고무공업주식회사 취체역, 송도식산주식회사 사장을 맡았다. 1929년 주식회사 송고실업장 취체역 사장에 취임했다. 1920년대 개성전기주식회사의 대주주190주이자 전무취체역을 거쳐 1930년 개성전기주식회사 취체역 사장이 되었다. 1931년 개성상공회의소 창립위원장에 당선되었고, 1933년 개성상공회의소 회두로 선출되었다, 1936년 8월 개성상공회의소 특별의원, 9월 합명회사合名會社 고오古梧 사장, 11월 개성삼업주식회사 이사, 1938년 1월 조선상업은행 감사역. 3월 조선권농주식회사 감사역, 1944년 10월 조선비행기공업주식회사 대주주 겸 중역으로 활동했다.

1938년 경기도농회京畿道農會에서 도내 전답 30정보町步 이상 소유 지주를 대상으로 조사하여 작성한 지주명부에 수록되었는데, 1937년 6월말 기준 장단군에 논 74정보, 밭 35정보를 소유했고, 고용된 소작인은 150명이었다. 또 개풍군에 논 121정보, 밭 41정보를 소유했으며 소속 소작인은 287명이었다.

1920년 4월 동아일보 개성지국을 설치하고 지국장을 맡았다. 같은 해 6월 조선노동공제회 개성지회 의사議事, 9월 개성 고려청년회 의사장議事長, 1921년 7월 조선인 산업대회 발기인, 8월 고려청년회 이사장이 되었다. 1923년 조선민립대학 기성회에 발기인, 개성부 송도면 면협의회원이 되었다. 1927년 4월 경기도 도평의회원(민선)에 당선되었다. 1930년에는 조선물산장려회 전형위원, 개성부 부협의회원, 개성부 학교비평의원이 되었다. 1931년 개성부 부회의원과 부의장에 선출되었고, 조선물산장려회 조사부 이사를 맡았다. 1933년 개성부 소작위원, 경기도 도회의원(관선)이 되었고, 1934년 4월 주식회사 조선중앙일보사 창립 발기인, 6월 조선중앙일보사 상담역이 되었고, 11월 '내선일체'를 표방한 시중회時中會 평의원이 되었다. 1935년 4월 조선총독부 중추원 참의에 임명되고, 5월 개성부 부회의원에 당선되었다. 같은 해 7월 주식회사 고려시보사 설립과 함께 사장에 취임했다. 1936년 6월 과학지식보급회 고문, 8월 송고재단 이사, 1938년 6월 개성부 방면위원과 방공위원, 7월 국민정신총동원 개성연맹 이사, 1939년 5월 개성부 부회의원, 9월 개성위생조합 고문, 10월 개성경방단 단장, 11월 조선유도연합회 평의원, 1941년 2월 국민총력조선연맹 경기지역 이사, 12월 조선방송협회 평의원, 1943년 5월 개성부 부회의원이 되었다. 1942년 12월 중경문고(中京文庫를 설립했다.

1932년 개성제3공립보통학교 설립비로 500원, 12월 조선나예방협회에 200원을 기부했다. 1937년 7월 애국기 개성호 건조비용으로 1만원을 헌납하고, 중일전쟁 때 국방충실비로 1만 2천원과 1941년 12월 개성부윤에게 국방헌금 1만원을 기부했다.

1949년 2월 반민특위에 체포되어 기소되었다가 7월에 보석으로 석방되었다. 1950년 6월 열린 공판에서 공민권 정지 5년과 재산 3분의 1 몰수를 구형받았으나 대법원에서 무죄 판결을 받았다. 1950년 6·25전쟁 때 납북되었다. 친일반민족행위로 인해 친일인명사전에 수록되었다.

참고문헌: 『농지개혁시 피분배지주 및 일제하 대지주 명부』, 한국농촌경제연구원, 1985.12; 宮内益男, 「開城商工名錄」, 『開城』, 개성상공회의소, 1936; 中村資良, 『朝鮮銀行會社要錄』(1921년판), 동아경제시보사, 1921; 국사편찬위원회 한국사데이터베이스 한국근현대인물자료(http://db.history.go.kr/); 친일인명사전편찬위원회 편, 『친일인명사전』, 2009; 『한국민족문화대백과』 인터넷판, 한국학중앙연구원(http://encykorea.aks.ac.kr/)

김종명金鍾鳴

일제강점기 개성에 거주했던 지주이다. 1938년 주소는 개성부 북본정北本町 525-1번지이다. 1938년 경기도농회京畿道農會에서 도내 전답 30정보町步 이상 소유 지주를 대상으로 조사하여 작성한 지주명부에 수록되었는데, 1937년 6월말 기준 장단군에 논 32정보, 밭 19정보를 소유했고, 고용된 소작인은 108명이었다.

참고문헌: 『농지개혁시 피분배지주 및 일제하 대지주 명부』, 한국농촌경제연구원, 1985.12

김종원金宗元

일제강점기 개성에 거주했던 지주, 금전대부업자이다. 1938년 주소는 개성부 남본정南本町 287-1번지이다. 1938년 경기도농회京畿道農會에서 도내 전답 30정보町步 이상 소유 지주를 대상으로 조사하여 작성한 지주명부에 수록되었는데, 1937년 6월말 기준 장단군에 논 42정보, 밭 17정보를 소유했고, 고용된 소작인은 31명이었다. 대금업을 겸업했다.

참고문헌: 『농지개혁시 피분배지주 및 일제하 대지주 명부』, 한국농촌경제연구원, 1985.12

김지형金枝瀅

일제강점기 개성에 거주했던 지주이다. 1938년 주소는 개성부 동본정東本町 397번지이다. 1938년 경기도농회京畿道農會에서 도내 전답 30정보町步 이상 소유 지주를 대상으로 조사하여 작성한 지주명부에 수록되었는데, 1937년 6월말 기준 개풍군에 논 26정보, 밭 10정보를 소유했고, 고용된 소작인은 52명이었다. 1917년 개성군 송도면 교량 가설비를 기부하여 포상으로 목배木杯를 받았다.

참고문헌: 『농지개혁시 피분배지주 및 일제하 대지주 명부』, 한국농촌경제연구원, 1985.12; 『조선총독부관보』 1917.7.5.

김천배金天培

일제강점기 개성에 거주했던 지주이다. 1938년 주소는 개성부 북본정北本町 87번지이다. 1938년 경기도농회京畿道農會에서 도내 전답 30정보町步 이상 소유 지주를 대상으로 조사하여 작성한 지주명부에 수록되었는데, 1937년 6월말 기준 개풍군에 논 55정보, 밭 6정보를 소유했고, 고용된 소작인은 100명이었다.

참고문헌: 『농지개혁시 피분배지주 및 일제하 대지주 명부』, 한국농촌경제연구원, 1985.12

김향배金亨培

일제강점기 개성에 거주했던 지주이다. 1938년 주소는 개성부 동본정東本町이다. 1938년 경기도농회京畿道農會에서 도내 전답 30정보町步 이상 소유 지주를 대상으로 조사하여 작성한 지주명부에 수록되었는데, 1937년 6월말 기준 장단군에 논 11정보, 밭 31정보를 소유했고, 고용된 소작인은 20명이었다.

참고문헌: 『농지개혁시 피분배지주 및 일제하 대지주 명부』, 한국농촌경제연구원, 1985.12

김형배金亨培

일제강점기 개성에 거주했던 지주이다. 1938년 주소는 개성부 북본정北本町 192번지이다. 1938년 경기도농회京畿道農會에서 도내 전답 30정보町步 이상 소유 지주를 대상으로 조사하여 작성한 지주명부에 수록되었는데, 1937년 6월말 기준 개풍군에 논 35정보, 밭 17정보를 소유했고, 고용된 소작인은 100명이었다.

참고문헌: 『농지개혁시 피분배지주 및 일제하 대지주 명부』, 한국농촌경제연구원, 1985.12

류래항柳來恒 (1875년 경 출생)

일제강점기 개성에 거주했던 지주, 상공인이다. 1913년 주소는 개성군 북부면北部面 지파리池波里 ■동洞 38통 6호이고, 1938년 주소는 개성부 동본정 244번지이다. 1938년 경기도농회(京畿道農會)에서 도내 전답 30정보(町步) 이상 소유 지주를 대상으로 조사하여 작성한 지주명부에 수록되었는데, 1937년 6월말 기준 파주 군에 논 28정보, 밭 8정보를 소유했고, 고용된 소작인은 72명이었다. 1913년 김 윤배金允培와 더불어 사립 영명학교와 소송을 벌였다. 1934년 개풍군 임한면 정 관리 빈민들을 위해 2백원을 기부했다. 상업을 겸업했다.

참고문헌: 『농지개혁시 피분배지주 및 일제하 대지주 명부』, 한국농촌경제연구원, 1985.12; 『매일신보』 1913.6.26.; 『동아일보』 1934.2.3.

마정인馬貞仁

일제강점기 개성에 거주했던 지주이다. 1938년 주소는 개성부 북본정北本町 192 번지이다. 1938년 경기도농회京畿道農會에서 도내 전답 30정보町步 이상 소유 지 주를 대상으로 조사하여 작성한 지주명부에 수록되었는데, 1937년 6월말 기준 장단군에 논 12정보, 밭 19정보를 소유했고, 고용된 소작인은 20명이었다.

참고문헌: 『농지개혁시 피분배지주 및 일제하 대지주 명부』, 한국농촌경제연구원, 1985.12

마현규馬玄奎

일제강점기 개성에 거주했던 지주이다. 1917년 주소는 개성군 송도면 지정池町 472번지이고, 1938년 주소는 개성부 만월정滿月町 617번지이다. 1920년 4월 개 성전기주식회사 감사역이 되었다. 1938년 경기도농회京畿道農會에서 도내 전답 30정보町步 이상 소유 지주를 대상으로 조사하여 작성한 지주명부에 수록되었 는데, 1937년 6월말 기준 개풍군에 논 19정보, 밭 23정보를 소유했고, 고용된 소작인은 42명이었다. 개성 부회의원이었다.

참고문헌: 『농지개혁시 피분배지주 및 일제하 대지주 명부』, 한국농촌경제연구원, 1985.12; ; 『조선총독부관보』 1920.5.13., 1921.5.30.

문태균文泰均

일제강점기 개성에 거주했던 지주, 금전대부업자이다. 1938년 주소는 개성부 북본정北本町 517번지이다. 1938년 경기도농회京畿道農會에서 도내 전답 30정보町步 이상 소유 지주를 대상으로 조사하여 작성한 지주명부에 수록되었는데, 1937년 6월말 기준 개풍군에 논 79정보, 밭 15정보를 소유했고, 고용된 소작인은 175명이었다. 1936년 송도고등보통학교 기숙사 건축비를 기부하기로 했고, 1939년 개성공립상업학교에 독일제 피아노 1대를 기증했다.

참고문헌: 『농지개혁시 피분배지주 및 일제하 대지주 명부』, 한국농촌경제연구원, 1985.12; 宮內益男, 「開城商工名錄」, 『開城』, 개성상공회의소, 1936; 『동아일보』 1936.4.24., 1939.2.1.

박도규朴道珪

일제강점기 개성에 거주했던 지주, 기업인이다. 1938년 주소는 개성부 지정池町 178번지이다. 1938년 경기도농회京畿道農會에서 도내 전답 30정보町步 이상 소유 지주를 대상으로 조사하여 작성한 지주명부에 수록되었는데, 1937년 6월말 기준 장단군에 논 27정보, 밭 13정보를 소유했고, 고용된 소작인은 74명이었다. 1938년 8월 개성흥업주식회사 임시주주총회에서 감사역에 재선되었다.

참고문헌: 『농지개혁시 피분배지주 및 일제하 대지주 명부』, 한국농촌경제연구원, 1985.12; 『조선총독부관보』 1938.9.12.

박동각朴東珏

일제강점기 개성에 거주했던 지주이다. 1938년 주소는 개성부 지정池町이다. 1938년 경기도농회京畿道農會에서 도내 전답 30정보町步 이상 소유 지주를 대상으로 조사하여 작성한 지주명부에 수록되었는데, 1937년 6월말 기준 장단군에 논 72정보, 밭 43정보를 소유했고, 고용된 소작인은 69명이었다. 1935년 개성부 북부방면 위원에 임명되었다.

참고문헌: 「농지개혁시 피분배지주 및 일제하 대지주 명부」, 한국농촌경제연구원, 1985.12; 『매일신보』 1935.5.22

박문규朴文圭

일제강점기 개성에 거주했던 지주, 금전대부업자이다. 1938년 주소는 개성부 남본정南本町 211번지이다. 1938년 경기도농회京畿道農會에서 도내 전답 30정보町步 이상 소유 지주를 대상으로 조사하여 작성한 지주명부에 수록되었는데, 1937년 6월말 기준 연천군에 논 26정보, 밭 34정보를 소유했고, 고용된 소작인은 96명이었다. 1938년 8월 개풍군 청교면·상도면 소재 금은 광구鑛區 91만 3천평의 광업권을 등록하고, 청교면 묵송리에 청교광업사무소를 설치하여 9월부터 광업에 착수했다.

참고문헌: 「농지개혁시 피분배지주 및 일제하 대지주 명부」, 한국농촌경제연구원, 1985.12; 宮内益男, 「開城商工名錄」, 『開城』, 개성상공회의소, 1936; 『조선총독부관보』 1938.9.8., 1939.9.15.

박봉진朴鳳鎭 (1884~1942)

일제강점기 개성에 거주했던 기업인, 친일반민족행위자이다. 1884년 경기도 개성에서 출생했다. 호는 신재慎齋이고, 일본 이름은 木山鳳鎭이다. 일신의숙日新義塾을 졸업했다.

　20세부터 상업에 종사하였고, 인삼 경작을 했다. 1918년 개성 영신사 전무이사를 지냈다. 1922년 3월 개성삼업조합 이사, 4월 개성전기주식회사 감사, 1923년 4월 송도금융조합 감사, 1924년 3월 개성삼업조합 부조합장이 되었다. 1927년 개성전기주식회사 취체역, 1929년 송도금융조합 조합장, 풍덕수리조합 부장副長이 되었다. 1930년 송고실업장 감사역, 개성전기주식회사 취체역을 맡았고, 1931년 송도금융조합 조합장, 개성상공회의소 창립준비위원으로 활동했다. 1932년 합명회사 신계무역사 사장, 1933년 조선농업주식회사 취체역, 개성상공회의소 의원이 되었고, 1935년 만몽산업주식회사 취체역, 개성인삼동업조합 조합장으로 활동했다. 1936년 개성상공회의소 회두로 선출되었고, 중앙무진주식회사 취체역, 개성삼업주식회사 취체역에도 선임되었다. 1938년 6월 합명회사 삼흥사 사장, 1939년 8월 개성상공회의소 회두, 1941년 1월 주식회사 송고실업장 취체역이 되었다.

　1920년 노동공제회 개성지회 의사議事, 개성군 송도면 면협의회원, 1924년 개성군 학교평의회원, 1926년 개성여자공립보통학교후원회 평의원, 1930년 개성부 부협의회원, 개성부 학교평의회원, 1931년 개성 문묘 장의掌議와 개성부 부회의원, 1933년 경기도 소작위원회 위원이 되었다. 1935년 개성부 북부방면 위원장에 임명되었다. 1937년 개성부 중부방면 위원, 경기도 도회의원(관선), 경기도 산업조사위원회 위원에 임명되었다. 1937년 9월 애국기 경기호 헌납기성회 집행위원, 1938년 개성 문묘 사사司事, 조선총독부 중추원 참의, 개성지방 방공위원, 국민정신총동원 경기연맹 이사와 개성연맹 부이사장, 1939년 개성위생조합 고문, 개성경방단 부단장, 조선유도연합회 평의원, 시국대응전선사상보국연맹 개성분회 고문, 조선경방협회 경기연합지부 평의원, 1941년 흥아보국단 설립 준비위원, 조선임전보국단 발기인으로 활동했다. 1942년 12월 30일 사망했다. 친일반민족행위로 인해 친일인명사전에 수록되었다.

참고문헌: 친일인명사전편찬위원회 편, 『친일인명사전』, 2009; 『매일신보』 1935,5,22

박상우朴尙愚

일제강점기 개성에 거주했던 지주, 금전대부업자이다. 1938년 주소는 개성부 동본정東本町 179번지이다. 1938년 경기도농회京畿道農會에서 도내 전답 30정보町步 이상 소유 지주를 대상으로 조사하여 작성한 지주명부에 수록되었는데, 1937년 6월말 기준 장단군에 논 117정보, 밭 119정보를 소유했고, 고용된 소작인은 211명이었다. 1931년 9월 개성부립박물관 건축비(1천원)을 기부하여 1935년 12월 포장襃狀으로써 포상받았다.

참고문헌: 『농지개혁시 피분배지주 및 일제하 대지주 명부』, 한국농촌경제연구원, 1985,12; 宮内益男, 『開城商工名錄』, 『開城』, 개성상공회의소, 1936; 『조선총독부관보』 1936,1,21.

박성운朴成雲

일제강점기 개성에 거주했던 지주이다. 1938년 주소는 개성부 고려정高麗町 984번지이다. 1938년 경기도농회京畿道農會에서 도내 전답 30정보町步 이상 소유 지주를 대상으로 조사하여 작성한 지주명부에 수록되었는데, 1937년 6월말 기준 장단군에 논 12정보, 밭 18정보를 소유했고, 고용된 소작인은 38명이었다.

참고문헌: 『농지개혁시 피분배지주 및 일제하 대지주 명부』, 한국농촌경제연구원, 1985.12

박순오朴淳五

일제강점기 개성에 거주했던 지주이다. 1938년 주소는 개성부 동본정東本町 471번지이다. 1938년 경기도농회京畿道農會에서 도내 전답 30정보町步 이상 소유 지주를 대상으로 조사하여 작성한 지주명부에 수록되었는데, 1937년 6월말 기준 장단군에 논 21정보, 밭 21정보를 소유했고, 고용된 소작인은 37명이었다.

참고문헌: 『농지개혁시 피분배지주 및 일제하 대지주 명부』, 한국농촌경제연구원, 1985.12

박승규朴承圭

일제강점기 개성에 거주했던 지주, 기업인이다. 일본 이름은 木山承圭이다. 1938년 주소는 개성부 북본정北本町 436번지이다. 1938년 경기도농회京畿道農會에서 도내 전답 30정보町步 이상 소유 지주를 대상으로 조사하여 작성한 지주명부에 수록되었는데, 1937년 6월말 기준 개풍군에 논 72정보, 밭 6정보를 소유했고, 고용된 소작인은 130명이었다. 1938년 6월 북본정 436번지에 본점을 둔 합명회사 삼흥사三興社가 설립되었는데, 박봉진, 박승기, 김상득, 박승무, 박승규, 김인순 등 6명이 5천원씩 출자했다. 대지주명부에 '중앙대학생'이라 기재되어 있다.

* 이들 6명이 모두 木山으로 창씨한 것으로 봐서 같은 집안사람들임을 알 수 있다.

참고문헌: 「농지개혁시 피분배지주 및 일제하 대지주 명부」, 한국농촌경제연구원, 1985.12; 「조선총독부관보」 1938.8.2., 1940.9.9.

박영소朴永韶

일제강점기 개성에 거주했던 지주, 금전대부업자이다. 1938년 주소는 개성부 북본정北本町 305번지이다. 1938년 경기도농회京畿道農會에서 도내 전답 30정보町步 이상 소유 지주를 대상으로 조사하여 작성한 지주명부에 수록되었는데, 1937년 6월말 기준 장단군에 논 23정보, 밭 58정보를 소유했고, 고용된 소작인은 149명이었다. 또 개풍군에 논 69정보, 밭 17정보를 소유했으며 소속 소작인은 48명이었다. 1939년 8월에 열린 개성흥업주식회사 임시주주총회에서 취체역으로 재선되었다.

참고문헌: 「농지개혁시 피분배지주 및 일제하 대지주 명부」, 한국농촌경제연구원, 1985.12; 宮內益男, 「開城商工名錄」, 「開城」, 개성상공회의소, 1936; 「조선총독부관보」 1939.10.12.

박우현朴宇鉉 (1869~1928)

일제강점기 개성에 거주했던 군수, 상공인, 친일반민족행위자이다. 1869년 경기도 개성에서 태어났다. 1907년 개성지방위원, 1908년 탁지부 삼정사무蔘政事務 조사원, 개성지방금융조합 조합장, 1909년 개성군수 · 풍덕군수 서리와 한국중앙농회 개성지회 상의원, 1910년 개성삼업조합 조합장, 공립개성보통학교 교장(겸직)을 역임했다.

1912년 합자회사 영신사永信社 취체역, 1913년 합명회사 개성사 사장이 되었고, 1916년 조선상업은행 대주주로 참여했다. 1918년 고려삼업사 설립을 주도했다. 1919년 송도금융조합 조합장, 1922년 송도도기주식회사 취체역 사장, 1925년 개성무진주식회사 설립 발기인, 개성양조주식회사 취체역, 1927년 개성무진주식회사 사장이 되었고, 1928년 개성실업협회 조직에 참여했다.

합병 후 개성군수에 유임되었다가 1913년 6월 사직했다. 1912년 2월 개성보승회 발기에 참여하고 회장이 되었다. 1913년 경기도 지방토지조사위원회 임시위원이 되었고, 1914년 경기도 개성제일공립보통학교 학무위원, 시정5주년기념 조선물산공진회 평의원, 1916년 개성 신사 설립을 위한 씨자총대氏子總代, 남북만주 시찰단원, 1918년 개성공립상업학교 설립위원으로 활동했다. 1920년 개성군 송도면 면협의회원, 경기도 도평의회원(관선), 1921년 조선농회 개성지회 부지회장, 조선농회 경기도 평의원, 1924년 '일선융화'를 내세운 동민회 회원이 되었다. 1928년 사망했다. 친일반민족행위로 인해 친일인명사전에 수록되었다.

참고문헌: 친일인명사전편찬위원회 편, 『친일인명사전』, 2009; 『한국민족문화대백과』 인터넷판, 한국학중앙연구원(http://encykorea.aks.ac.kr/)

박이현朴二鉉

일제강점기 개성에 거주했던 지주이다. 일본 이름은 木戶二鉉이다. 1938년 주소는 개성부 지정池町 226번지이다. 1938년 경기도농회京畿道農會에서 도내 전담 30정보町步 이상 소유 지주를 대상으로 조사하여 작성한 지주명부에 수록되었는데, 1937년 6월말 기준 개풍군에 논 38정보, 밭 20정보를 소유했고, 고용된 소작인은 84명이었다. 1937년 1월 개성인쇄회사 대표취체역에 중임되었고, 같은 해 3월 개성운송주식회사의 대표취체역에 취임하고, 1938년 4월 재선되었다.

참고문헌: 『농지개혁시 피분배지주 및 일제하 대지주 명부』, 한국농촌경제연구원, 1985.12; 『조선총독부관보』
1937.4.15., 1937.5.29., 1938.4.27., 1940.11.6.

박종연朴鍾淵

일제강점기 개성에 거주했던 지주이다. 1938년 주소는 개성부 북본정北本町이다.
1938년 경기도농회京畿道農會에서 도내 전답 30정보町步 이상 소유 지주를 대상
으로 조사하여 작성한 지주명부에 수록되었는데, 1937년 6월말 기준 개풍군에
논 21정보, 밭 10정보를 소유했고, 고용된 소작인은 65명이었다.

참고문헌: 『농지개혁시 피분배지주 및 일제하 대지주 명부』, 한국농촌경제연구원, 1985.12

성원정成元貞

일제강점기 개성에 거주했던 지주로, 주소는 1938년 개성부開城府 동본정東本町
344이다. 경기도농회京畿道農會에서 도내 전답 30정보町步 이상 소유 지주를 대
상으로 조사하여 작성한 지주명부에 수록되었다. 1937년 6월말 현재 개풍군開
豊郡에 답 37정보, 전 12정보를 소유하고 있었으며, 고용한 소작인 수는 총 100
명이었다.

참고문헌: 『농지개혁시 피분배지주 및 일제하 대지주 명부』, 한국농촌경제연구원, 1985.12

손계호孫啓鎬

일제강점기 개성에 거주했던 지주로, 주소는 1938년 개성부開城府 남본정南本町

215이다. 경기도회 의원직을 역임했다. 경기도농회京畿道農會에서 도내 전답 30 정보町步 이상 소유 지주를 대상으로 조사하여 작성한 지주명부에 수록되었다. 1937년 6월말 현재 개풍군開豊郡에 답 54정보, 전 36정보를 소유하고 있었으며, 고용한 소작인 수는 총 75명이었다.

참고문헌: 『농지개혁시 피분배지주 및 일제하 대지주 명부』, 한국농촌경제연구원, 1985.12

손덕기孫德基

일제강점기 개성에 거주했던 지주로, 주소는 1938년 개성부開城府 지정池町576 이다. 경기도농회京畿道農會에서 도내 전답 30정보町步 이상 소유 지주를 대상으로 조사하여 작성한 지주명부에 수록되었다. 1937년 6월말 현재 장단군長湍郡에 답 16정보, 전 18정보를 소유하고 있었으며, 고용한 소작인 수는 총 17명이었다.

참고문헌: 『농지개혁시 피분배지주 및 일제하 대지주 명부』, 한국농촌경제연구원, 1985.12

손동식孫東植

일제강점기 개성에 거주했던 지주로, 주소는 1938년 개성부開城府 남본정南本町이다. 경기도농회京畿道農會에서 도내 전답 30정보町步 이상 소유 지주를 대상으로 조사하여 작성한 지주명부에 수록되었다. 1937년 6월말 현재 연천군漣川郡에 답 74정보, 전 141정보를 소유하고 있었으며, 고용한 소작인 수는 총232명이었다.

참고문헌: 『농지개혁시 피분배지주 및 일제하 대지주 명부』, 한국농촌경제연구원, 1985.12

손봉상孫鳳祥

경기도 개성에서 1861년 1월에 태어났다. 원적은 개성부 북본정北本町441이다. 인삼 경작에 주력하였고, '인삼왕人蔘王이라고 불리었다. 1889년부터 조부의 사업을 계승하여 인삼 경작업에 종사했다. 1896년 궁내부宮內府 경리원經理院 주사主事, 1906년 관립종삼회사官立種蔘會社 총무總務, 1908년 탁지부度支部 사세국司稅局 삼정과蔘政課 촉탁囑託, 1909년 개성학회장開城學會長 및 개성지방금융조합開城地方金融組合 조합장組合長직을 담당했다. 1910년에는 개성삼업조합開城蔘業組合 조합장과 개성상업회의소開城商業會議所 회두會頭, 1917년 개성전기주식회사 취체역직을 맡았다. 1912년 합자회사 영신사永信社, 1918년 합자회사인 고려삼업사高麗蔘業社설립하고 사장직을 역임했다. 1934년에는 인삼의 판로확장, 매약賣藥 제조 및 한약무역漢藥貿易을 위해 경성 황금정에 합자회사 고려삼업사高麗蔘業社 경성지점을 설립했다.

참고문헌: 한국근현대인물자료(국사편찬위원회 한국사데이터베이스 http://db.history.go.kr/); 『朝鮮銀行會社組合要錄』(국사편찬위원회 한국사데이터베이스 http://db.history.go.kr/); 『한국민족문화대백과』 인터넷판, 한국학중앙연구원 (http://encykorea.aks.ac.kr/)

손홍준孫洪駿

1886년 10월 26일 경기도 개성에서 태어났다. 호는 중산中汕이다. 한말부터 일제강점기까지 개성지역에서 가장 유력한 인삼경작자이며 '인삼대왕'으로 불렸던 손봉상係鳳祥의 아들이다. 1938년 현재 주소는 개성부開城府 북본정北本町 441이다. 1915년 고베 고등상업학교를 졸업했다. 귀국 후 평안남도 평양에서 곡물 위탁판매와 무역업에 종사했다. 1917년 해양海壤상회 면업부를 설립하고 운영했다. 1919년 서선조면 평양분공장 공장주, 1921년부터 1939년까지 서선조면주식회사西鮮繰綿株式會社 (1919년 10월 22일 창립) 감사직을 맡았다. 1920년 4월부터 1925년까지 평양신탁주식회사平壤信託株式會社 (1920년 4월 창립), 1921년부터 1935년까지 개성전기주식회사開城電氣株式會社(1917년 4월 14일 창립)에서 감사로 활동했다. 1919년, 1921년 평양상업회의소 평의원직에 선출되었다. 1936년 손봉상이 설립한 고려삼업사합자회사高麗蔘業社合資會社 (1918년 9월 5일 창립)와 영신사합자회사永信社合資會社 (1911년 11월 1일) 사장에 취임했다. 1918년 5월 개성의 빈민구제 사업비로 개성부 내무계에 1000원을 헌납했다. 8월에는 백삼판매주식회사 창립실행위이 되었다. 1936년 개성삼업주식회사 취체역 지배인, 1937년부터 1940년 까지 취체역직을 담당했다. 1937년 개성인삼동업조합 조합장, 개성인삼판매조합 조합장이 되었다. 7월 개성부윤에게 일본군용기 구입비 1만원을 헌납했다. 이 공로로 1943년 9월 감수포장紺綬褒章을 받았다. 1937년 8월 개성삼업주식회사 취체역을 담당했으며, 군용기 '경기호'를 만들기 위해 100원을 헌납했다. 1938년 5월 개성지방 방공위원, 7월 국민정신총동원 개성연맹 이사, 9월에 조선방공협회 개성지부 평의원이 되었다. 1939년 경기도교통안전협회 개성지부 평의원, 개성부회 부의장, 개성상공회의소 회두, 개성성방호단 제2분단 단장, 경방협회 경기도연합지부 평의원, 조선유도연합회 참사, 시국대응전선사상보국연맹 경성지부 개성분회 분회장, 개성부유도회 이사직을 맡았다. 1940년에는 개성식량배급조합 조합장에 임명되었다. 1941년 조선임전보국단의 발기인(경기)으로 활동했다. 1944년 개성경방단 단장, 9월 경기도 상공경제회 설립위원으로 활동했다. 해방 후에는 개성삼업조합 대표직을 역임했다. 한편 경기도농회京畿道農會에서 도내 전답 30정보町步 이상 소유 지주를 대상으로 조사하여 작성한 지주

명부에 수록되었다. 1937년 6월말 현재 장단군長湍郡에 답 16정보, 전 18정보를 소유하고 있었으며, 고용한 소작인 수는 총 24명이었다. 일제강점기 친일반민족 행위로 인해 친일인명사전에 수록되었다.

참고문헌: 친일인명사전편찬위원회 편, 『친일인명사전』, 2009; 『朝鮮銀行會社組合要錄』(국사편찬위원회 한국사데이터베이스 http://db.history.go.kr/); 『농지개혁시 피분배지주 및 일제하 대지주 명부』, 한국농촌경제연구원, 1985.12

신현직申鉉直

일제강점기 개성에서 거주했다. 1933년까지 개성금융조합開城金融組合(1908년 3월 29일 설립) 조합장직을 담당했다.

참고문헌: 『朝鮮銀行會社組合要錄』(국사편찬위원회 한국사데이터베이스 http://db.history.go.kr/)

양창화楊昌華

일제강점기 개성에서 거주했다. 학교평의원, 1924년부터 1925년까지 남면장南面長, 1939년부터 1941년까지 토성요업土城窯業(1937년 창립, 제조공업) 주식회사 이사, 경기도 토성금융조합장직을 역임했다.

참고문헌: 『직원록』(국사편찬위원회 한국사데이터베이스 http://db.history.go.kr/); 『朝鮮銀行會社組合要錄』(국사편찬위원회 한국사데이터베이스 http://db.history.go.kr/); 藤澤淸次郞, 『朝鮮金融組合と人物』, 大陸民友社, 1937

왕세각王世珏

일제강점기 개성에 거주했던 지주로, 주소는 1938년 개성부開城府 남본정南本町

223이다. 경기도농회京畿道農會에서 도내 전답 30정보町步 이상 소유 지주를 대상으로 조사하여 작성한 지주명부에 수록되었다. 1937년 6월말 현재 개풍군開豊郡에 답 24정보, 전 8정보를 소유하고 있었으며, 고용한 소작인 수는 총 48명이었다. 장단군長湍郡에 있는 답 38정보, 전 26정보를 경영하였고, 32명을 소작인으로 고용하였다.

참고문헌: 『농지개혁시 피분배지주 및 일제하 대지주 명부』, 한국농촌경제연구원, 1985.12

우상철禹相徹

일제강점기 개성에 거주했던 지주로, 주소는 1938년 개성부開城府 만명정滿明町 37-1이다. 경기도농회京畿道農會에서 도내 전답 30정보町步 이상 소유 지주를 대상으로 조사하여 작성한 지주명부에 수록되었다. 1937년 6월말 현재 개풍군開豊郡에 답 84정보, 전 11정보를 소유하고 있었으며, 고용한 소작인 수는 총28명이었다.

참고문헌: 『농지개혁시 피분배지주 및 일제하 대지주 명부』, 한국농촌경제연구원, 1985.12

우상훈禹相薰

일제강점기 개성에 거주했던 지주로, 주소는 1938년 개성부開城府 동본정東本町 93이다. 경기도농회京畿道農會에서 도내 전답 30정보町步 이상 소유 지주를 대상으로 조사하여 작성한 지주명부에 수록되었다. 1937년 6월말 현재 장단군長湍郡에 답 24정보, 전 8정보를 소유하고 있었으며, 고용한 소작인 수는 총 18명이었다.

참고문헌: 『농지개혁시 피분배지주 및 일제하 대지주 명부』, 한국농촌경제연구원, 1985.12

윤영선尹永善

일제강점기 개성에 거주했던 지주로, 주소는 1938년 개성부開城府 고려정高麗町 98이다. 경기도농회京畿道農會에서 도내 전답 30정보町步 이상 소유 지주를 대상으로 조사하여 작성한 지주명부에 수록되었다. 1937년 6월말 현재 여주군驪州郡에 답 34정보, 전 4정보를 소유하고 있었으며, 고용한 소작인 수는 총 140명이었다.

참고문헌: 『농지개혁시 피분배지주 및 일제하 대지주 명부』, 한국농촌경제연구원, 1985.12

이근태李根泰

일제강점기 개성에 거주했던 지주로, 주소는 1938년 개성부開城府 남본정南本町 73이다. 개성부회의원직을 역임했다. 경기도농회京畿道農會에서 도내 전답 30정보町步 이상 소유 지주를 대상으로 조사하여 작성한 지주명부에 수록되었다. 1937년 6월말 현재 개풍군開豊郡에 답 27정보, 전 16정보를 소유하고 있었으며, 고용한 소작인 수는 총 88명이었다.

참고문헌: 『농지개혁시 피분배지주 및 일제하 대지주 명부』, 한국농촌경제연구원, 1985.12

이기대李基大

일제강점기 개성에 거주했던 지주로, 주소는 1938년 개성부開城府 남산정南山町

370이다. 경기도농회京畿道農會에서 도내 전답 30정보町步 이상 소유 지주를 대상으로 조사하여 작성한 지주명부에 수록되었다. 1937년 6월말 현재 개풍군開豊郡에 답 19정보, 전 12정보를 소유하고 있었으며, 고용한 소작인 수는 총 38명이었다.

참고문헌: 『농지개혁시 피분배지주 및 일제하 대지주 명부』, 한국농촌경제연구원, 1985.12

이기롱李基鍒

일제강점기 개성에 거주했던 지주로, 주소는 1938년 개성부開城府 북본정北本町 423이다. 경기도농회京畿道農會에서 도내 전답 30정보町步 이상 소유 지주를 대상으로 조사하여 작성한 지주명부에 수록되었다. 1937년 6월말 현재 개풍군開豊郡에 답 31정보, 전 3정보를 소유하고 있었으며, 고용한 소작인 수는 총 50명이었다.

참고문헌: 『농지개혁시 피분배지주 및 일제하 대지주 명부』, 한국농촌경제연구원, 1985.12

이기세李基世 (高山基世 1888 ~ 1945)

1888년 10월 11일 경기도 개성에서 태어났으며 1945년에 사망했다. 일제강점기 일본 이름은 타카야마 키세이高山基世이다. 도쿄 물리학교에 다녔고, 1907년 국채보상동맹 관서지역 발기인으로 참여했다. 1909년 개성학회가 주최한 해외 유학생 강연회에서 강연했으며, 1910년 일본 교토로 건너가 연극을 배웠다. 귀국하여 1912년 개성에서 신파극단인 유일단唯一團을 조직했으며, 극장 개성좌開城座를 설립했다. 1916년 3월 극단 예성좌를 조직했으며, 1917년 우미관에서 〈

장한몽〉을 연출했다. 1919년 극단 조선문예단을 조직했으며, 1920년에는 『시사신문』에 입사했다. 1921년 1월부터 1922년 4월까지 국민협회 평의원으로 활동했다. 1923년 『매일신보』 사회부장, 1927년 『매일신보』 이사, 조선박람회 위원이 되었으며 신문간화회에 입회했다. 1927년부터 1928년까지 『매일신보』 편집인 겸 발행인으로 활동했다. 1930년 일본 폴리돌축음기조선판매주식회사日本폴리돌蓄音器朝鮮販賣株式會社 (1930년 8월 10일 설립) 이사직을 맡았으며, 조선음률협회를 조직했다. 1933년 중앙진흥협회의 이사, 조선지주식회사朝鮮紙株式會社 (1918년 4월 28일 설립) 이사, 1934년 빅타레코드사 문예부장직을 역임했다. 1937년 조선영화 제작을 위한 기신양행합자회사紀新洋行合資會社을 설립하고 사장이 되었다. 1938년 국일관을 인수하였고 국방헌금 500원을 헌납했다. 1942년 국일관 대표이사, 대창공업사 감사역을 담당했다. 일제강점기 친일반민족행위로 인해 친일인명사전에 수록되었다.

참고문헌: 친일인명사전편찬위원회 편, 『친일인명사전』, 2009; 『朝鮮銀行會社組合要錄』 (국사편찬위원회 한국사데이터베이스 http://db.history.go.kr/)

이병천李炳天

일제강점기 개성에 거주했던 지주로, 주소는 1938년 개성부開城府 남본정南本町이다. 경기도농회京畿道農會에서 도내 전답 30정보町步 이상 소유 지주를 대상으로 조사하여 작성한 지주명부에 수록되었다. 1937년 6월말 현재 개풍군開豊郡에 답 45정보, 전 13정보를 소유하고 있었으며, 고용한 소작인 수는 총 96명이었다.

참고문헌: 『농지개혁시 피분배지주 및 일제하 대지주 명부』, 한국농촌경제연구원, 1985.12

이호주李鎬周

일제강점기 개성에 거주했던 지주이다. 1938년 주소는 개성부開城府 지정池町 294번지이다. 상업 활동에 종사하였으며, 경기도농회京畿道農會에서 도내 전담 30정보町步 이상을 소유한 지주를 대상으로 조사하여 작성한 지주명부에 수록되었다. 1937년 6월말 현재 개풍군開豊郡에 논 34정보, 밭 10정보로 총 44정보를 소유하고 있었다. 고용한 소작인 수는 총 109명이었다.

참고문헌: 「농지개혁시 피분배지주 및 일제하 대지주 명부」, 한국농촌경제연구원, 1985.12

이희영李熙英

일제강점기 개성에 거주했던 지주이다. 1938년 주소는 개성부開城府 동본정東本町 192번지이다. 1932년 개성 제3공립보통학교第三公立普通學校를 새로 건축하는 데 200원을 기부하였고, 1934년 개성공립상업학교開城公立商業學校의 학급을 늘리기 위한 증설자금으로 145원을 기부하였다. 경기도농회京畿道農會에서 도내 전담 30정보町步 이상을 소유한 지주를 대상으로 조사하여 작성한 지주명부에 수록되었다. 1937년 6월말 현재 개풍군開豊郡에 논 40정보, 밭 34정보, 장단군長湍郡에 논 60정보, 밭 34정보로 개풍군과 장단군의 토지를 합하여 논 100정보, 밭 68정보, 총 168정보를 소유하고 있었다. 고용한 소작인 수는 개풍군에 68명, 장단군에 55명으로 총 123명이었다.

참고문헌: 「농지개혁시 피분배지주 및 일제하 대지주 명부」, 한국농촌경제연구원, 1985.12: 「동아일보」 1932.11.28.; 1934.06.17.

임진문林鎭文

일제강점기 개성에 거주했던 경제인이자, 지주이다. 1938년 주소는 개성부開城府 동본정東本町 361번지이다. 송도면松都面 남산정 818번지에 본점을 두고 주류 제조와 판매를 목적으로 1925년 9월 18일 설립한 주식회사 개성양조開城釀造의 감사를 맡았다. 개성부 동본정 361번지에 본점을 두고 농업, 임업, 광산 등의 경영 및 투자를 목적으로 1935년 7월 1일 설립된 합명회사合名會社 임가林家의 중역으로 활동하였다. 경기도농회京畿道農會에서 도내 전답 30정보町步 이상을 소유한 지주를 대상으로 조사하여 작성한 지주명부에 수록되었다. 1937년 6월말 현재 개풍군開豊郡에 논 54정보, 밭 36정보, 장단군長湍郡에 논 37정보, 밭 33정보로 개풍군과 장단군의 토지를 합하여 논 91정보, 밭 69정보, 총 160정보를 소유하고 있었다. 고용한 소작인 수는 개풍군에 75명, 장단군에 81명으로 총 155명이었다.

참고문헌: 『농지개혁시 피분배지주 및 일제하 대지주 명부』, 한국농촌경제연구원, 1985.12; 『朝鮮銀行會社組合要錄』(1927년판), 『朝鮮銀行會社組合要錄』(1937년판) (한국사데이터베이스 http://db.history.go.kr/)

임창호林昌浩

일제강점기 개성에 거주했던 지주이다. 1938년 주소는 개성부開城府 지정池町 667번지이다. 경기도농회京畿道農會에서 도내 전답 30정보町步 이상을 소유한 지주를 대상으로 조사하여 작성한 지주명부에 수록되었다. 1937년 6월말 현재 개풍군(\開豊郡에 논 37정보를 소유하고 있었다. 고용한 소작인 수는 총 58명이었다.

참고문헌: 『농지개혁시 피분배지주 및 일제하 대지주 명부』, 한국농촌경제연구원, 1985.12

임치영林治永

일제강점기 개성에 거주했던 지주이다. 1938년 주소는 개성부開城府 동본정東本町 386번지이다. 경기도농회京畿道農會에서 도내 전답 30정보町步 이상을 소유한 지주를 대상으로 조사하여 작성한 지주명부에 수록되었다. 1937년 6월말 현재 장단군(長湍郡)에 논 35정보, 밭 19정보로 총 54정보를 소유하고 있었다. 고용한 소작인 수는 총 69명이었다.

참고문헌: 「농지개혁시 피분배지주 및 일제하 대지주 명부」, 한국농촌경제연구원, 1985.12

임한선林漢瑄

일제강점기 개성에 거주했던 경제인이자, 지주이다. 1938년 주소는 개성부開城府 북본정北本町 261번지이다. 송도면松都面 대평정 개성역開城驛 구내에 본점을 두고 운송 및 창고 대리업을 목적으로 1927년 7월 1일 설립된 주식회사 개성운송창고開城運送倉庫의 대표이자 대주주이다. 개성운송창고가 발행한 총 1,000주 중 100주를 보유하고 있다. 개성부 동본정東本町 361번지에 본점을 두고 농업, 임업, 광산 등의 경영 및 투자를 목적으로 1935년 7월 1일 설립된 합명회사合名會社 임가林家의 대표를 맡았다. 1931년 개성상공회의소開城商工會議所 창립준비위원으로 활동하였고, 1933년 5월 허가를 얻은 후에는 개성상공회의소 의원에 선출되어 공업부工業部 담당이 되었다. 경기도농회京畿道農會에서 도내 전답 30정보町步 이상을 소유한 지주를 대상으로 조사하여 작성한 지주명부에 수록되었다. 1937년 6월말 현재 장단군長湍郡에 논 44정보, 밭 15정보로 총 59정보를 소유하고 있었다. 고용한 소작인 수는 총 59명이었다.

참고문헌: 『농지개혁시 피분배지주 및 일제하 대지주 명부』, 한국농촌경제연구원, 1985.12; 『朝鮮銀行會社組合要錄』(1929년판), 『朝鮮銀行會社組合要錄』(1937년판) (한국사데이터베이스 http://db.history.go.kr/); 『동아일보』1931.09.15., 1933.07.13., 1933.08.04.

임한조林漢祖

일제강점기 개성에 거주했던 경제인이자, 지주이다. 1938년 주소는 개성부開城府 남본정南本町 243번지이다. 송도면松都面 남본정 98번지에 본점을 두고 종자, 묘목, 과일 등의 생산 및 판매, 비료 및 농구의 판매 등 상업활동을 목적으로 1927년 6월 18일 설립된 주식회사 송도식산松都殖産의 감사로 활동하였다. 개성부 고려정高麗町 123번지에 본점을 두고 면직물 및 양말의 제조와 판매를 목적으로 1929년 2월 15일 설립한 주식회사 송고실업장松高實業場의 이사를 맡았고, 송고실업장이 발행한 총 4,000주 중 220주를 보유한 대주주였다. 1932년 개성 제3공립보통학교第三公立普通學校를 새로 건축하는데 500원을 기부하였고, 1934년 개성공립상업학교開城公立商業學校의 학급을 늘리기 위한 증설자금으로 170원을 기부하였다. 경기도농회京畿道農會에서 도내 전답 30정보町步 이상을 소유한 지주를 대상으로 조사하여 작성한 지주명부에 수록되었다. 1937년 6월말 현재 개풍군開豊郡에 논 48정보, 밭 37정보로 총 85정보를 소유하고 있었다. 고용한 소작인 수는 총 110명이었다.

참고문헌: 『농지개혁시 피분배지주 및 일제하 대지주 명부』, 한국농촌경제연구원, 1985.12; 『朝鮮銀行會社組合要錄』(1929년판), 『朝鮮銀行會社組合要錄』(1931년판) (한국사데이터베이스 http://db.history.go.kr/)

장상면張相勉

일제강점기 개성에 거주했던 지주이다. 1938년 주소는 개성부開城府 북본정北本町 57번지이다. 경기도농회京畿道農會에서 도내 전답 30정보町步 이상을 소유한 지주를 대상으로 조사하여 작성한 지주명부에 수록되었다. 1937년 6월말 현재 장단군長湍郡에 논 8정보, 밭 27정보로 총 35정보를 소유하고 있었다. 고용한 소작인 수는 총 43명이었다.

참고문헌: 『농지개혁시 피분배지주 및 일제하 대지주 명부』, 한국농촌경제연구원, 1985.12

장학수張學洙

일제강점기 개성에 거주했던 지주이다. 1938년 주소는 개성부開城府 동본정東本町 645번지이다. 경기도농회京畿道農會에서 도내 전답 30정보町步 이상을 소유한 지주를 대상으로 조사하여 작성한 지주명부에 수록되었다. 1937년 6월말 현재 장단군長湍郡에 논 44정보, 밭 12정보로 총 56정보를 소유하고 있었다. 고용한 소작인 수는 총 40명이었다.

참고문헌: 『농지개혁시 피분배지주 및 일제하 대지주 명부』, 한국농촌경제연구원, 1985.12

장학순張學淳

일제강점기 개성에 거주했던 경제인이자, 지주이다. 1938년 주소는 개성부開城府 동본정東本町 643번지이다. 1932년 개성 제3공립보통학교第三公立普通學校를 새로 건축하는데 50원을 기부하였다. 1935년 7월 준공이 완료된 개풍군開豊郡과 장단군長湍郡을 연결하는 삼대천교三大川橋를 건설하는 사업에 30원을 기부하였다.

개성부 경정京町 513번지에 본점을 두고 자동차 운수 및 운송사업 등을 목적으로 1939년 11월 30일 설립된 주식회사 송도화물자동차부松都貨物自動車部의 대표이사로 활동하였다. 경기도농회京畿道農會에서 도내 전답 30정보町步 이상을 소유한 지주를 대상으로 조사하여 작성한 지주명부에 수록되었다. 1937년 6월말 현재 장단군長湍郡에 논 47정보, 밭 33정보로 총 80정보를 소유하고 있었다. 고용한 소작인 수는 총 84명이었다.

참고문헌: 『농지개혁시 피분배지주 및 일제하 대지주 명부』, 한국농촌경제연구원, 1985.12; 『朝鮮銀行會社組合要錄』, (1942년판) (한국사데이터베이스 http://db.history.go.kr/); 『조선중앙일보』, 1935.07.10; 『동아일보』, 1932.11.28.

조낭규趙朗奎

일제강점기 개성에 거주했던 지주이다. 1938년 주소는 개성부開城府 동본정東本町 313번지이다. 경기도농회京畿道農會에서 도내 전답 30정보町步 이상을 소유한 지주를 대상으로 조사하여 작성한 지주명부에 수록되었다. 1937년 6월말 현재 장단군長湍郡에 논 6정보, 밭 31정보로 총 37정보를 소유하고 있었다. 고용한 소작인 수는 총 45명이었다.

참고문헌: 『농지개혁시 피분배지주 및 일제하 대지주 명부』, 한국농촌경제연구원, 1985.12

조희연趙熙淵

일제강점기 개성에 거주했던 지주이다. 1938년 주소는 개성부開城府 북본정北本町 398번지이다. 1934년 개성공립상업학교開城公立商業學校의 학급을 늘리기 위한 증설자금으로 80원을 기부하였다. 경기도농회京畿道農會에서 도내 전답 30정보町步 이상을 소유한 지주를 대상으로 조사하여 작성한 지주명부에 수록되었다. 1937년 6월말 현재 개풍군開豊郡에 논 21정보, 밭 10정보로 총 31정보를 소유하고 있었다. 고용한 소작인 수는 총 45명이었다.

참고문헌: 『농지개혁시 피분배지주 및 일제하 대지주 명부』, 한국농촌경제연구원, 1985.12; 『동아일보』 1934.06.17.

진병건秦炳建

일제강점기 개성에 거주했던 경제인이자, 지주이다. 1938년 주소는 개성부開城府 북본정北本町 210번지이다. 개성부 만월정 877번지에 본점을 두고 전등 전력 공급 및 전등용 기구의 판매와 대부를 목적으로 1917년 4월 14일 설립된 주식회사 개성전기開城電氣에서 이사로 활동하였다. 경성전기가 발행한 주식 총 10,000주 중 810주를 보유한 대주주이기도 했다. 1932년 나예방협회癩豫防協會에 200원을 기부하였다. 1932년 개성 제3공립보통학교第三公立普通學校를 새로 건축하는데 200원을 기부하였고, 1934년 개성공립상업학교開城公立商業學校의 학급을 늘리기 위한 증설자금으로 260원을 기부하였다. 경기도농회京畿道農會에서 도내 전답 30정보町步 이상을 소유한 지주를 대상으로 조사하여 작성한 지주명부에 수록되었다. 1937년 6월말 현재 장단군長湍郡에 논 108정보, 밭 48정보, 개풍군開豊郡에 논 79정보, 논 16정보로 장단군과 개풍군의 토지를 합하여 논 187정보, 밭 64정보, 총 251정보를 소유하고 있었다. 고용한 소작인 수는 장단군 136명, 개풍군 131명으로 총 267명이었다.

참고문헌: 『농지개혁시 피분배지주 및 일제하 대지주 명부』, 한국농촌경제연구원, 1985.12; 『朝鮮銀行會社組合要錄』(1935년판) (한국사데이터베이스 http://db.history.go.kr/); 『중앙일보』 1932.12.15; 『동아일보』 1932.11.28.; 1934.06.17.

진병위秦炳爲

일제강점기 개성에 거주했던 지주이다. 1938년 주소는 개성부開城府 원정元町 534번지이다. 경기도농회京畿道農會에서 도내 전답 30정보町步 이상을 소유한 지주를 대상으로 조사하여 작성한 지주명부에 수록되었다. 1937년 6월말 현재 장단군長湍郡에 논 25정보, 밭 65정보로 총 90정보를 소유하고 있었다. 고용한 소작인 수는 총 121명이었다.

참고문헌: 『농지개혁시 피분배지주 및 일제하 대지주 명부』, 한국농촌경제연구원, 1985.12

진석인陳錫仁

일제강점기 개성에 거주했던 지주이다. 1938년 주소는 개성부開城府 원정元町 446번지이다. 대금업貸金業을 하였으며, 경기도농회京畿道農會에서 도내 전답 30정보町步 이상을 소유한 지주를 대상으로 조사하여 작성한 지주명부에 수록되었다. 1937년 6월말 현재 장단군長湍郡에 논 10정보, 밭 23정보, 개풍군開豊郡에 논 20정보, 논 19정보로 장단군과 개풍군의 토지를 합하여 논 30정보, 밭 42정보, 총 72정보를 소유하고 있었다. 고용한 소작인 수는 장단군 54명, 개풍군 32명으로 총 86명이었다.

참고문헌: 『농지개혁시 피분배지주 및 일제하 대지주 명부』, 한국농촌경제연구원, 1985.12

차형환車瀅煥

일제강점기 개성에 거주했던 지주이다. 1938년 주소는 개성부開城府 동본정東本町으로 번지 미상이다. 경기도농회京畿道農會에서 도내 전답 30정보町步 이상을 소유한 지주를 대상으로 조사하여 작성한 지주명부에 수록되었다. 1937년 6월말 현재 고양군高陽郡에 논 38정보, 밭 2정보로 총 40정보를 소유하고 있었다. 고용한 소작인 수는 총 60명이었다.

참고문헌: 『농지개혁시 피분배지주 및 일제하 대지주 명부』, 한국농촌경제연구원, 1985.12

최덕현崔德鉉

일제강점기 개성에 거주했던 지주이다. 1938년 주소는 개성부開城府 대화정大和町 267번지이다. 1934년 개성공립상업학교開城公立商業學校의 학급을 늘리기 위한 증설자금으로 30원을 기부하였다. 개성부 동본정東本町 452번지에 본점을 두고 농사 및 임업, 삼포蔘圃 경영 등을 목적으로 1936년 9월 10일 설립된 합명회사合名會社 고오古梧의 중역으로 활동하였다. 경기도농회京畿道農會에서 도내 전답 30정보町步 이상을 소유한 지주를 대상으로 조사하여 작성한 지주명부에 수록되었다. 1937년 6월말 현재 개풍군開豊郡에 논 19정보, 밭 13정보로 총 32정보를 소유하고 있었다. 고용한 소작인 수는 총 31명이었다.

참고문헌: 『농지개혁시 피분배지주 및 일제하 대지주 명부』, 한국농촌경제연구원, 1985.12; 『朝鮮銀行會社組合要錄』(1937년판) (한국사데이터베이스 http://db.history.go.kr/); 『동아일보』 1934.06.17.

최선익崔善益

일제강점기 개성에 거주했던 경제인이자, 지주이다. 1938년 주소는 개성부開城府 북본정北本町 193번지이다. 송도면松都面 남산정 26번지에 본점을 두고 각종 고무 제품의 제조와 판매를 목적으로 1927년 4월 29일 설립된 주식회사 송도호모공업松都護謨工業의 이사이자, 송도호모공업이 발행한 총 2,000주 중 125주를 보유한 주주이기도 하였다. 송도면 북본정 119번지에 본점을 두고 면사, 곡물, 잡화 등의 상업무역을 목적으로 1928년 9월 1일 설립된 주식회사 개성상사開城商事의 대표로 활동하였다. 개성부 고려정高麗町 123번지에 본점을 두고 면직물 및 양말의 제조와 판매를 목적으로 1929년 2월 15일 설립한 주식회사 송고실업장松高實業場의 감사를 맡았다. 1932년 개성 제3공립보통학교第三公立普通學校를 새로 건축하는데 300원을 기부하였다. 경기도농회京畿道農會에서 도내 전답 30정보町步 이상을 소유한 지주를 대상으로 조사하여 작성한 지주명부에 수록되었다. 1937년 6월말 현재 장단군長湍郡에 논 25정보, 밭 12정보, 개풍군開豊郡에 논 51정보, 논 15정보로 장단군과 개풍군의 토지를 합하여 논 76정보, 밭 27정보, 총 103정보를 소유하고 있었다. 고용한 소작인 수는 장단군 62명, 개풍군 95명으로 총 157명이었다.

참고문헌: 『농지개혁시 피분배지주 및 일제하 대지주 명부』, 한국농촌경제연구원, 1985.12; 『朝鮮銀行會社組合要錄』(1929년판), 『朝鮮銀行會社組合要錄』(1931년판) (한국사데이터베이스 http://db.history.go.kr/); 『동아일보』 1932.11.28.

최익모崔益模

일제강점기 개성에 거주했던 경제인이자, 지주이다. 1938년 주소는 개성부開城

府南本町 200번지이다. 1932년 개성 제3공립보통학교第三公立普通學校를 새로 건축하는데 500원을 기부하였고, 1934년 개성공립상업학교開城公立商業學校의 학급을 늘리기 위한 증설자금으로 105원을 기부하였다. 남본정 151번지에 본점을 두고 인삼 및 인삼제조품 판매를 목적으로 1927년 12월 20일 설립한 합자회사合資會社 고려인삼회사高麗人蔘會社의 대표이다. 황해도黃海道 신천군信川郡 신천면信川面 교탑리校塔里 248번지에 본점을 두고 정미업精米業 및 무역을 목적으로 1935년 8월 7일 설립된 합자회사 국산정미소國産精米所의 무한책임사원으로 대표를 맡았다. 경기도농회京畿道農會에서 도내 전답 30정보町步 이상을 소유한 지주를 대상으로 조사하여 작성한 지주명부에 수록되었다. 1937년 6월말 현재 개풍군開豊郡에 논 110정보, 밭 6정보로 총 116정보를 소유하고 있었다. 고용한 소작인 수는 총 200명이었다.

참고문헌: 『농지개혁시 피분배지주 및 일제하 대지주 명부』, 한국농촌경제연구원, 1985.12; 『朝鮮銀行會社組合要錄』(1929년판), 『朝鮮銀行會社組合要錄』(1937년판) (한국사데이터베이스 http://db.history.go.kr/); 『동아일보』 1932.11.28.; 1934.06.17.

최인용崔仁鏞

일제강점기 개성에 거주했던 경제인이자, 지주이다. 일본 메이지대학明治大墾 법률과를 졸업하고 인삼경작업에 종사하였다. 1938년 주소는 개성부開城府 지정池町 658번지이다. 상업 활동에 종사하였다. 1917년 4월 개성에 설립된 한일합작 주식회사 개성전기開城電氣의 이사를 역임하였다. 개성부 고려정高麗町 123번지에 본점을 두고 면직물 및 양말의 제조와 판매를 목적으로 1929년 2월 15일 설립한 주식회사 송고실업장松高實業場의 이사를 맡았고, 송고실업장이 발행한 총

4,000주 중 230주를 보유한 대주주였다. 또한 개성부 대평정 181-3번지에 본점을 두고 운송창고업 및 기타 부대사업을 목적으로 1935년 4월 25일 설립된 주식회사 개성운송開城運送의 이사로 활동하였다. 그리고 경성부京城府 인사정仁寺町 110번지에 요식업을 목적으로 1936년 6월 28일 설립한 주식회사 천향각天香閣의 감사를 담당하였다. 1932년 개성 제3공립보통학교第三公立普通學校를 새로 건축하는데 100원을 기부하였고, 1934년 개성공립상업학교開城公立商業學校의 학급을 늘리기 위한 증설자금으로 170원을 기부하였다. 경기도농회京畿道農會에서 도내 전답 30정보町步 이상을 소유한 지주를 대상으로 조사하여 작성한 지주명부에 수록되었다. 1937년 6월말 현재 개풍군開豊郡에 논 39정보, 밭 15정보로 총 54정보를 소유하고 있었다. 고용한 소작인 수는 총 80명이었다.

참고문헌: 『농지개혁시 피분배지주 및 일제하 대지주 명부』, 한국농촌경제연구원, 1985.12; 『朝鮮銀行會社組合要錄』(1921년판), 『朝鮮銀行會社組合要錄』(1931년판), 『朝鮮銀行會社組合要錄』(1937년판)(한국사데이터베이스 http://db.history.go.kr/); 『조선인사흥신록』(한국사데이터베이스 http://db.history.go.kr/); 『동아일보』1932.11.28.; 1934.06.17.

한명석韓明錫

일제강점기 개성에 거주했던 경제인이자, 대지주이다. 1938년 주소지는 개성부開城府 동본정東本町 655번지이다. 1930년 농사 작황이 좋지 못하자 보洑 수리비를 위해 소작인들로부터 걷는 공동조共同租를 철폐하였다. 1931년 1월 황해수리조합黃海水利組合에 반대하는 지주대회에 참여하여 황해수리조합 폐지를 결의하고 이를 위한 실행위원에 선출되었다. 1931년 개성 해월공립보통학교海月公立普通學校에 운동장 및 기숙사 부지 용도로 연백군延白郡 해월면海月面에 있는 시가

250원 상당의 논 492평과 밭 291평을 기부하였다. 1932년 개성 제3공립보통학교第三公立普通學校를 새로 건축하는 데 200원을 기부하였고, 1934년 개성공립상업학교開城公立商業學校의 학급을 늘리기 위한 증설자금으로 800원을 기부하였다. 본인의 주소지인 동본정 655번지에 본점을 두고 인삼경작 및 부동산투자, 농장경영, 금융업 등을 목적으로 1938년 6월 28일 설립한 합명회사合名會社 석춘사石椿社의 대표이자, 최대 투자자이다. 경기도농회京畿道農會에서 도내 전답 30정보町步 이상을 소유한 지주를 대상으로 조사하여 작성한 지주명부에 수록되었다. 1937년 6월말 현재 연천군漣川郡에 논 85정보, 밭 83정보, 김포군金浦郡에 논 35정보, 밭 12정보, 강화군江華郡에 논 143정보, 파주군坡州郡에 논 274정보, 밭 175정보, 장단군長湍郡에 논 208정보, 밭 198정보, 개풍군開豊郡에 논 54정보, 논 30정보로 모든 토지를 합하여 논 799정보, 밭 598정보, 총 1,297정보를 소유하고 있었다. 고용한 소작인 수는 연천군 301명, 김포군 92명, 강화군 180명, 파주군 569명, 장단군 496명, 개풍군 139명으로 총 1,777명이었다. 1937년 개성 유지들이 돈을 모아 헌납한 비행기 '개성호開城號'에 5,000원을 기부하였다.

참고문헌: 『농지개혁시 피분배지주 및 일제하 대지주 명부』, 한국농촌경제연구원, 1985.12; 『朝鮮銀行會社組合要錄』 (1939년판) (한국사데이터베이스 http://db.history.go.kr/); 『동아일보』 1930.12.29.; 1931.01.18.; 1931.09.13.; 1932.11.28.; 1934.06.17.; 1937.07.31.

황면규黃冕圭

일제강점기 개성에 거주했던 지주이다. 1938년 주소는 개성부開城府 남본정南本町 689번지이다. 1932년 개성 제3공립보통학교第三公立普通學校를 새로 건축하는데 100원을 기부하였고, 1934년 개성공립상업학교開城公立商業學校의 학급을 늘리기 위한 증설자금으로 145원을 기부하였다. 경기도농회京畿道農會에서 도내 전답 30정보町步 이상을 소유한 지주를 대상으로 조사하여 작성한 지주명부에 수록되었다. 1937년 6월말 현재 개성부開城府에 논 34정보, 밭 11정보로 총 45정보를 소유하고 있었다. 고용한 소작인 수는 총 104명이었다. 1941년 경영난에 빠진 개성 호수돈고등여학교好壽敦高等女學校에 200,000만원을 기부하였다. 해방 이후 1945년 12월 7일 개성의 식량수급 문제를 해결하기 위해 조직된 개성식량대책협의회開城食糧對策協議會의 집행위원에 선출되었다.

참고문헌: 『농지개혁시 피분배지주 및 일제하 대지주 명부』, 한국농촌경제연구원, 1985.12; 『매일신보』 1941.04.02; 『민중일보』 1945.12.14; 『동아일보』 1932.11.28.; 1934.06.17.

황중현黃重顯

일제강점기 개성에 거주했던 지주이다. 1938년 주소는 개성부開城府 동본정東本町 380번지이다. 경기도농회京畿道農會에서 도내 전답 30정보町步 이상을 소유한 지주를 대상으로 조사하여 작성한 지주명부에 수록되었다. 1937년 6월말 현재 장단군長湍郡에 논 20정보, 밭 20정보로 총 40정보를 소유하고 있었다. 고용한 소작인 수는 총 42명이었다.

참고문헌: 『농지개혁시 피분배지주 및 일제하 대지주 명부』, 한국농촌경제연구원, 1985.12

19부

개풍開豐

심창섭沈昌燮

일제강점기 개풍에 거주했던 지주이며, 산림주사山林主事직을 역임했다. 1938년 주소는 북면北面 13소리所里 1078이다. 경기도농회京畿道農會에서 도내 전답 30정보町步 이상 소유 지주를 대상으로 조사하여 작성한 지주명부에 수록되었다. 1937년 6월말 현재 개풍군開豊郡에 답 11정보, 전 23정보를 소유하고 있었으며, 고용한 소작인 수는 총32명이었다.

참고문헌: 『농지개혁시 피분배지주 및 일제하 대지주 명부』, 한국농촌경제연구원, 1985.12

유해성柳海聲

일제강점기 개풍에 거주했던 지주로 1938년 주소는 임한면臨漢面 정반리丁半里 518이다. 경기도농회京畿道農會에서 도내 전답 30정보町步 이상 소유 지주를 대상으로 조사하여 작성한 지주명부에 수록되었다. 1937년 6월말 현재 개풍군開豊郡에 답 41정보, 전 16정보를 소유하고 있었으며, 고용한 소작인 수는 총102명이었다.

참고문헌: 『농지개혁시 피분배지주 및 일제하 대지주 명부』, 한국농촌경제연구원, 1985.12

이윤명李允明

일제강점기 개풍에 거주했던 지주로 1938년 주소는 청교면靑郊面 염암리鹽岩里) 183이다. 경기도농회京畿道農會에서 도내 전답 30정보町步 이상 소유 지주를 대상으로 조사하여 작성한 지주명부에 수록되었다. 1937년 6월말 현재 장단군長湍郡에 답 22정보, 전 10정보를 소유하고 있었으며, 고용한 소작인 수는 총45명이었다.

참고문헌: 『농지개혁시 피분배지주 및 일제하 대지주 명부』, 한국농촌경제연구원, 1985.12

이조일李祖一

일제강점기 개풍에 거주했던 지주이다. 1938년 주소는 청교면青郊面 염암리鹽岩里 831번지이다. 경기도농회京畿道農會에서 도내 전답 30정보町步 이상을 소유한 지주를 대상으로 조사하여 작성한 지주명부에 수록되었다. 1937년 6월말 현재 장단군長湍郡에 논 13정보, 밭 18정보로 총 31정보를 소유하고 있었다. 고용한 소작인 수는 총 57명이었다.

참고문헌: 『농지개혁시 피분배지주 및 일제하 대지주 명부』, 한국농촌경제연구원, 1985.12

최승곤崔承崑

일제강점기 개풍에 거주했던 지주이다. 1938년 주소는 청교면青郊面 송릉리松陵里 534번지이다. 면협의회원面協議會員직을 역임하였다. 경기도농회京畿道農會에서 도내 전답 30정보町步 이상을 소유한 지주를 대상으로 조사하여 작성한 지주명부에 수록되었다. 1937년 6월말 현재 개풍군開豊郡에 논 17정보, 밭 14정보로 총 31정보를 소유하고 있었다. 고용한 소작인 수는 총 53명이었다.

참고문헌: 『농지개혁시 피분배지주 및 일제하 대지주 명부』, 한국농촌경제연구원, 1985.12

::장단군 행정구역 변천 연혁

일부(장단면, 군내면, 진동면, 장남면)는 1972년 파주군에 속하게 되었고, 나머지는 휴전선 이북에 위치해 있다.

강신우姜信友

일제강점기 장단의 지주이다. 1938년 주소는 장단군 군내면郡內面 읍내리邑內里이다. 1938년 경기도농회京畿道農會에서 도내 전답 30정보町步 이상 소유 지주를 대상으로 조사하여 작성한 지주명부에 수록되었다. 1937년 6월말 기준 장단군에 논 61정보, 밭 47정보를 소유했고, 소속 소작인은 55명이었다. 1918년 장단공립보통학교용으로 반종半鐘 1개를 기부하여 포상으로 목배木杯 1개를 받았다.

참고문헌: 『농지개혁시 피분배지주 및 일제하 대지주 명부』, 한국농촌경제연구원, 1985.12; 『조선총독부관보』 1918.4.26.

김두현金斗鉉

일제강점기 장단의 지주이다. 1938년 주소는 장단군 장남면長南面 고랑포리高浪浦里이다. 1938년 경기도농회京畿道農會에서 도내 전답 30정보町步 이상 소유 지주를 대상으로 조사하여 작성한 지주명부에 수록되었다. 1937년 6월말 기준 장단군에 논 13정보, 밭 36정보를 소유했고, 소속 소작인은 104명이었다.

참고문헌: 『농지개혁시 피분배지주 및 일제하 대지주 명부』, 한국농촌경제연구원, 1985.12

김문종金聞鍾

일제강점기 장단의 지주이다. 1938년 주소는 장단군 군내면郡內面 읍내리邑內里 567번지이다. 1938년 경기도농회京畿道農會에서 도내 전답 30정보町步 이상 소유 지주를 대상으로 조사하여 작성한 지주명부에 수록되었다. 1937년 6월말 기준 장단군에 논 18정보, 밭 14정보를 소유했고, 소속 소작인은 8명이었다.

참고문헌: 『농지개혁시 피분배지주 및 일제하 대지주 명부』, 한국농촌경제연구원, 1985.12

김영식金榮植

일제강점기 장단의 금융조합장, 지역유지이다. 1917년 주소는 장단군 군내면郡內面 읍내리邑內里 4통 5호이다. 1917년 4월 장단금융조합 정시총회에서 조합장에 재선되었다. 1919년 9월 동장금융조합 설립과 함께 조합장에 선임되었다. 1917년 3월 다른 2명과 함께 장단군 진남면 석관리에 있는 풀밭 15.7정보를 논으로 이용하기 위해 국유미간지 대부허가를 받았다. 1911년 장단공립보통학교 학무위원에 촉탁되었다. 1914년 10월 장단군 농산물품평회비로서 15원을 기부하여 포상으로 목배 1개를 받았다. 1929년 빈민들의 호세戶稅를 대납代納했다.

참고문헌: 『조선총독부관보』 1911.12.19., 1915.5.27., 1917.3.29., 1917.5.9.; 『동아일보』 1929.5.13.

김현종金顯鍾

일제강점기 장단의 지주이다. 1938년 주소는 장단군 군내면郡內面 읍내리邑內里 241번지이다. 1938년 경기도농회京畿道農會에서 도내 전답 30정보町步 이상 소유 지주를 대상으로 조사하여 작성한 지주명부에 수록되었다. 1937년 6월말 기준 장단군에 논 71정보, 밭 47정보를 소유했고, 소속 소작인은 58명이었다.

참고문헌: 『농지개혁시 피분배지주 및 일제하 대지주 명부』, 한국농촌경제연구원, 1985.12

남계하南啓夏

일제강점기 장단의 금융조합장, 면장이다. 1924년 주소는 장단군 강상면江上面 구화리九化里 446번지이다. 1924년 2월 구화금융조합 설립과 함께 조합장에 선임되었다. 1910년대부터 1927년까지 강상면장 자리에 있었다. 1914년 10월 장단군 농산물품평회비로서 15원을 기부하여 포상으로 목배 1개를 받았다. 1915년 3월 사립 장화학교 설립자로서 강상면 임강리 봉화동 대곡에 있는 산 12.1205정보를 학교림 조성을 위해 국유임야 대부허가를 받았다. 같은 해 8월 강상면장으로서 표창받았다.

참고문헌: 국사편찬위원회 한국역사정보통합시스템(http://www.koreanhistory.or.kr/); 『조선총독부관보』 1915.3.26., 1915.5.27., 1915.8.24., 1924.4.1.

남온희南溫熙

일제강점기 장단의 지주이다. 1938년 주소는 장단군 강상면江上面 구화리九化里 587번지이다. 1938년 경기도농회京畿道農會에서 도내 전답 30정보町步 이상 소유 지주를 대상으로 조사하여 작성한 지주명부에 수록되었다. 1937년 6월말 기준 장단군에 논 18정보, 밭 15정보를 소유했고, 소속 소작인은 41명이었다.

참고문헌: 『농지개혁시 피분배지주 및 일제하 대지주 명부』, 한국농촌경제연구원, 1985.12

오성렬吳聖烈

일제강점기 장단에 거주했던 지주로 1938년 주소는 장남면長南面 고랑포리高浪浦里이다. 경기도농회京畿道農會에서 도내 전답 30정보町步 이상 소유 지주를 대상으로 조사하여 작성한 지주명부에 수록되었다. 1937년 6월말 현재 장단군長湍郡에 답 21정보, 전 42정보를 소유하고 있었으며, 고용한 소작인 수는 총106명이었다.

참고문헌: 『농지개혁시 피분배지주 및 일제하 대지주 명부』, 한국농촌경제연구원, 1985.12

윤상선尹庠善

일제강점기 장단에서 거주했다. 1929년부터 1933년까지 강상면 구화리에 있었던 구화금융조합九化金融組合 (1924년 2월 29일 설립)의 조합장직을 담당했다.

참고문헌: 『朝鮮銀行會社組合要錄』 (국사편찬위원회 한국사데이터베이스 http://db.history.go.kr/)

윤희병尹熙炳

일제강점기 장단에서 거주했다. 1929년부터 1933년까지 진남면 도라산리에 있었던 동장금융조합東場金融組合 (1919년 9월 13일 설립)의 조합장직을 담당했다.

참고문헌: 『朝鮮銀行會社組合要錄』 (국사편찬위원회 한국사데이터베이스 http://db.history.go.kr/)

이완상李完相

일제강점기 장단에서 거주했다. 1927년부터 1930년까지 장남면장長南面長직을 담당했다. 1927 ~ 1933년까지 고랑포금융조합高浪浦金融組合 (1911년 창립) 대표직을 역임했다.

참고문헌: 『직원록』 (국사편찬위원회 한국사데이터베이스 http://db.history.go.kr/); 『朝鮮銀行會社組合要錄』 (국사편찬위원회 한국사데이터베이스 http://db.history.go.kr/); 藤澤淸次郎, 『朝鮮金融組合と人物』, 大陸民友社, 1937

전재억全載億

경기도 장단長湍 출신으로 1883년 5월 16일에 태어났다. 일본 이름은 국지청菊池淸이다. 1905년 7월에 농상공학교農商工學校 예비과를, 1907년 2월에 보성전문학교普成專門學校를 졸업하였다. 1908년 4월 관립 농림학교官立 農林學校를 졸업한 후에 1910년 4월부터 농상공부農商工部 산림국山林局 기수技手가 되었다. 일본에 의한 강제병합 이후에는 조선총독부에서 근무하다가, 1913년 판임관견습시험判任官見習試驗에 합격하였다. 조선총독부 농상공부 산림과 기수를 시작으로 1919년 2월 조선총독부 식산국殖産局 산림과 기수 겸 조선총독부 임야조사위원회林野調查委員會 통역생, 1923년 3월 조선총독부 임야조사위원회 서기 겸 통역생으로 활동하였다. 1929년 3월 전라남도 강진군수康津郡守로 승진하여 재직하다가 1935년 6월 퇴직하였다. 이후 경성부京城府 죽첨정3정목竹添町三丁目 99번지에 본점을 두고 각종 나사의 제조 및 판매를 목적으로 1938년 10월 21일 설립한 주식회사 경성나선공업京城螺旋工業의 감사역監査役을 역임하였다. 1938년 12월에 충청남도 서천군舒川郡에서 광구 면허를 획득하여 경영하였다. 1940년 2월부터는 주식회사 대성철공大盛鐵工의 이사를 맡아서 활동하였다. 1939년 1월부터 '신일본주의新日本主義'를 주장하며 참정권청원운동參政權請願運動을 추진하던 국민협회國民協會 상의원이 되어 활동하였다. 일제강점기 친일반민족행위로 인해 친일인명사전에 수록되었다.

참고문헌: 『朝鮮銀行會社組合要錄』 (1939년판) (한국사데이터베이스 http://db.history.go.kr/); 친일인명사전편찬위원회 편, 『친일인명사전』, 2009

최종봉崔鍾鳳

일제강점기 장단에 거주했던 지주이다. 1938년 주소는 장남면長南面 원당리元當里로 번지 미상이다. 경기도농회京畿道農會에서 도내 전답 30정보町步 이상을 소유한 지주를 대상으로 조사하여 작성한 지주명부에 수록되었다. 1937년 6월말 현재 장단군長湍郡에 논 13정보, 밭 32정보로 총 45정보를 소유하고 있었다. 고용한 소작인 수는 총 95명이었다.

참고문헌: 『농지개혁시 피분배지주 및 일제하 대지주 명부』, 한국농촌경제연구원, 1985.12

한순삼韓順三

일제강점기 장단에 거주했던 지주이다. 1938년 주소는 장남면長南面 반정리伴程里로 번지 미상이다. 경기도농회京畿道農會에서 도내 전답 30정보町步 이상을 소유한 지주를 대상으로 조사하여 작성한 지주명부에 수록되었다. 1937년 6월말 현재 장단군長湍郡에 논 14정보, 밭 17정보로 총 31정보를 소유하고 있었다. 고용한 소작인 수는 총 63명이었다.

참고문헌: 『농지개혁시 피분배지주 및 일제하 대지주 명부』, 한국농촌경제연구원, 1985.12

한준섭韓駿燮

일제강점기 장단에 거주했던 지주이다. 1938년 주소는 대강면大江面 우동리禹動里 19번지이다. 경기도농회京畿道農會에서 도내 전답 30정보町步 이상을 소유한 지주를 대상으로 조사하여 작성한 지주명부에 수록되었다. 1937년 6월말 현재 장단군長湍郡에 논 9정보, 밭 24정보로 총 33정보를 소유하고 있었다. 고용한 소작인 수는 총 10명이었다.

참고문헌: 『농지개혁시 피분배지주 및 일제하 대지주 명부』, 한국농촌경제연구원, 1985.12

황계열黃啓烈

일제강점기 장단에 거주했던 지주이다. 1938년 주소는 장도면長道面 오음리梧陰里로 번지 미상이다. 경기도농회京畿道農會에서 도내 전답 30정보町步 이상을 소유한 지주를 대상으로 조사하여 작성한 지주명부에 수록되었다. 1937년 6월말 현재 장단군長湍郡에 논 18정보, 밭 12정보로 총 30정보를 소유하고 있었다. 고용한 소작인 수는 총 15명이었다.

참고문헌: 『농지개혁시 피분배지주 및 일제하 대지주 명부』, 한국농촌경제연구원, 1985.12

산본희대치山本喜代治

일제강점기 장단의 지주이다. 원적은 일본 長野縣 東築摩郡 綿部村이다. 1938년 주소는 장단군 군내면郡內面 미원리美元里이다. 1938년 경기도농회京畿道農會에서 도내 전답 30정보町步 이상 소유 지주를 대상으로 조사하여 작성한 지주명부에 수록되었다. 1937년 6월말 기준 장단군에 논 23정보, 밭 15정보를 소유했고, 소속 소작인은 22명이었다.

1915년 4월 조선총독부 철도국 용인傭人이 되었고, 1917년 7월 남만주철도주식회사 용인이 되었다가 1925년 4월 다시 조선총독부 철도국 용인이 되어 1933년 5월 개성보선구開城保線區 선간수線看手가 되어 임진강에서 근무했다.

참고문헌: 『농지개혁시 피분배지주 및 일제하 대지주 명부』, 한국농촌경제연구원, 1985.12; 국사편찬위원회 한국사데이터베이스 한국근현대인물자료(http://db.history.go.kr/)

중조견치中條堅治

일제강점기 장단에 거주했던 일본인 지주이다. 1938년 주소는 진남면津南面 동양리東陽里 252번지이다. 경기도농회京畿道農會에서 도내 전답 30정보町步 이상을 소유한 지주를 대상으로 조사하여 작성한 지주명부에 수록되었다. 1937년 6월 말 현재 장단군長湍郡에 논 25정보, 밭 30정보로 총 55정보를 소유하고 있었다. 고용한 소작인 수는 총 72명이었다.

참고문헌: 『농지개혁시 피분배지주 및 일제하 대지주 명부』, 한국농촌경제연구원, 1985.12

21부

주소 불명

박인종朴麟鍾

일제강점기 경찰, 기업인이다. 경기도 출신이다. 1915년 3월 경성전수학교를 졸업하고 1916년 5월부터 함경남도 원산부 서기가 되었다. 1920년 3월 원산경찰서 경부가 되고, 1923년 12월 경기도 경찰부 고등경찰과 경부로 전임轉任되었다. 1928년 4월 퇴직하면서 강원도 경시警視로 승진되었다.

1928년 8월 경성부 남대문통 5정목에 경성합동운송주식회사를 설립하고 사장이 되었다. 이어 같은 해 9월 설립된 합자회사 조선경찰신문사에 자본금으로 2천원을 출자하여 유한 책임사원이 되었고, 이후 부사장에 취임했다. 경성합동운송주식회사는 1931년 조사 시점에는 조선합동운송주식회사로 회사 이름을 변경되었고, 1933년 시점에는 박인종의 직위가 이사로 변경되었다. 1931년 4월 조선경우회 상임이사, 선운협회 위원장으로 활동했다. 친일반민족행위로 인해 친일인명사전에 수록되었다.

참고문헌: 친일인명사전편찬위원회 편, 『친일인명사전』, 2009: 『동아일보』 1923.1.9., 1929.5.9.; 국사편찬위원회 한국사데이터베이스 한국근현대회사조합자료

안봉수安鳳洙

일제강점기 경기도에 거주했던 경제인이다. 주소는 확인되지 않는다. 일본 이름은 안전봉수安田鳳洙이다. 1941년 평택주조平澤酒造 (1934년 창립, 양조업) 주식회사 이사, 1942년 진안자동차운수振安自動車運輸 (1935년 창립, 운수창고) 주식회사 이사직을 역임했다.

참고문헌: 『朝鮮銀行會社組合要錄』 (국사편찬위원회 한국사데이터베이스 http://db.history.go.kr/); 김인호, 「일제하 평택 지역의 조선인 경제인 실태」, 『지역과역사』 42, 2018

유전劉銓

경기도에서 태어났다. 일본 이름은 명촌전名村銓이다. 관비유학생으로 일본에서 유학했으며 1911년 교토제국대학 제조화학과를 졸업했다. 1906년 태극학교 명예교사, 1907년 대한유학생회 총무원직을 맡았고, 같은 해 일본유학생들을 위한 동인의숙을 설립했다. 1909년에는 대한흥학회 회원으로 활동했다. 귀국 후 경성전기주식회사의 와사제조기수, 조선제지합자회사 기사장이 되었다. 1916년부터 1924년까지 세브란스의학전문학교 교사, 1917년 경신학교 교사로 활동했다. 1918년 조선제사주식회사朝鮮製絲株式會社 취체역, 경성제사주식회사 취체역, 1919년 조선경제회 발기인, 중앙고우회의 창립위원장, 조선경제회 상무이사직을 역임했다. 1920년 중앙공우회 회장, 1921년 조선제사주식회사 전무취체역, 1921년 조선삼품현물취인시장朝鮮三品現物取引市場 주식회사 설립발기인, 1922년 경성상업회의소 공업부 위원, 1923년 경성상업회의소 평의원, 1923년 5월 조선민립대학기성회 경성지방부 감사원, 조선견직주식회사朝鮮絹織株式會社 (1923년 11월 5일 설립) 취체역, 경성부 부협의회원역할을 담당했다. 1924년 일선융화를 표방한 단체였던 동민회의 이사와 평의원직을 맡았다. 1925년 조선불교단 평의원이 되었으며, 1926년 경성부 부협의회원 자격으로 제3회 공직자대회에 참석했다. 1928년 조선물산장려회 위원, 1929년 조선실업구락부 회원, 1930년 경성상공협회 부회장이 되었다. 1931년 경성전기와사부영기성회 위원, 1932년 만몽박람회 상담역 및 경성부 동부발전회 회장, 1936년 1월부터 1937년 7월까지 경성여자상업학교 교장, 1938년 조선실업구락부 통상회원 겸 평의원직을 역임했다. 1939년 3월 재단법인 조양유치원 이사가 되었으며 1940년 기원2600년 축전기념장을 받았다. 해방 후에는 조선공업기술협회 고문을 지냈다. 일제강점기 친일반민족행위로 인해 친일인명사전에 수록되었다.

참고문헌: 친일인명사전편찬위원회 편, 『친일인명사전』, 2009; 『직원록』 (국사편찬위원회 한국사데이터베이스 http://db.history.go.kr/); 『朝鮮銀行會社組合要錄』 (국사편찬위원회 한국사데이터베이스 http://db.history.go.kr/)

한상억韓相億

1898년 12월 10일 경기도에서 출생하였다. 본명은 한상옥韓相玉으로 남작男爵 한창수韓昌洙의 서자庶子이다. 독일, 스위스 등지에서 공부하였고, 1927년 무렵 취리히대학 경제학과를 졸업하였다. 1934년 아버지 한창수의 남작 작위를 승계한 이복형 한상기韓相琦가 사망하자 1935년 1월 남작 작위를 상속받았다. 함경남도 원산부元山府 남촌동南村洞 35번지에 본점을 두고 미개간지 개간 사업과 농사경영을 목적으로 1934년 4월 6일 설립된 주식회사 동해농업東海農業이 대표이사를 맡았다. 경성부京城府 공평정公平町 9번지를 본점으로 하고 광구 매매 및 광산 채굴 사업 등을 목적으로 1935년 12월 18일 설립된 합자회사 천은광업사天銀鑛業社의 유한책임사원으로 자금을 투자하였다. 경성부 종로3정목鐘路三丁目 47번지에 본점을 두고 상업 무역을 목적으로 1937년 11월 9일 설립된 주식회사 동양백화東洋百貨의 대표이사를 역임하였다. 경기도농회京畿道農會에서 도내 전담 30정보町步 이상을 소유한 지주를 대상으로 조사하여 작성한 지주명부에 수록되었다. 1937년 6월말 현재 안성군安城郡에 논과 밭을 합쳐서 총 74정보町步를 소유하고 있었다. 고용한 소작인 수는 약 150명에 이르렀다. 1937년 동요회同耀會를 조직하고 이사가 되었다. 동요회 회원들과 함께 조선신궁朝鮮神宮 참배를 비롯하여 국방헌금을 모금하였다. 1939년 유림단체儒林團體를 중심으로 조직된 조선유도연합회朝鮮儒道聯合會에 참여하여 참사參事를 맡았다. 1941년 조선임전보국단朝鮮

臨戰報國團의 경성지역 발기인으로 참여하였다. 해방 이후 1949년 8월 반민족행위특별조사위원회反民族行爲特別調査委員會에 체포되어 조사를 받았다. 1949년 12월 10일 사망하였다. 일제강점기 친일반민족행위로 인해 친일인명사전에 수록되었다.

참고문헌: 친일인명사전편찬위원회 편, 『친일인명사전』, 2009; 『농지개혁시 피분배지주 및 일제하 대지주 명부』, 한국농촌경제연구원, 1985.12; 『朝鮮銀行會社組合要錄』(1935년판), 『朝鮮銀行會社組合要錄』(1937년판), 『朝鮮銀行會社組合要錄』(1939년판) (한국사데이터베이스 http://db.history.go.kr/)

색인

ㅁ

ㄹ

ⓞ

ㅈ

경기그레이트북스 **07**

일제강점기 경기도의 재력가

초판 1쇄 발행 2018년 10월 20일

발 행 처 경기문화재단
        (16488 경기도 수원시 팔달구 인계로 178)
기   획 경기문화재연구원 경기학연구센터
집   필 최재성, 김영진, 남기현
편   집 청명전산 (전화 031-298-7712)
인   쇄 청명전산

ISBN 979-11-965096-3-7 04900
        979-11-965096-7-5 (세트)